中希文明互鉴中心 组编

未来学习环境研究

王牧华 宋莉 等◎著

西南大学出版社
国家一级出版社 全国百佳图书出版单位

图书在版编目(CIP)数据

未来学习环境研究 / 王牧华等著. -- 重庆 : 西南大学出版社, 2024. 6. -- ISBN 978-7-5697-2437-0

Ⅰ. G40-052.4

中国国家版本馆CIP数据核字第2024E5X666号

未来学习环境研究
WEILAI XUEXI HUANJING YANJIU
王牧华　宋莉　等　著

选题策划：杨　萍
责任编辑：杨　萍
责任校对：王传佳
装帧设计：起源
照　　排：夏　洁
出版发行：西南大学出版社（原西南师范大学出版社）
网　址：http://www.xdcbs.com
地　址：重庆市北碚区天生路2号
邮　编：400715
电　话：023-68868624
印　　刷：重庆市国丰印务有限责任公司
成品尺寸：170 mm×240 mm
印　　张：18
字　　数：296千字
版　　次：2024年6月　第1版
印　　次：2024年6月　第1次印刷
书　　号：ISBN 978-7-5697-2437-0

定　　价：68.00元

前　言

20世纪学习研究的百年进程中，研究者围绕学习的探讨发生了重大的视点变化，其变化的方向在于日益关注学习的环境因素，开始了学习研究的环境转向，高度重视学习发生的空间场域，深刻认识到学习环境对学习过程和学习结果的重要影响。当代学习科学的发展表现为如下特点：重视日常生活与学校现场的学习；重视在与情境交互作用之中展开学习；重视在情境与环境中活动的整体的人。美国学者索耶（R. K. Sawyer）指出：学习科学旨在揭示促进学习的认知性与社会性条件，利用学习研究所获得的见识，重新设计学校的课堂与其他学习环境，以便学习者能够更有深度、更有效地学习。

学习环境的研究通常被认为始于1936年勒温（K. Lewin）提出的拓扑心理学。勒温提出了“生活空间”的概念，认为人的行为取决于人的状态及其所处的环境，并用公式表示为：$B=f(P \cdot E)$。1938年，穆雷（H. Murray）提出了“需要-压力模型”（Needs-Press Model）；之后，沃尔伯格（H. Walberg，1968）、穆斯（R. Moos，1979）等学者开始研制学习环境量表，研究中小学课堂学习环境；1984年，美国教育研究协会（AERA）成立学习环境研究特别兴趣小组（SIG）；1998年，《学习环境研究》学术期刊（*Learning Environments Research：An International Journal*）创刊发行。

2000年以来，许多国家政府和国际组织开始关注21世纪学习环境问题。美国国家研究理事会(NRC)2000年发布了《人是如何学习的:大脑、心理、经验与学校》的研究报告,指出学习环境深刻影响学习发生,并探讨了课堂环境设计的重要原则;2009年,美国21世纪学习伙伴关系项目(P21)发布了21世纪学习环境白皮书,探讨培养21世纪技能所需要的学习环境支持;2018年,美国国家研究理事会发布新的研究报告《人是如何学习的:学习者、环境与文化》,再次探讨了学习环境对学习的重要影响,并指出未来需要关注学习者、学习内容以及学习环境之间的复杂联系。

经济合作与发展组织(OECD)成立教育研究与创新中心(CERI),致力于对学习开展前瞻性和创新性研究,促进理论研究、实践创新与政策发展之间的整合。2008年开始,该中心开始研究"创新性学习环境"(ILE)项目,先后发布《学习的本质:用研究启发实践》(2010)、《创新性学习环境》(2013)、《21世纪学习的领导力》(2013)、《重新设计学校教育:迈向创新性学习系统》(2015)等研究报告,极大地推动了当代学习环境研究的实践发展。

澳大利亚墨尔本大学成立的"学习环境应用研究网络"(LEaRN)团队是一个跨学科、国际化研究组织,关注中小学校、职业院校、医疗机构、文化机构等多种场景的环境设计与研究,认为建筑环境对教师和学生的教育体验具有非常重要的影响。该团队致力于把学术研究、环境设计和政策建议相结合,注重把研究成果向设计者、客户和政策决策者推广。2008年至2016年间,该团队陆续组织出版了一套8本的《学习环境研究进展》丛书,内容包括结果导向的学习环境研究、教育中的人际关系、学校生态、学校的转化设计、学习环境评价等广泛的主题。该丛书的出版,极大地推动了当代学习环境研究的学术发展。

我国学者也高度重视学习环境的相关研究,围绕学习环境设计、课堂环境、智慧学习环境、泛在学习环境、个人学习环境等主题开展了深入研究。钟启泉(2015)认为，学习是人类本质性的活动，不考虑日常生活亦即学校现场毫无意义。他强调指出：学习环境设计意味着教师借助现代的信息技术，把学习的认知机制与社会境脉的研究成果整合为有效的学习方式，并用于支持创新型教学活动的实施。黄荣怀等学者(2012)认为学习环境的构建是实现学与教方式变革的基础，把智慧学习环境作为学习环境的发展趋势，提出了五种典型智慧学习环境特征；杨现民、余胜泉(2013)基于生态学理论提出了泛在学习环境模型；唐小为(2016)深入研究了为了科学探究的社会性课堂学习环境；杨现民(2020)关注智慧课堂的数据应用，以及泛在学习、智慧学习等新型学习方式的出现，引发了智能时代学习空间的融合样态；刘三女牙、孙建文(2021)通过构建智慧课堂“环境—资源—活动—评价—交互”技术创新体系，推动智慧课堂多场景常态化、多学科差异化、多模式智慧化应用；黄荣怀(2024)从环境、资源到数字教学法，探讨数字技术赋能当前教育变革的内在逻辑，促进智慧学习环境建设以及数字资源应用；等等。

建构学习型社会需要未来学习环境的深刻变革。现代社会人类的知识以惊人的速度增长，终身学习成为一种必然趋势，学习化社会的理念应运而生。里夫金(J. Rifkin)在《第三次工业革命》中提出：“教育正面向第三次工业革命，传统主导的教学方式从上而下，目的是培养具有竞争性而且独立自主的个体。而今兴起的分散式合作教育方式反映了年轻一代在开放的学习空间里和社交网站上学习和分享信息、想法、经验的方式，分散式合作观点认为学习是具有鲜明社会特性的经历。”可持续发展观认为“学习”发生在广泛的社会背景中，它既包括发生在正规教育系统中的活动，也延伸到日常生活与职业生活中去。学习型社会的特点包括体现教育的全民性、整体性和连续性，促使学习充分个性化、开放化和网络化，而这一切的实现紧紧依附于未来学习环境的建设。

新技术的不断涌现促进未来学习环境的深刻变革。当前我们正处在全球化和信息化的时代，以计算机、网络通信等技术为标志的信息技术成为人类生存所需的基本条件，迈耶-舍恩伯格((V. Mayer-Schönberger))在《大数据时代》一书中指出“大数据的科学价值和社会价值在于大数据已经影响世界的方方面面，从商业、科技到医疗、政府、教育、经济、人文，以及社会的其他各个方面”。我们生存的环境已经是一个被数字技术所渗透和改造的人工环境，而不再是一个单纯的物理环境，我们所面临和生存的更多的是一个虚实交融的空间。学习环境不再局限于以黑板、课本为中心的教条化、静态化、单一化、模式化的物理学习环境，而是以终身学习理念为指导，向以新媒体环境、泛在学习环境为核心的未来学习环境转变。在未来学习环境中，正式学习环境与非正式学习环境无缝连接，并涉及微观、中观、宏观各个层面，呈现出生态性、交互性、个性化、开放性、智能化等特点。

相关领域研究成果的积累，不断拓展未来学习环境的研究视角。现代化的信息技术发展为未来学习环境建设创造了无限可能，但从生态主义视角出发，未来学习环境的建设不再局限于以信息技术为核心的智能学习环境建设，应是以自然环境为支撑的多元环境的整合。梅多斯(D. H. Meadows)在《系统之美》一书中提出:“系统并不是一些事物的简单集合，而是一个由一组相互连接的要素构成，且总体大于部分之和。”这一观点，揭示了以整体论的观点看待学习环境，将学习视为发生在生活中的各个“生态”环境中的行为，既发生在自然环境，也存在于虚拟世界，既产生于学校范围之内，也蕴含在更加广阔的家庭、社会背景之中。人的行为是生物性和文化性共同作用的结果，人的学习受到个体自身以及其所处自然环境、社会环境的影响。这也喻示我们在未来学习环境的研究中，必须要以开阔的视野，从多学科、复杂的视角去分析问题，而非割裂对待，这样才能勾勒出一个更完整、更广阔的学习图景。

当代学习环境向智慧学习环境、整合学习环境、互动学习环境、创新学习环境、非正式学习环境等新型学习环境转变，产生了许多新型教育空间，例如场馆空间、智能空间以及创客空间。这些教育空间不同于传统的学校和课堂，它们对学生个体的学习行为，对学生群体的学习形态，都产生了重要影响，甚至是在挑战着传统的学习本质观。这就需要我们去探讨和研究新教育空间中学习形态的变换、学习规律的变革，寻求新的学习理论框架的建立。

本书以生成式人工智能的爆发式发展为背景，以学习方式转变为契机，考察不同时代背景下学习环境的内在特征，梳理其中的规律和未来发展趋势。以人的行为受环境制约，改变环境必将影响人的行为为理论假设，提出“未来学习环境”这一新概念。本研究的创新点可以概括为以下几个方面：

第一，宏大视野。本书综合教育心理学、环境心理学、文化人类学、空间学、信息技术等各个领域知识，提出以新媒体环境为核心的无缝连接式未来学习环境理念，并系统探讨其生态性、交互性、个性化、开放性、智能化等形态特征。

第二，趋势研究。本书立足于现代社会学习方式转变规律以及新媒体技术的发展趋势，勾勒出一幅未来学习环境图景。主要探寻创建未来学习环境的系统模型和操作路径，并提出适合未来学习环境理念的学习方式转变。

第三，系统研究。本书以整体论的观点看待学习环境，将学校环境、家庭环境、社会环境视作一个整体，而非割裂对待。致力于研究利用教育、技术、空间三方面优势共同建构促进学习与发展、体现空间设计新理念的未来学习环境。

本书是集体智慧的成果，作者分工如下：绪论，王牧华、普煜、宋莉；第一章，王牧华、刘成林；第二章，王牧华、刘恩康；第三章，李若一、方敏、李佳琳；第四章，宋莉；第五章，付积、李银川；第六章，宋莉、舒亚丽。在成书过程中，计晨和刘颖婕也做了大量工作。

本书是西南大学教育学一流学科“智慧教育和未来学校”建设团队的成果之一，得到了西南大学教育学一流学科建设首席专家、教育学部部长朱德全教授的大力支持；本书也是西南大学中希文明互鉴中心数字人文与场馆教育研究的成果之一，得到了中希文明互鉴中心中方主任、西南大学原副校长崔延强教授的大力支持。同时，感谢西南大学出版社张发钧社长、出版社副总编周松编审的鼎力支持。

未来学习环境是未来教育研究的重要领域，还有许多需要进一步探讨的问题，由于作者的能力和水平限制，书中对未来学习环境研究的广度和深度还不够，期待更多教育同人加入这个研究领域，共同深化和拓展未来学习环境的研究，共同助力我国教育强国建设，共同助推我国教育现代化进程。

目 录

contents

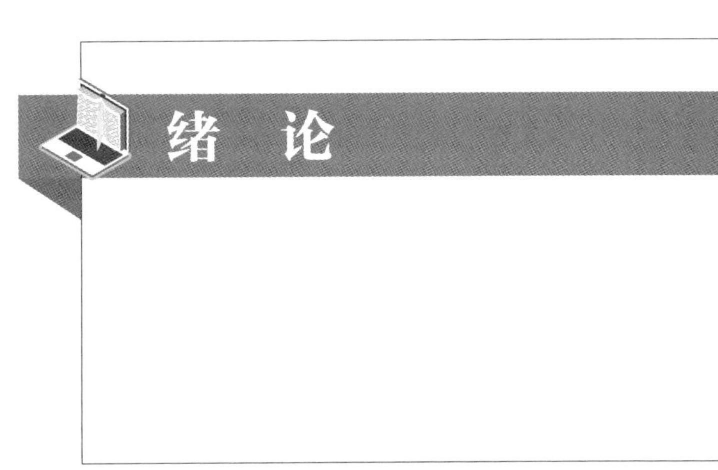

绪　论

随着新技术的不断涌现，学习环境正面临着深刻的变革，如何建构优质、高效、便捷的学习环境成为现阶段研究的难题。因此，对当代学习环境进行研究，从追溯起源到把握当下研究热点，对促进学习者的深度学习有深远的意义。通过对近年来学习环境的研究进展进行系统梳理，发现学习环境研究的变化趋势——研究视角从单一走向多元以及研究内容从工具取向走向学习取向；审视目前研究所面临的挑战，进一步探讨学习环境研究的发展趋势，提出未来的学习环境研究需要厘清概念的逻辑关系，丰富研究方法和分析工具，跨学科、多层次和宽领域研究协同推进，关注学习环境中空间、技术与文化的融合。

随着信息时代的高速发展，以及终身学习、非正式学习、深度学习、移动学习等新型学习理念的相继提出，全球社会正逐渐向学习型社会发生转变。新技术的不断涌现为学习环境理念与实践的变革创造了无限可能。新技术的出现打破了时间与空间的限制，尤其在数字革命的巨大冲击下，我们不得不重新审视学习的全新面貌，并探讨学习环境研究的转向。“学习环境为学习行为的发生提供重要的物质基础、行为规范和精神引领，为学生核心素养的培养提供支持性条件。”[①]学习环境不再被认为是从所提供的不同路径中进行选择的结果，而是一种创造活动；也不是要去往特定的地点，而是正在创造空间本身。当代的学习环境不仅仅局限于以黑板、课本为中心的教条化、静态化、单一化、模式化的物理学习环境，而正在以终身学习理念为指导，基于对当代学习本质的反思，为适应未来学习者的多元学习需求，向智慧学习环境、整合学习环境、互动学习环境、创新学习环境、非正式学习环境等新型学习环境转变。通过系统梳理当代学习环境的研究现状，审视目前研究面临的问题与挑战，对学习环境研究未来的发展方向进行深入探讨并且作出展望。

---

① 王牧华，宋莉．当代学习环境研究的转向及启示[J].课程·教材·教法，2018，38(1)：60.

一、当代学习环境的研究进展

(一)研究视角从单一走向多元

1.研究思路趋向系统化

学习环境是一个复杂的有机系统,研究者首先需要聚焦于学习的复杂性,以系统的、文化的视角,整体观照并重新构建新的学习环境形态。目前,国内外研究者不仅关注学习环境本身,并且形成了以系统为中心的研究思路,将学习环境视为一个多元、开放、互动的系统加以深入分析。就当代学习环境的研究范围而言:一方面,随着新媒体技术的兴起,学习环境研究已经开始从传统的物态空间拓展到依托数字技术和网络技术的具有新型交流功能的智能空间,研究者们开始关注智慧学习环境、整合学习环境、互动学习环境、创新学习环境、非正式学习环境等新型学习环境;另一方面,研究深入到学习方式、认知发展、情感发展和创造力发展等层面,以探究学习环境对学习者学习的影响为线索,对当代学习的本质与功能进行反思与新构,以此构建优质、高效、便捷的新型学习环境,满足未来学习者对学习环境的要求以及对学习资源的需求。

2.学科视角呈现多维化

当前学习环境研究主要有四种学科视角:心理学、人类学、生态学和科技哲学。基于不同的学科视角,呈现不同维度的研究取向,促使学习环境研究具有独特意义的多元理解。其中:心理学视角聚焦于"个体外部或内部",以行为主义心理学、认知主义心理学和建构主义心理学为理论基础;人类学视角聚焦于"实践共同体",将学习看作是社会参与的过程;生态学视角聚焦于"个体发展与环境关系",受行为环境理论的影响,将学习环境看成是一个影响个体发展的生态系统;科技哲学视角主要受科技理性的影响,聚焦于"技术与工具",出现了分布式虚拟学习环境、基于Web与Mashup的学习环境、基于教学管理平台的学习环境、基于物联网的学习环境等以技术支持为导向的学习环境。以上四种学科视角集中阐释了学习环境的内涵,为学习环境研究提供了多维化的研究思路。

3.学习场域彰显多样化

法国社会学家布迪厄(Bourdieu)认为:“在高度分化的社会里,社会世界是由大量具有相对自主性的社会小世界构成的,这些社会小世界就是具有自身逻辑和必然性的客观关系的空间,而这些小世界自身特有的逻辑和必然性也不可化约成支配其他场域运作的那些逻辑和必然性。”[①]所谓的“小世界”就是“场域”。场域可以视为一种关系的有机连接。在学习环境场域分布方面,国外学习环境的研究大致经历了一个从社会和社区环境到学校环境,再到班级课堂环境的过程,即表现出学习环境研究经历了从宏观到中观,再到微观的观察序,目前正在向多元视角、多重层面的多样化方向发展。而国内学者的研究,在研究方向上,主要集中在对国外学习环境研究成果的概述以及对学习环境的独立探讨;在研究内容上,侧重于微观层面,主要集中在对学校和课堂学习环境的研究,同时对于企业、场馆等学习环境的研究已经初见端倪,并取得部分研究成果。总体而言,国内外学者都已经意识到多种学习环境的重要性,并且已有研究表明,学习环境研究正在逐步从单一的学校教育场域延伸至家庭、社区、职场等各类学习场域,从教师教育场域拓展到学习者学习场域,关注更广泛的学习群体,呈现出学习场域多元化的发展趋势。

(二)研究内容从工具取向走向学习取向

1.学习环境本质研究:从物理结构转向互动系统

关于学习环境的本质研究,国外学者立足于对学习环境的结构分析和测量工具的开发,因此,大多基于学习活动的视角来对学习环境进行界定,认为学习环境是促进学习有效开展的活动空间,是支持学习活动开展的外部条件和具体场所。较早关注学习环境设计的学者乔纳森(Jonassen)从建构主义的视角出发,认为学习环境是一种以技术为支持的环境,有利于学习者开展有益的学习。[②]从学习环境的结构进行分析,诺顿和维贝格(Norton & Wiburg)认为

---

① 布迪厄,华康德.实践与反思:反思社会学导引[M].李猛,李康,译.邓正来,校.北京:中央编译出版社,1998:134.

② 钟志贤.面向知识时代的教学设计框架:促进学习者发展[D].上海:华东师范大学,2004:18.

学习环境应包括物理、知识和情感三个方面。①而国内学者大多受传统教学思想的影响，更多地通过描述学习环境的要素来界定学习环境的具体概念。与现在的学习环境不同，在研究初期，多数学者重视教学实践和教师地位，从教师的立场出发去定义学习环境，主要研究教学环境，即环境对教师及其教学活动的影响。

进入21世纪，学者们将研究的重点向信息化课堂环境中学生的学习效果以及学习环境的设计研究转变，并以“学习环境”称之。皮连生从心理学的角度认为，学习环境是指以帮助学生学习为目的，师生互动时他们周围的情况和条件。②后来，随着技术与教育的深度融合，在学习环境建设和进化的过程中，时时处处与科学技术密切关联，充分展示了教育信息化的便捷与魅力。于是，学者们纷纷将技术纳入学习环境的概念界定中，作为学习环境的重要支持工具，拓展学习环境的时空范围，提高学习者对学习环境的感知力。陈琦等认为学习环境是指学习者在学习过程中可能与之发生相互作用的周围因素及其组合。③钟志贤认为学习环境是为促进学习者发展，特别是为高阶能力发展而创设的学习空间，包括物质空间、活动空间和心理空间。④

通过对国内外学者对学习环境定义的梳理，进一步探究学习环境的本质，发现关于学习环境内涵的阐述和解释具有以下共同特征：学习环境强调以学生的学习为中心，是为了促进学习者更好地开展学习活动而创设的；学习环境不仅包括支持学习活动开展的物质环境，还包括师生及其互动交流所组成的社会心理环境，特别是在教育信息化的推动下，尤其注重科技取向的信息技术要素。总之，学习环境的本质正在科技力量的推动下发生新的变革，被赋予新的生命力。在传统的学习环境中，强调单一的技术理性，将科技作为一个重要的外部新元素纳入学习环境之中，仅将科技与学习者简单关联，并未利用科技优势促使学习者之间的密切合作和交流，并且忽视学习共同体之间的文化互

---

① NORTON P，WIBURG K M. 信息技术与教学创新[M]. 吴洪健，倪男奇，译. 北京：中国轻工业出版社，2002：7.

② 马会梅，李宁萍. 学习环境分析[J]. 河南工业大学学报(社会科学版)，2012，8(2)：145.

③ 陈琦，张建伟. 信息时代的整合性学习模型：信息技术整合于教学的生态观诠释[J]. 北京大学教育评论，2003，1(3)：94.

④ 钟志贤. 论学习环境设计[J]. 电化教育研究，2005(7)：36.

动。而新型的学习环境是学习资源的有机整合以及人际关系的动态组合，注重学习环境中的“人机”互动和“人人”互动，倾向于提高学习者的文化交融和立体感知。因此，当代学习环境的内涵，包括物理环境、心理环境和制度环境，但不能片面地将不同要素简单分类，而是要充分调动不同要素，建立关系网络和互动系统，创设一种互动、共生的创新型学习空间。

2. 学习环境设计研究：从教师中心转向学习者中心

学习环境设计是学习环境研究中的重要理论问题之一，为创设更加人性化的学习环境提供理论指引和实践指导。信息技术的不断发展，刺激研究者和教育者去拓展学习环境的设计。国内外的学习环境设计研究大致经历了一个从教师立场到学生立场的发展转变，并正在发生着一些阶段变化：学习环境的设计已经突破了传统的基于教师立场的教学环境的创设，开始走向“学生主体”的学习共同体学习环境，凸显学习者的中心地位，目的在于设计一种有利于学习者激发学习兴趣、发生学习行为，并主动进行学习反思和知识建构的学习环境。例如，“学习环境设计”的基本视点是学习者中心、知识中心、评价中心、共同体中心。在建构主义看来，有效的学习环境是参与学习的学习者自身有意识地建构知识的过程。①与此同时，一些学者对学习环境的设计要素进行了系统的研究，为学习环境的设计提供了新的理论支撑，使学习环境设计的研究更加科学化、规范化。

随着信息技术的高速普及，国内外学者对学习环境设计的研究，主要围绕“如何利用新技术创建学习环境”的问题展开，主要聚焦于“以学习者为中心”的学习环境设计研究，并且不断地拓展和深化学习环境设计的理论基础。

近年来，随着心理学的发展，国际教育技术学领域出现了用活动理论、情境认知理论、认知分布理论以及新近兴起的关联主义作为学习环境设计分析框架的趋势。在国内，学习环境设计研究则集中于两个方面：一是对学习环境设计产生的背景和理论基础进行探讨；二是学习介绍国外具体的学习理论对学习环境设计的影响。国内许多专家学者从不同的学科理论和学习理论对学习环境设计进行理论探索。另外，国内外关于个人学习环境的探讨也正在成

---

① 钟启泉. 学习环境设计：框架与课题[J]. 教育研究，2015(1)：116.

为热点话题。

总体来看，学习环境的设计逐渐成为“融多元学科为一体”的研究领域，开始走向“以学习者为中心”的学习环境设计，不仅重塑了学习环境的本质，同时对教师的创造力和教学变革能力提出了新的要求。

3. 学习环境实践应用研究：从注重获得知识转向发展能力

美国21世纪学习合作组织修订了“21世纪学习框架”（Frame-work for 21st Century Learning）。新框架包含两部分：学习成果和支持系统。学习成果部分围绕核心学科和21世纪主题培养学生的技能，如学习与创新技能，生活与职业技能，信息、媒介与技术技能，其中，尤为强调培养学生的学习与创新技能。支持系统部分包含标准和评价、课程和教学、专业发展和学习环境等支持性策略。①

21世纪是数字化学习时代，使21世纪的学习者成为数字公民，数字化和科技的发展大幅度提高了知识的易获得性，因此学习者更加重视自身高阶思维能力的培养，并学会运用所学知识解决问题，形成新的观点、新的产品，成为敢于开拓创新、善于沟通合作、勤于批判反思的终身学习者。如今，探究学习环境研究的进展和转向，总结当代学习环境面临的挑战，均是为了更加科学地构建具有未来意义的学习环境。值得注意的是，过去的学习环境实践应用研究采取还原和简化的方式把焦点集中于简单知识和技能的学习和掌握，在消除了学习自身复杂性的同时，更加剧了忽视学习者能力发展的问题。

通过对文献的梳理发现，近年来国内外关于学习环境实践应用的研究，主要聚焦于学生的学习方式、认知发展、情感发展和创造力发展等四个方面。在学习环境的测量工具方面，学者们不再将环境看成是外在于人的场所，而是将其作为影响人自身发展的内在驱动力，测量问卷的维度设计从注重学习者知识的传授向注重学习者的综合能力转变。

---

① 邓莉，彭正梅. 通向21世纪技能的学习环境设计：美国《21世纪学习环境路线图》述评[J]. 开放教育研究，2016，22(5)：12.

二、当代学习环境研究面临的挑战

(一)学习环境概念及其逻辑关系界定不明确

通过梳理国内外的文献发现,在国外,大部分学者对学习环境的概念没有进行明确的定义和严格的区分,在某些研究情境中存在笼统代替、片面混淆的不适切现象。因此,在以往的研究成果和资料中,出现了“班级环境”“学习环境”“感知觉环境”“微观生态环境”“课堂心理环境”等众多相似的概念。可见,学习环境概念的界定尚不够明确。

在国内学习环境研究的早期,受研究与实践重心的影响,从教师的立场出发去定义学习环境,学者对于学习环境的研究往往是以教学环境的研究为主题的,从而更多关注教学环境,对教师及其教学活动的研究较多。与此对应,就相对忽视从学生的立场出发去定义和关注学习环境,对学生自主知识建构的学习环境研究较少。此外,鉴于学习环境涉及的“学习”和“环境”等概念,本身就难以完全明确,因此,学者们对学习环境的理解较为多元,尚未达成一致。与此同时,对与学习环境相似的概念区分及其逻辑关系的认识也不够明确。

(二)学习环境设计研究有待深化

对学习环境的设计意味着人们需要重新考虑教什么、怎么教,以及如何评价学习的问题。然而,综观现有的研究,在学习环境与学生内在联系、学习环境中的“教育内容知识”以及对学习过程的分析与评价等方面还面临着许多挑战。

首先,学习环境特有的学习功能被遮蔽,较少关注学习环境与学生内在联系的研究。[①]目前,研究者对学习环境与学生关系的研究,多数基于单一维度从外部、局部进行具体的观照,缺乏整体的、全面的观念。在已有研究中,虽然在一定程度上丰富了对学习环境某一方面的认识,但是这种认识往往是碎片式的、验证式的,未将学习环境与学习者内在紧密联系在一起,忽视学习者自身的学习效能感等,缺乏对学习者各方面长足发展的观照,更少聚焦于“学

① 尹睿.文化取向的技术哲学:当代学习环境研究方法论的新路向[J].现代教育技术,2010,20(11):6-7.

习”,未将学习环境与学习者的学习活动、学习结果等因素进行整合性的探讨。

其次,缺乏对学习环境中“教育内容知识”的探究。在建构学习环境时,研究者通常“遗忘”甚至排斥具体的教学内容,导致学习环境中“文化本性”被遮蔽甚至缺失。因此,实现技术和教学的有效融合将是未来学习环境研究的热点。

最后,目前对学习分析的研究仍处于初级阶段。研究者主要从学习活动跟踪、教学资源拓展和教学策略优化等微观层面,初步探索学习过程中的学习规律。基于对学习过程的分析与评价研究,学习分析面临如下挑战:当前的学习分析还仅限于计算机环境内的数据分析,系统和平台之间缺乏全面的沟通,所记录的数据通常难以真实地反映学习者的学习过程和学习全貌。[①]基于对真实情境中学习过程的数据记录,如何将数据信息纳入学习分析的框架之内,从而实现各种系统、平台和真实情境学习的有机沟通,是当前迫切需要解决的关键问题。[②]同时,评价与问责也是学习环境设计中亟待解决的问题。而目前的评价方式较为单一,教师缺乏评价方面的知识与技能,主要强调终结性的评价,评价未能真正反映学习者的学习过程。因此学习环境设计研究仍有待深化。

(三)不同学科对学习环境的研究缺少整合

学习科学的领军人物皮(Pea)曾指出,建立在物质和现实世界的认知活动分析研究逐渐增多,架起宏观社会文化学习理论研究与基于特定学科领域的个体学习活动微观分析之间的桥梁,成为当前学习研究面临的最大挑战之一。[③]在不同的阶段针对不同的研究主题,学者对学习环境研究的学科视角侧重点不同。单一学科视角难以满足学习环境研究的发展趋势,目前国内对于学习环境的研究已涉及心理学、教育学、美学、哲学等多种学科领域,但未形成跨学科的交叉领域,忽视了与其他学科的联系,导致学习环境研究缺乏整体性

---

① 杨俊锋,龚朝花,余慧菊,等.智慧学习环境的研究热点和发展趋势:对话ET&S主编Kinshuk(金沙克)教授[J].电化教育研究,2015(5):86.

② 徐晓东,杨刚.学习的新科学研究进展与展望[J].全球教育展望,2010(7):18-23,29.

③ 郑旭东,吴秀圆,王美倩.多媒体学习研究的未来:基础、挑战与趋势[J].现代远程教育研究,2013(6):21.

和针对性，未形成良好的整合。因此，无法从整体的空间范围实现人与环境的协同发展，并且不同理论领域之间的联合研究仍然比较局限，缺乏对学习环境的系统性、整体性建构。[①]因此，需要研究者摆脱单一学科或纯粹技术的桎梏，寻求多学科视角下的跨学科联合交叉领域的研究，不断拓宽学习环境的研究领域。

（四）研究成果缺乏实践层面的“生态融合”

通过梳理国内外有关学习环境的研究成果，可以发现：在理念上，国外大部分的教育信息工作者逐渐认同由“要素观”转向“生态观”；然而，在实践层面，国内的不少研究者仍停留在“要素观”上，缺少将信息技术与实践进行有机融合的生态意识和系统发展观，导致在学习环境的设计中，忽视对学习者本身的人文关怀。大多数学者基于不同的理论视角，对学习环境设计进行研究，但这些理论的共同特点在于它们都建立在“主客”的哲学观基础之上，学习环境呈现出技术工具的色彩，它们将环境看作是外在的，是与学习者对立的。因此，需要新的研究视角，将科学技术在创设学习环境中的应用与学习者自身各方面的发展有机融合，以技术作为支持工具和依托，达到学习者与学习环境的生态融合。

三、当代学习环境研究的展望

（一）厘清学习环境概念的逻辑关系

为避免学者对与学习环境有关或相似的概念出现混用、相互替代等现象，需要进一步明晰教学环境、课堂环境、学习环境等概念之间的关系。因此，今后应加强对学习环境相关概念的含义以及概念之间逻辑关系的细化分析，实现研究成果的整合。[②]厘清学习环境概念及其逻辑关系，有利于深入探究学习环境的本质，为学习环境研究的深入开展提供理论导向和系统路线。

---

① 廖诗艳．学习环境研究的历史、现状与未来[J]．肇庆学院学报，2007，28(1)：77.

② 范春林，董奇．课堂环境研究的现状、意义及趋势[J]．比较教育研究，2005(8)：65.

(二)丰富学习环境的研究方法与分析工具

未来的学习环境研究应基于多元视角开展跨学科交叉研究,采取更具有包容性和实效性的多元变量进行设计研究与多层分析。所以,不仅要强调基于实证的研究,还要借鉴和引入新兴的研究工具和技术。具体来说,需要从两个层面入手。一是深化学习环境与学生发展关系的实证研究。研究者应该打破常规的线性分析思维,建立学习环境结构方程模型,以此探讨影响个人学习环境有效性的多种显性或隐性因素,进而揭示这些因素相互作用所引发的内在变化规律。[①]二是聚焦真实情境下理论与实践共同发展的设计研究。国际教育学界的研究走势表明,基于设计的研究探讨中,在深入探索创建新型学与教环境的可能性、发展关于复杂场景中学与教的境脉化理论、建构累进性设计知识、提升对教育革新的能力等方面,均表现出了独特的应用前景。[②]因此,当代学习环境研究需要引入新的研究方法论,以适应和完成基于设计的各类研究任务。基于设计的研究,强调在真实的情境中,以研究者与实践者的协作为基础,通过迭代分析、设计、开发和实施来改进教育实践,并产出与情境相符的设计原则和理论。[③]而这种基于设计的研究,将为未来真实学习场景中的研究、设计与开发提供有效的实践范式、干预手段和技术方案,以期构建集“研究、政策、实践”于一体的整体化、科学化、规范化系统。

(三)跨学科、多层次和宽领域研究的协同推进

1.走向交叉学科的跨学科研究

不管是学习环境与学生发展关系的实证研究,还是基于各类机构之间的关系研究,都需要建立一种合作机制,如开展跨领域的学习和交流,共同探讨和开发能够对学习环境领域进行科学研究的新方法和量化指标,促成学习环境研究的纵深化持续发展。

---

① 尹睿,李丹飒.国外个人学习环境研究的进展与趋势[J].中国远程教育,2012(7):23.

②BAUMGARTNER E, BELL P, BROPHY S, et al. Design-based research: an emerging paradigm for educational inquiry[J]. Educational researcher, 2003, 32(1): 5-8.

③ WANG F, HANNAFIN M J. Design-based research and technology-enhanced learning environments[J]. Educational technology research & development, 2005, 53(4): 5-23.

现代化的信息技术发展为未来学习环境建设创造了无限可能，但从生态主义视角出发，在未来学习环境的设计中，不应局限于以信息技术为核心的智慧学习环境建设，而应注重以自然环境为支撑的生态化环境整合。因此，这就意味着需要以整体论的观点看待学习环境，将学习视为发生在各个“生态”环境中的行为，能够发生在不同的场域之中。未来学习环境的研究必须以开阔的视野，以多学科、复杂的视角去分析问题，而非割裂对待，如此，才能勾勒出一个完整的、广阔的学习图景。具体而言，就是基于研究学习环境的各门学科，如认知科学、教育心理学、生态学、计算机科学、人类学、社会学、神经科学等，采用不同的研究方法，在多学科交叉领域中，通过在线联系和建立国家数据库等方式，促进跨学科的深度交流与合作，促使跨学科的数据记录与共享，激发不同学科领域之间、不同研究专长的学者之间开展有意义的对话，为学习环境研究提供新视角、新理念、新方向。比如，关注已有的脑与神经科学的跨学科研究成果，强调脑科学与学习环境的联合，从更微观、更科学的视角探讨学习过程的实质。

可见，学习环境的研究需要吸纳更多类型的研究群体，包括认知心理学家、神经学家、教育学专家等，将不同类型、不同专长的专家纳入基于共同愿景而成立的研究共同体，协同推进学习环境研究的发展，通过比较、借鉴或融合不同领域的研究视角、思想和方法论，为学习环境的研究提供新的研究范式。

2.集中与深化学习环境的研究主题

学习是21世纪学习环境的核心要素。为了创设更具生态性、交互性、个性化、开放性、智能化的学习环境，需要集中与深化学习环境的研究主题，剖析学习环境之间的无缝连接。因此，未来探索学习环境的研究重点将是学习者的学习内容、学习工具以及学习过程、学习形态。

未来的学习环境研究将打破常规和固定模式，走向灵活化、移动化，形成多维、开放的研究路向。首先，关注学习内容的研究。佩珀特（Papert）提出学习科学研究焦点有可能从“人是如何学习的”拓展到“人学习什么”。[①]也就是

---

① PAPERT S. Afterword：after how comes what［M］//SAWYER R K. The Cambridge handbook of the learning science. New York：Cambridge University Press，2006：582.

说,学习环境中的课程内容和设计是非常重要的。其次,关注正式与非正式学习环境融合的研究。学习环境的研究范围涉及所有学习可能发生的场域,包括正式学习环境和非正式学习环境。正式学习环境主要发生在课堂和学校层面,涉及运用已有研究成果来审视和创新学习环境,促进信息技术与教师教育、课程教学的融合。非正式学习更加关注身份和更广泛的分析单位的重要性,这些观点超越了仅仅对个体的研究,包括考虑在家庭和社区等持久社会群体中学习是怎样发生的。[①]因此,需要在现有研究的基础上,将正式学习环境和各种非正式学习环境融合起来,联合学校、家庭、社区等形成共同体,以促进学习环境的构建。再次,关注学习环境中学习过程分析的研究,也就是要量化学习,变革评价与问责机制。量化学习实践过程是由数据、学习者、其他利益相关方和学习服务连接而成的具有适应性反馈的闭环系统。[②]美国在其2010年的国家教育技术计划(NETP)计划中曾提出"要用技术来改善评价方式",包括通过收集学习者产生的数据来使其学习过程更加透明化、可监控。[③]因此,在21世纪,评价与问责将成为学习环境的重要导向,以便更好地理解学习和优化学习发生的情境。最后,关注新技术工具的研究。新兴的技术工具为优质学习环境的创设奠定了坚实的基础,但是如何选择和使用新技术工具也是需要关注的重点之一。比如,教师如何利用技术来支持和辅助学习,以实现工具与课堂教学的整合;教师如何在拥有技术的基础上,寻找到促进有效学习的方法等。

(四)关注学习环境中空间、技术与文化的融合

1.关注"人"与其学习环境的整体研究

作为一个生命系统,一个人的学习不单单是认知的功能,情感、情绪、身体、生理等都共同参与到学习过程之中,并对学习产生系统化的影响。[④]这也

---

① 杨南昌.学习科学视域中的设计研究[M].北京:教育科学出版社,2010:149.

② 刘三女牙,李卿,孙建文,等.量化学习:数字化学习发展前瞻[J].教育研究,2016(7):119.

③ 周晓清,汪晓东,刘鲜,等.从"技术导向"到"学习导向":信息技术支持的学与教变革国际发展新动向[J].远程教育杂志,2014(3):13-22.

④ 吕林海.人类学习的研究历史、本质特征与改进努力:脑科学视角下的解析与启示[J].全球教育展望,2013,42(1):45-52.

就意味着，学习者和环境之间构成双向沟通、相互作用、共同建构的复杂关系，学习者不再是单纯的消费者，在与学习环境交互的过程中，不仅自身的素质得以发展，同时也在重塑着学习环境。所以我们认为，研究学习环境应该拓展到对“人”与其学习环境的整体研究[①]。将研究视角从技术取向的学习环境开发向文化取向的环境建构转移[②]，进一步探讨环境本身的文化本性。因此，学习环境的设计应聚焦于学习环境空间、技术与文化融合的创新研究，要综合考虑技术的最新发展和学生的个性化学习需求，使学习环境走向互动生成的高级形态。

个体主体性的确立、意义感的获得和自我觉悟的提升，是学习实践属性的意义向度。[③]因此，关于“人”与其学习环境的整体研究包含三个层面。一是个性化学习环境的创设。需要越来越多地关注学生的学习方式，注重个人学习空间的设计与构建，重视个性化的发展。二是体验式学习环境的创设。需要加强情感支持，让学习者的感知器官更多地参与学习，重视和增强学习体验，为学习者提供反思工具与知识建构工具，进一步培养学生的高阶思维、创新能力。三是跨学科学习环境的创设。跨学科趋势主要涉及“提升科技与艺术(STEAM)学习”。正在兴起的STEAM学习，是科学、技术、工程、艺术、数学课程的总称。STEAM教育的设计理念是，所有学科都能够而且应该要彼此关联。[④]只有这样，才能够为学生提供多元的、学科融合的、关注人文取向的学习环境，帮助学习者获得更为丰富的学习意义。

2.关注学习共同体的社会性研究

学习存在于社会组织的交互活动中，其实质是社会对话的过程。普适技术的思想为未来学习交互指明了发展方向：一种基于自然方式和具有环境意识的，更加符合人性、本能和情感体验的日常交互形式将成为未来的研究方向。[⑤]所以，未来学习环境的研究必然要关注社会性。关注社会性的研究主要

① 叶新东，陈卫东，许亚锋.未来课堂研究的转变：社会性回归和人的回归[J].远程教育杂志，2012(3)：21.

② 李宝敏.面向学习者有意义学习的网络学习环境研究[J].现代远距离教育，2011(2)：49.

③ 郭元祥，伍远岳.学习的实践属性及其意义向度[J].教育研究，2016(2)：102.

④ 约翰逊，等.《2015年地平线报告(基础教育版)》：技术驱动教育变革[J].人民教育，2015(17)：73.

⑤ 杨刚.普适技术支持下的泛在学习交互研究[J].电化教育研究，2012(3)：61.

体现在两个层面。第一，聚焦于未来学习环境中学习共同体构建的研究。未来技术所支持的学习环境丰富了学习共同体形成的过程，越来越多的学习者习惯于在协作中学习。社交媒体使学生的学习社交化，实现了学习者之间直接的连接[①]，使学习个体的创造力、不同群体的创造活动都能有效体现。第二，聚焦于未来学习环境社会支持系统的研究。学习环境的社会支持包括政府相关部门、技术行业和社会大众三个方面。首先，政府相关决策部门的政策支持，包括管理政策的优化和财政支持的加强，是未来学习环境建设的有力保障；其次，获取高尖端技术行业的技术支持，是未来学习环境建设的有力基石；最后，社会大众思维方式的转变和观念的更新，是未来学习环境发展的重要依托。

四、结语

从理念层面来看，学习环境的建设不应局限于以信息技术为核心的智能学习环境建设，而应采用整体论视角，致力于以自然环境为支撑的生态环境的整合；从技术支撑的角度看，表现为由实向虚的转变，将以构建网络学习共同体为主旨，实现正式与非正式学习环境的无缝连接；从组织结构的角度看，将以学习者为中心的形式来构筑，完成从学校模式向学习者为中心模式的转型，促进课堂环境、学校环境、社区环境与家庭环境的有机融合，实现不同学习环境的场域融通。总之，未来学习环境是复杂多样的，需要连接学习原理、教学设计与技术等多重元素，旨在创造一种以学习者为中心、新兴技术与学习者双向交互、有利于持续培养学习者高阶思维能力的生态学习系统。

目前，世界范围内关于学习环境的研究仍处于发展阶段，具有比较广阔的研究空间。因此，探讨学习环境研究的进展、挑战和展望，力求吸引更多研究者积极关注并深度参与到学习环境的研究中，促进学习环境的科学化设计和生态化融合，实现学习者的终身学习和持续发展。

① 胡永斌，张定文，黄荣怀，等. 国际教育信息化现状[J]. 教育研究与评论(小学教育教学)，2015(3)：91.

第一章

未来学习环境的理论内涵

本章通过对过去、现在和未来的政治、经济、科技发展趋势的简要探讨，引出了对未来教育与未来学习环境的思考，将未来学习环境描述为在以学习者为主体的多元化资源协同构成的“开放—互动型环境”持续量变发展下所形成的较为清晰的趋势，探讨了未来学习环境所具备的十种特征，包括多元性、自主性、具身性、情境性、建构性、泛在性、开放性/社会性、贯通性、反馈性、协同性，进而论述了基于多元视角的未来学习环境的要素与类型，在此基础上阐明了未来学习环境的价值与意义。

第一节　未来学习环境的内涵与特征

人类从来没停止过对未来的遐想与追寻，就像向日葵从未停止过对阳光的向往。古代人们对未来社会的构想并不系统化和具体化，但我们可以从一些经典著作中了解到一些零碎的描述和设想。在我国古代，道家和儒家对未来社会的设想有着不同的观点。道家追求“大同”社会，设想了一个无阶级、无矛盾、无争斗、无差别的理想社会，强调个人通过修炼达到与自然和谐共生的境界。儒家则主张通过“德治”来构建一个等级分明、秩序井然、和谐稳定的理想社会，强调君主的德行和人民的教化，以及“克己复礼”的理念。古希腊哲学家柏拉图在他的著作《理想国》中提出了一个由哲学家领导的国家，主张通过智慧和公正来治理社会，使人们能够过上幸福的生活。亚里士多德则在他的《政治学》中提出了一个由中产阶级主导的国家，通过平衡和协调不同阶级之间的关系，实现社会的和谐和稳定。古人对未来社会的设想带有浓厚的理想化和哲学性，他们更多关注的是道德、公正、智慧、和谐等理念的实现，而缺乏具体的实践方案和经验。这些设想对后世的思想和社会发展产生了深远的影响,为我们理解和探究未来社会提供了重要的参考。

自工业革命以来,全球社会生产力水平不断攀升,科技发展日新月异,人类逐渐从技术层面构思未来社会的图景。在一百多年前,人们预见到了飞行器、水下城市、移动的建筑、太空旅行等。插画家阿尔伯特·洛必达在他的画作中描绘了2000年的人们搭乘小飞行器去看戏。插画家让·马克·科特在他的明信片系列中详细描绘了包括蒸汽马、真空隧道、邮政飞车的未来交通图景。有人设想未来的社会可能是机械化、自动化、信息化甚至生物化的。如阿尔弗雷德·V.哈登在《20世纪》一书中设想了2000年的美国是一个高度机械化的社会,人们可以坐在机器里移动到任何地方。近代人类对未来社会的设想带有强烈的工具理性色彩,他们更多从技术层面关注更加高效、便捷、智能的社会生活,却缺乏一定的价值理性色彩,导致21世纪以前的人类社会发展主要遵循着一条注重效率的"冰冷石板路"。但不可否认的是,从古至今的种种发展成果、理论设想为现代物质文明的繁荣和现代人类对未来的构思奠定了基础。

如今,时间这双厚重的大手推动着我们来到了一个充满一切可能性的时代,将一幅未来社会巨幅画卷摆在我们眼前。当前,世界政治格局正在经历着深刻的变化,全球化的趋势继续推进,各国之间的经济、文化和政治联系更加紧密。然而,地缘政治紧张局势和全球性的挑战,如气候变化、资源短缺和人口老龄化等问题,也在影响着国际关系的走向。未来经济发展更需要科技创新和数字化转型。随着人口增速放缓,人口红利逐渐消失,人才红利将持续崛起,经济增长将更多依赖于技术进步与人才引领。人工智能、大数据、区块链、增强现实(AR)、ChatGPT等技术正在改变金融、制造业、服务业等各领域,生物技术将带来更多的医疗突破和生物工程应用,而纳米技术也将成为未来制造业的主要趋势……新型技术将成为未来经济增长的主要驱动力。而各行各领域中的拔尖创新人才,特别是高精尖技术领域的拔尖创新人才则会成为促进未来经济变革的主力军。政治经济的发展也促使着社会形态与社会结构发生变化。随着数字时代的到来,传统的金字塔形社会结构逐渐向扁平化、网络化的社会结构转变。这种转变使得社会成员之间的联系更加紧密,信息传递更加迅速,也更加多元化。社会观念的变化也会对社会关系产生影响,随着环保意识的提高,人们对于资源的利用方式和社会生产方式产生了新的认识,人们对于生活质量的要求也将逐步升高，可持续发展与环境保护不仅是现代社会的重点议题，也将成为未来社会的主要课题，高质量的医疗卫生、文化生活、教育生活也会成为人们的重要诉求。

学习环境的未来又将走向何方？

人类跨过原始社会、农业社会、工业社会、信息社会，正向着智能社会迈进。随着人工智能、大数据、云计算等信息技术的进一步应用，教育场域与学习环境将从传统封闭式空间走向更加开放的、具备连通性的空间，在线学习将实现普及化与常态化，学生可以根据自己的时间和地点自由选择学习内容，提高学习的灵活性和效率。在教育数字化转型的驱动下，未来教育可能会出现更多的技术和教育深度融合的场景，虚拟现实（VR）和增强现实技术的应用，可以为学生创造更加沉浸式的学习体验，提高学习的效果和乐趣。未来教育供给与学习资源将得到极大的丰富与最广泛的普及应用，未来学习环境将在技术变革驱动下实现重构，它以学习为中心，将数字技术作为支撑、数据资源作为驱动，旨在实现人与“学”、人与环境的真实且深度的互动，学生的个性化与多元化发展需求将得到极大的满足。

一、未来学习环境的定义及依据

（一）未来学习环境是以学习者为主体的多元化资源协同构成的“开放—互动型环境”

学习环境的构建是实现学与教的方式变革的基础。经济合作与发展组织（简称“经合组织”）认为学校的学习需要适应今天已知的、可识别的需求和未来的、不确定的需求。为此，需要培养学习者分析和解决问题的能力。基于人才培养目标的新变化，“经合组织”对当代学习的本质进行了反思，启动了“创新性学习环境”的研究项目，并于2013年发布了《创新学习环境》报告，为中小学学习环境的建构提供指南。无独有偶，为应对技术进步和经济全球化对人才培养的挑战，美国21世纪学习联盟（Partnership for 21st century learning，简称 P21）等机构，于 2015年发布了《21 世纪学习环境路线图》，指导美国各学区和学校对学校文化、教学、学生学习、评估、责任和基础设施等进行设计和完善。因此，对当代学习环境的创新与未来学习环境的发展开展深入研究，成为教育理论研究者、实践者以及政策制定者等共同面对的重要问题。

学习环境是学习发生以及进行的场所和依托。钟启泉教授认为学习环境是基于多种多样的物的要素、人的要素而形成的动态构成的“信息环境”，以及借助所有感官如学习者的视觉、听觉、触觉等体验到的“信息总体”。学习者借助关注学习环境所提供的动态的信息，通过建构意义、感受意义的体验来进行学习。[①]钟志贤教授也认为学习环境是指促进学习者发展的各种支持性条件的统合。[②]可以看出，学习环境设计的关键及核心是指促进学习者建构知识和身份的学习活动及学习支持的统合。

对学习环境广为认可的观点，即学习环境是学习资源和人际关系的动态组合。学习资源包括学习材料（信息）、帮助学习者学习的认知工具（获取、加工、保存信息的工具）、学习空间（教室或网络虚拟学习空间）等；人际关系包括学生之间的人际交往和师生之间的良性互动，学生不仅能得到教师的帮助和支持，而且学生之间也可以相互协作和支持。在这种学习环境中，既有丰富的学习资源，又有人际互动的因素，它突破了传统学习环境的种种局限与束缚。对“学习环境”的理解主要集中在四个要素，即学习者（谁），教师及其他学习专家（和谁），内容（学习什么），设备和技术（用什么）。这四个要素之间具有动态交互性。学习环境是一个动态的概念，比较复杂，对其进行考察和分析时，必须多视角考虑到不同研究者所持的学习环境观不同，所以他们对学习环境的分类也不同。[③]我们当今身处21世纪初期，经济、科技快速发展，科学理论不断深入，我们的学习也产生了革命性的变化。面对不断更新升级的社会需求以及新一代的学习者，我们要根据当今学习的特征、需求，对未来学习环境的要素进行分析、预测。未来学习环境的研究对国家乃至全世界教育的发展有着基础而深远的意义。未来学习环境具备多种类型与形态。黄荣怀等学者对智慧学习环境进行有效探索，指出“智慧学习环境是一种能感知学习情景、识别学习者特征、提供合适的学习资源与便利的互动工具、自动记录学习过程和

---

① 钟启泉．学习环境设计：框架与课题[J]．教育研究，2015(1)：115．

② 钟志贤．论学习环境设计[J]．电化教育研究，2005(7)：35．

③ 刘晓平，牛晓林．学习环境的未来发展趋向[J]．教育与教学研究，2012，26(3)：13．

评测学习成果,以促进学习者有效学习的学习场所或活动空间”。[①]李志河等学者基于具身学习理论,提出以学习者为中心的具身学习环境,强调学习者的“身体参与”和“身心融合”。[②]黄红涛等研究者依据具身认知与混合现实的观点,探索出一种基于混合现实技术构造与计算机支持的混合现实学习环境,并进一步指出具备支持具身交互功能的媒体融合型交互式学习环境,即可称之为“具身型混合现实学习环境”。[③]

基于未来社会以及学习者的特征与需求,我们认为21世纪的学习环境应该是以学习者为主体的多元化资源协同构成的“开放—互动型环境”。其中,“以学习者为主体”是个人深度学习、终身学习的必然诉求,而移动、虚拟等新兴技术的支持使得学习的资源呈现爆炸式的增长,多元化的选择必然是学习环境的特征之一。从规模和范围上来看,未来学习实则是一种连通和交互,社会网络的数字化使得整个学习处于一种开放式的环境,跨越时间和空间,学习的连通和交互具有无限可能,学习者彼此依赖、相互支持以形成最好的学习产出并共同加以维护。他们从彼此的投入、贡献和产品中抽取适合自己的内容并在此基础上加以扩展或延伸,建构自己的理解和认知,学习的自主性得到极大的提升。

值得关注的是,未来学习的互动性的深入、高效化是未来学习得以产生质的变化的关键点。其中包括四种互动:学习者与内容的互动(学习者进行理解以及意义建构);学习者与自然环境的互动;社会性互动(人与人,引导者与学习者,学习者与学习者,学习者与共同体之间的互动);学习者与虚拟/数字环境的互动。这些构成要素之间彼此互动并产生反馈,使学习的深度以及广度都得到了极大的提升。关于社会性互动,钟启泉教授认为21世纪所需的学习环境的创造,不是静听教师讲述、背诵其内容,而是建构学习者作为学习主体能够做出彼此回应的“应答性环境”。在这里,教师的作用不在于指导,而在于

① 黄荣怀,杨俊锋,胡永斌.从数字学习环境到智慧学习环境:学习环境的变革与趋势[J].开放教育研究,2012,18(1):75-84.

② 李志河,王元臣,陈长玉,等.深度学习的困境与转向:从离身学习到具身学习:兼论一种深度具身学习环境的构建[J].电化教育研究,2023(10):71.

③ 黄红涛,孟红娟,左明章,等.混合现实环境中具身交互如何促进科学概念理解[J].现代远程教育研究,2018(6):28.

组织应答性的学习环境。就是说,教师必须指向课题解决,支援其活动。学习环境本质上就是"学习场"。而所谓"学习场"意味着借助人际关系所形成的场,包含了人们彼此相遇、相互影响并各自产生变化的"磁场"的意涵。[①] 未来学习环境虽然不可完全预测,但是其多元、开放、互动的趋势已经相对明晰,可以理解为是现存学习环境在持续量变发展下所形成的较为清晰的趋势。

(二)未来学习环境的依据:"学习—学习者—知识"的三重维度特征

未来学习环境是多元的、开放的、互动的,其性质和特征主要取决于未来学习的终身学习、深度学习、全方位学习的特征与需求,以及未来学习者自由自主、社会意识、意义建构、多任务切换、及时反馈的特征。

1.未来学习在个体层面的特征与需求:终身学习、深度学习、全方位学习。"流水不腐,户枢不蠹。"无论是一个国家还是一个个体,自我进化能力是其生存和发展的根本。传统学习滞后于社会发展,学习内容有所限制、教学方式落后、学习效率低下,培养出来的人才不能满足社会发展的需求。开放化、数字化、虚拟化的资源加速了教育的自我进化。人人都是教育的生产者,人人又都是教育的消费者,这种新型的学习环境必然会更加适应社会的发展。

知识始终是社会发展、经济增长、国家富强的主要驱动力,社会需求的不断更新使得一次性教育就可终身享用的神话已被彻底颠覆。尤其是在数字时代,知识爆炸式涌现、科技不断更新、社会竞争极速加剧,学习者们必须学会从海量且不断翻新的资源中建构自己的知识和理解,在多样的"境脉"中理解整个社会系统,并在本地以及全球的范围内进行沟通和协作。这意味着学习已经不再是某一阶段的活动,而是一个贯穿于人的一生且持续发展的课题。"活到老、学到老"成为学习者的追求之一。同时,在UNESCO(联合国教科文组织)、OECD(经济合作与发展组织)、EU(欧洲联盟)等组织机构的推广下,学习社会成为终身学习大力发展的重要契机,世界各国的终身学习景观正逐渐发展成形并渗透于社会的方方面面。终身学习也更为强调要积极调动一切可

---

① 钟启泉.学习环境设计:框架与课题[J].教育研究,2015(1):115.

以促进个人发展的条件和机遇。

随着对新时代学习认识和研究的深入，全方位学习和深度学习被相继提出。如果说终身学习是从一种线性和序列的视角，描绘了学习的时间景观，展示了个体整个生命进程的学习，那么全方位学习则展示了学习涵盖的广度，它包含每日开展的所有活动，正式和非正式的，工作中和休闲时的，真实和虚拟的，从某种程度上描绘的是学习的空间景观。欧盟认为全方位学习关注到了学习的延展从而充实了学习的范畴，学习是可以发生在我们生活中任何一个阶段的所有范围。全方位的纬度使得正式和非正式学习之间的互补特性更为凸显。但除了关注于学习发生的时间和地点外，我们还需要注意到学习的参与性以及学习实施的复杂性。因此深度学习概念的提出，更进一步演进了学习景观的第三个维度，即学习所涉及的信念、价值观、意识形态以及生活取向等方面的内容。可以说，全方位学习和深度学习的提出完善了终身学习这一人类发展模式的细节问题，展现出一幅生动的人类学习景观。

当今世界学习形态正在经历着的这些变革是数字革命的直接后果。长久以来被广泛认可并具有不可撼动地位的由学校教育所把控的学习形态正面临着前所未有的数字冲击。在技术的支持下，未来的学习环境可以提供许多新的条件：提供信息和他人的任意连接；支持全时间段对学习资源的访问；提供对时间、地点和学习步调更大的选择余地；提供多种可替代的学习模式，如远距离学习、工作中的混合学习、部分或全部基于校园学习；支持分布式的知识共享和共同创作；支持在个人学习空间中的反思和规划机会；支持对形成性评价的快速反馈；支持基于互动技术和多媒体资源的更为积极的学习；支持参与各种知识、探究或学习社区；支持在虚拟世界中的发现学习；支持在数字化时代的工作生活技能的发展等。

2. 未来学习者的特征：自由自主、社会意识、意义建构、多任务切换、即时反馈。知识经济时代，技术已经深入我们的学习生活，它改变着我们的思维方式和行为习惯。美国专业咨询机构Bersin& Associates（2007）分析了四代人的学习动机和学习风格，从教我，到指导我，到联系我，再到全联通我的发展，清晰展现出个体学习对于自我调控和社会开放需求程度的加剧。最新一代的学习者又被称为“千禧一代”“数字原住民”，他们的成长伴随着电脑与互联网。

可以说技术对他们的学习行为的塑造起着极大的影响作用。而技术对他们而言是最便捷高效的资源访问工具。他们享用并吸纳新兴的技术，并自然而然地对其加以运用。被数字化所环绕的他们，充满自信和开放意识，与传统教育理念所服务的学习者在学习期望、观念和行为上展现出了巨大的转变。未来一代的学习者们希望可以按需随意连接到分散在网络上的各种信息来源，同时开展多项任务，相互补充的同时更加高效；他们偏向自己去体验并发现知识，去亲自试验、运用而不是被教导、告知；他们具有很强的社会意识，喜爱与他人沟通与分享，并享受小组合作学习的乐趣，但会从中积极建构自己的理解；他们希望从他人那里获得即时的反馈、响应和看法以调整或改进自己的学习行为。他们是非常独立自主的学习者，能积极进行自我探索和反思调整，虽然受到学习共同体的影响，但仍自主建构自己的学习网络。总之，被动、受控式的学习已经不再符合未来甚至当代的学习者，他们的学习诉求更加自由随性、泛在关联、多样化、弱结构化。未来的学习者已无法再被灌输知识，而是应用技术作为学习工具开展多方面的资料和信息搜集，进行广泛的社会关联与合作，从而自我建构知识，他们是积极主动的学习者。因此，未来的学习环境应做出调整以适应未来学习者的行为转变，向着更为个性的、开放的、动态的、互动的、虚实结合的环境转变。其中，非正式、社会化的完全主动的自主学习环境与群体学习环境相结合的形式最能匹配他们的学习行为特征，尤其符合他们自主探索的需求。

3. 知识的特征：建构性、社会性、情境性、复杂性、默会性。知识的习得是学习者最根本的目标。在未来的社会发展中，知识的社会性、情境性、复杂性程度会大幅提升，学习者对其的建构也显得更为重要。未来的学习中，更多的知识是内含在团队或者共同体中的，需要通过对社会文化的参与而内化相关知识和技能、掌握工具的使用。个人在不断地与社会、共同体的互动中去获得新的资源，习得新的技能。现实中，很多的知识是不稳定的、结构不良的，是与其形成的情境脉络紧密联系的，而每一位学习者认知建构事物的方法都具有其独特性，这种知识的复杂性更加需要我们设置充分的情境学习的环境，尽可能使每一位学习者自主建构自己的知识体系。

二、未来学习环境的十项特征

未来社会中，未来教育更加重视学生的主体地位及其主体性、自主性、能动性，强调协作、探究、创新等理念，教育理念将发生深刻变革。不同学习者具备不同的学习兴趣，学习者的学习需求走向多样化。未来学习环境应当提供种类丰富、内容齐备的学习资源，给予多种学习方式，以满足不同学习者的需求。而随着信息技术、人工智能和虚拟现实等技术的发展与应用，未来学习环境可以向学习者提供更加多元的、自主的、情境化的、具备反馈的学习场景、学习资源，带来更有具身性的学习体验。因此，未来学习环境应具备多元性、自主性、具身性、情境性、建构性、泛在性、开放性/社会性、贯通性、反馈性、协同性等特征，以适应未来教育发展趋势和未来学习者发展诉求。

（一）面向个性化学习需求的多元性

未来学习环境具备提供多种不同的学习资源、活动和教学方式，以满足不同学习者的需求和兴趣的特征，即未来学习环境的多元性特征。传统教育的最大弊端就是用标准化流程来开展教学，用一模一样的学习方案来培养完全不一样的学生，忽略了学生学习需求具有多元化、差异化的特征。未来的学习环境要尽可能为学生提供多种选择的学习资源以及学习路径。以课程设置为例，以学习者的经验、个体生活和核心素养为基础，打破学科的固有界限，以真实问题为核心进行课程重组，通过多元的课程资源实现学生个性化发展。根据不同课程主题的特点，灵活设置长短课、体验课和阶段性课程，在时间、空间上给予学生充分的自由以及选择，形成以主动、探索、体验、创作为特征的新型学习方式。其中，数字化的学习环境可以为建构主义的学习提供强有力的支持，提供支持学习者进行建构性学习的各种学习资源。在这种虚拟学习环境中，从学习者的角度充分考虑其兴趣、个性发展、需要等，通过设计灵活多样的交互方式，让学习者主动参与同虚拟对象的互动以完成学习任务，充分发挥学习者作为认知主体的作用，灵活满足学习者的个性化需求。未来学校将会重新构建学习路径，让学习从书本走向世界，学生从被动接受者转变为主动学习者，让个性化学习得以落实。在人工智能和大数据的支持下，我们可以通过科学测评了解学生的潜能特征和最适宜的学习方式，对学习者进行精确画像，精准匹配他们的个性化学习需求,判断学生对当前学习内容的掌握程度并推送相应内容,选择适当的媒体呈现形式,对学习资源进行排序,并提供不同的学习路径,帮助学习者积极主动地参与到学习过程中去,开展更深层次的学习。

(二)旨在激活内在驱动力的自主性

关于学习者自主学习的重要性,研究者已经达成许多共识。皮亚杰认为,学习者应被允许尽量能自己发现,教师为学习者所做的每一个决定都剥夺了学习者潜在的、可能更有利的学习经验。学习环境设计应该促进学习者自主学习,以促进学习者的自我调节为中心。在自主性的未来学习环境中,学习者可以自主选择学习内容、学习方式和学习节奏,以及自主评估和反思自己的学习过程和成果。未来的学习环境应该考虑为促进理解将责任转移给学习者并创建问题解决的情境,通过支架支撑,帮助学习者积极介入到学习中,学习各种问题的解决方法,在知识建构实践中变得更加自主。建构主义的“脚手架”在虚拟学习环境中非常重要。如果虚拟学习环境能够成功地提供各种“脚手架”,就能促进学习者自主学习,促进学习者对学习过程进行实时自我监控等。

狭义来讲,未来学习是重组课堂、突破时限的学习。在传统的教育生态中,教师、教材是知识的权威来源,学生是知识的接受者,教师因其拥有知识量的优势而获得课堂控制权。班级授课制是学习的一种基本组织形态,学习时间通常是一种规范化的安排。例如,课堂的时间通常为40分钟左右,在课堂上以教师的“教”为主,即大部分的时间由教师所掌控。在数字时代,学生获取知识已变得非常快捷,师生间知识量的天平并不必然偏向教师。此时,教师必须调整自身定位,让自己成为学生学习的伙伴和引导者。近年来,混合式学习、翻转课堂等新的学习形态不断涌现,打破了原来班级授课组织形态下的学习时间分配模式,把课内课外时间结合起来,倡导把更多的时间还给学生,让学生成为学习时间的掌控者,进而培养学生的自主学习能力和主动发展能力。

广义来讲,学生可以在全球范围内自主选择教师和学习的课程,不再只是被动接受所在学校的有限师资和千篇一律的课程安排。同时,学习者的身份不再局限于在校学生,无论在实际工作中遇到何种问题都可以通过在线教育随时随地进行学习。学校和学生之间的关系发生了逆转,是学生主动选择自己要学习的知识，而不是被动接受学校的安排，改变了传统学校教育的甲方市场局面。

（三）注重学习体验的具身性

具身认知理论指出，认知、身体和环境之间是相互嵌套、不可分离的；身体依附大脑，大脑依附认知，而认知依附于身体的各种感官所产生的经验，身体则是融入于不同的物理环境、生物环境和文化环境中的，三者不可或缺。学习环境是促进学习者学习的一切因素的综合，包括物的因素、人的因素、技术因素。传统的学习环境是一种离身认知式学习环境，无法持续有效地促进学习者进行有意义的理解性学习，而具备具身性特征的未来学习环境则是学习者开展未来学习的重要前提。未来学习环境融合身体感知和动作，以及虚拟和现实的交互，为学习者提供更加身临其境的学习体验。随着数字技术的不断发展、资源要素在学习场中的充分使用和认知理论的不断更新，未来学习环境的具身性特征愈发凸显。

未来学习环境的具身性指基于具身认知理论的身心融合、主客一体的理念，强调心智嵌入大脑、大脑嵌入身体、身体嵌入环境。路易斯（Lewis）和门德尔松（Mendelsohn）指出人类所有认知活动都包含两种形式的加工过程：一是由外部刺激生发的从外向内的加工，而在这一过程中人的认知活动都是被动的，为适应外部环境而进行调解的；二是由人类自身的主体意识向外产生的加工，这是人类对外部环境、经验、知识进行主动探知、认识、解释、构造的过程。[①]这两种加工是交互作用、相互依存的。而在具备具身性特征的未来学习环境中，学习者对于知识的获取并不仅停留在认知层面的信息加工，而是要进阶至身体感官的感知、体验与吸收等，进而将学习活动的身体行为显性化。

（四）融合技术与内容的情境性

情境性的学习是一种依托真实场景的学习方式，这种学习方式通过模拟真实的环境，让学生能够更好地理解、联系、应用学习内容。情境学习理论认

---

① ROWLANDS M . Extended cognition and the mark of the cognitive［J］.Philosophical psychology，2009，22（1）：1-19.

为,意义与身份的建构存在于互动之中,并受到更为广泛的情境脉络的影响。未来学习环境的情境性是指在学习过程中,将学习内容和情境融合在一起,创造更加真实和有意义的学习场景。

未来学习环境的情境性可以通过虚拟现实技术、增强现实技术、游戏化学习等方式实现。例如,通过虚拟现实技术,学生可以身临其境地进行虚拟实验、参观博物馆、探索历史场景等,从而提高学生的学习效果和学习体验;通过增强现实技术,学生可以将学习内容与现实场景相结合,例如在实地考察过程中使用AR技术进行学习,从而提高学生的情境感知和认知效果;通过游戏化学习,学生可以在游戏化的场景中进行学习,例如使用角色扮演游戏进行语言学习,从而提高学生的学习动机和学习效果。

情境性学习强调学习的情境和场景与学习内容的紧密联系,让学习者能够更好地理解和应用学习内容,同时也能够提高学习者的情感投入和兴趣。这种学习方式可以让学习者更好地掌握学习内容,同时也能够提高学习者的学习效率和学习体验。未来学习环境中的情境性将会得到更加广泛的应用和发展。

(五)影响学习过程的建构性

未来学习环境鼓励学习者参与到知识的建构过程中,通过探究、实践和互动来共同构建知识。在学习过程中,为学习者创建有利于意义建构的群体性学习以及基于问题的"情境",让学习者通过会话的手段,在"协作交互"中通过小组合作等方式完成学习目标,可以形成知识的"意义建构"。根据实践型课程的具体特点创设虚拟教室、虚拟实验场景等,场景中包括实验仪器设备、协作伙伴等,学习者可以通过情境的交互作用达到新的意义建构。这种虚实结合的学习环境有利于学习者探索知识,对所学习的问题提出假设并加以验证,从而习得自己对知识的理解和体验。

(六)跨时空学习的泛在性

未来学习灵活,伸展性极强。借助移动、虚拟等新兴技术的支持,未来的网络学习可以是任何尺度、任何形态的。在未来学习环境中,学习者随时随地都可以进行学习，从小型的话题讨论到大型的专业领域研究，从个人简单的反思活动到全球范围的协同创作，不再受时空的限制。而通过虚拟仿真，还可以再现大规模的演变过程、生命系统甚至社会结构等，学习在真实与虚拟之间的界限将越来越模糊，这都体现着未来学习环境的泛在性。

网络的出现和发展打破了权威对知识的垄断，让教育从封闭走向开放，人人能够创造知识，人人能够共享知识，人人也都能够获取和使用知识。在开放的大背景下，全球性的知识库正在加速形成，优质教育资源正得到极大程度的充实和丰富，这些资源通过互联网连接在一起，使得人们随时、随事、随地都可以获取他们想要的学习资源。知识获取的效率大幅提高，获取成本大幅降低，这也为终身学习的学习型社会建设奠定了坚实的基础。但由于网络的发展时间有限，现阶段的互联网发展对教育的冲击力度还不够，还不足以从根本上改变教育的生态环境。新的时代，“互联网”思维正在全面地改造着这个世界。进入2015年，互联网的发展步入了一个全新的阶段，其“连接一切”的特征开始展现得淋漓尽致，在文化产业领域，新的学习环境已经发起了进攻号角。这种虚实结合的学习环境对教育的影响不可低估，这种影响甚至可能深至骨髓，直接摧毁传统守旧的教育生态，重塑一个开放创新的教育生态。这种新的生态不仅仅是在文化产业领域，也许会突破教育本身的界限，融入“学习型社会”的每个角落中。

（七）面向学习共同体的开放性与社会性

未来学习环境提倡学习者在开放的环境中进行合作、分享和交流，以拓宽学习者的视野和思维，并强调学习者和社会的联系和互动，以增强学习者的社会意识和责任感。未来的学习环境对教育的影响主要体现在教育资源的重新配置和整合上。一方面，互联网极大地放大了优质教育资源的作用和价值，从以前一个优秀老师只能服务几十个学生扩大到能服务几千个甚至数万个学生。例如网课可以被几乎每一个使用网络的学习者所获得。所提供的现实以及网络平台使得教育资源得以最大限度地传播，使教育突破时间和空间的限制，为身处各种条件的学习者提供了更多的选择机会和更便利的学习条件，从而克服了传统教育中由于教育资源配置不公平及专业化限制所带来的师资短缺问题、专业课程设置不合理问题。传统的因地域、时间和师资力量导致的教育鸿沟将逐步被缩小甚至被填平。

另一方面，互联网联通一切的特性让跨区域、跨行业、跨时间的合作研究成为可能，这也在很大程度上规避了低水平的重复，加速了研究水平的提升，在社会上形成了学习共同体。

现如今，教育组织和非教育组织的界线已经模糊不清，未来甚至有可能会融合合作。社会教育机构与学校教育机构逐渐组成教育共同体，共同促进教育协同进步。从实质上看，未来学习是基于开放资源文化的社会性学习，其可以极大拓展个体学习的范畴、价值和习惯。通过群体间线上线下的互动，较少的时间就可以深化个体学习的效果，但前提及其运作机制是基于开放资源文化。开放资源文化追求公开而自由的分享，不仅分享产品和内容本身，还分享产品的创建过程，例如现在高校开展的创客空间、创新实验室、创业孵化基地等。这样开放的学习环境使学习者间相互提问、解答，相互倾听、发言，不仅是同伴对同伴的，更多的可能是一种广泛的多对多的群众化学习，可以使充分的资源真正发挥其最大价值。

（八）链接各学科各领域的贯通性

未来社会中，复合型人才更加适合于市场需要，这里的复合型人才是指掌握精湛技术基础上的宽口径全方位发展型的人才，而不是各学科知识的简单叠加、低水平重合。因此，在培养模式上需要双管齐下，需要打通专业之间的藩篱，实现横向的链接。当前我国的分科教育使得现有专业壁垒森严，不同专业的课程、师资，尤其是优势教学力量、设施等都有明确的权限范围，这就为专业与专业之间的融合人为地设置了障碍。未来学习环境强调不同学科和知识领域之间的联系和互通，以提高学习者的综合素养和跨学科思维。未来的学习环境会更加注重连接不同学科、不同研究领域，为复合型人才的教育创设更优秀的条件。

（九）技术赋能环境评估的反馈性

未来学习环境的反馈性是指在学习过程中及时、有效地给学习者提供反馈,以帮助学习者评估和调整自己的学习过程和成果。反馈性学习是一种重要的学习方式,通过及时的反馈,学习者可以了解自己的学习成果和不足,及时调整学习策略和方法,提高学习效果。未来学习环境的反馈性可以通过多种方式实现,例如评估工具、智能辅助功能、机器学习技术等。评估工具可以用于对学习者的学习成果进行评估和反馈,例如在线测验、考试等。智能辅助功能可以根据学习者的学习行为和表现,提供个性化的学习建议和反馈,例如基于学习者的学习数据和行为提供智能化的学习推荐和评估。机器学习技术可以对学习者的学习过程进行分析和预测,提供更加精准和个性化的反馈。未来学习环境的反馈性将会对学习者的学习效果、学习动机和学习体验产生重要的影响。个性化的反馈也可以增加学习者的学习动机和兴趣,提高学习效率和学习体验。未来学习环境中的反馈性将会得到更加广泛的应用和发展,以提高学习者的学习效果和学习体验。

(十)多项要素的协同性

学习环境是一个辩证统一的整体。首先,环境与要素、要素与要素之间存在着有机联系,它们通过互相作用和影响,共同构成了一个整体;其次,学习环境的绩效和规律只有通过观察整体才能确定,但整体功能并不是部分功能的简单相加,而是会产生许多新的功能。环境要素之间是相互联系的。这不仅体现在学习环境各要素或各部分的性质和行为会对其他要素或部分的性质和行为产生依赖性,并对整个学习环境的性质和行为产生影响。最重要的是,学习环境处于持续变化的动态过程中。现实情境中的学习环境都是时刻改变、不断发展的,要想使其功能得到最大程度的发挥,必须在动态变化中协调环境各要素之间的关系,并掌握学习环境发展的大致趋向,及时准备相关的环境支持。未来的学习环境是由很多并行发生作用的“作用者”共同构成的一个非常复杂、极不对称的网络系统,这些作用者(即构成要素)之间发生的关系不仅仅是线性的因果关系,更多的是非线性的关系。环境要素之间的复杂性关系不仅体现在一个要素可以与其他多个要素同时发生作用,比如学习者在与学习资源相互作用的过程中,也与教师、其他学习者以及各种物理环境因素、认知工具等共同发生着作用。除此之外,环境要素之间的非线性关系也是持续变化的，其作用过程并非一味地简单重复，而是处于不断变化和交互影响之中，任何一组关系哪怕发生细微的变化，都会对其他组的关系产生或多或少的影响，这就是复杂系统具有的“蝴蝶效应”，而这些影响又会反过来对它本身产生各种或大或小的作用。如此循环迭代来推进学习环境的动态建构。事实上，正是环境要素之间的这种非线性的混沌关系、不可预测的交互变化为学习环境的不断变革和自我更新提供了机遇。

未来学习环境在主体、形式、学习方法等要素上整体向智慧化、虚拟化、非正式化发展，为未来的学习活动提供一种突破时间空间的限制的可能，以先进的学习观为指导，以科学技术为依托，通过多资源多渠道促进学习者个性化、深度化、专业化、终身化学习以及社会学习共同体的形成。

未来学习环境的多元性、自主性、具身性、情境性、建构性、泛在性、开放性/社会性、贯通性、反馈性、协同性等特征有助于直接提高学习者的学习效果，使学习者的学习更加个性化，学习体验更加深入与真实。其多元性、泛在性、开放性/社会性、贯通性等特征有利于拓宽学习者的视野和经验，使学习者能够了解更多的知识、文化和社会现实。其自主性、具身性、情境性、建构性、反馈性、协同性等特征可以增加学习者的学习动机和兴趣，使学习更加有趣、有意义、有自我价值感和满足感。其贯通性、建构性、开放性/社会性等特征可以培养学习者的综合素养，使学习者具备跨学科思维、创新意识、社会责任感和团队合作能力。其泛在性、自主性、具身性、情境性等特征可以增强学习者的适应能力，使学习者能够灵活应对不同的学习情境和挑战。其开放性/社会性、协同性等特征可以提高学习者之间的社会互动效果，使学习者能够更好地合作、交流和分享。总之，未来学习环境具备的特征，将对学习者的学习效果、学习动机、综合素养、社会互动效果等方面产生积极的影响。

第二节　未来学习环境的要素与类型

学习是未来学习环境的核心要素，未来学习环境应使得学习真实发生。为了创设更具生态性、交互性、个性、开放性、智能性的学习环境，需要集中与深化学习环境的研究主题，剖析学习环境之间的无缝连接。因此，学习者的学习内容、学习工具以及学习过程、学习形态将成为探索未来学习环境的研究重点。作为一个生命系统，一个人的学习不单单是认知的功能，情感、情绪、身体、生理等都共同参与到学习过程之中，并对学习产生系统化的影响。[①]未来学习环境的构建，源于对传统教育模式与学习方式的深度反思与前瞻性技术的融合探索。在此基础上，未来学习环境被视为一个开放的、智能化程度与集成度高的、能够适应个体差异的教育生态系统。此系统不仅关注知识的传授，更重视学习者能力的培养、创新思维的激发与情感的共鸣，旨在以技术为驱动、以人际互动为链接、以体系变革为保障，重塑教育与学习的边界，打造个性化、互动性强的学习环境。这意味着，学习者不再是置于学习环境中的被动客体，也不再是被动接受知识的容器，而是作为具有能动性的主体，能在学习环境中主动探索、发现、创造的主体，能与学习环境发生双向交流、有效互动。而为了创设这种更具生态性、交互性、个性化、开放性、智能化的学习环境，需要集中与深化学习环境的研究主题，探索未来学习环境的结构要素与类型，剖析各类学习环境之间的衔接机制，并将学习者的学习内容、学习工具、学习过程、学习形态等作为未来学习环境的研究重点。

一、未来学习环境的要素

未来学习环境的要素可以划分为物质要素、精神要素和制度要素。

（一）以信息技术为驱动的物质要素

未来学习环境将提供先进的信息技术及其设施设备，包括虚拟现实、人工智能、增强现实、智能终端、大数据分析等技术，以帮助学习者获得更好的学习资源、个性化的指导和反馈，支撑个性化学习与智慧学习等学习方式的实现。信息技术作为未来学习环境中的重要因素，主要是因为它具有以下几个优势：(1)信息技术可以将全球范围内的优秀教育资源进行整合和共享，从而为学习

---

① 吕林海.人类学习的研究历史、本质特征与改进努力：脑科学视角下的解析与启示[J].全球教育展望，2013，42(1)：47.

者提供丰富的学习资源;(2)信息技术可以提供各种高效的学习工具,例如在线笔记、智能辅助、可视化教学等,从而提高学习者的学习效率;(3)信息技术可以根据学习者的学习需求、兴趣和特点,诊断学习者的学情,制订个性化学习方案,提供个性化的学习服务,例如自适应评估、学习路径推荐等,从而最大程度地满足学习者的需求;(4)信息技术可以提供多种便捷的学习方式,例如在线课程、移动学习、远程教育等,从而为学习者的学习提供便利。

未来学习环境具备丰富多样的学习资源,包括数字化的教材、在线课程、开放教育资源等,以满足学习者的不同需求。未来学习环境将融合在线学习和传统教育的优势,学习者可以通过在线学习平台获取教材、课程视频和学习资源,并且可以随时随地进行学习。但同时也需要保留传统教室教学的互动和社交特点,提供面对面的教学环境和交流机会。

未来学习环境将提供创新的学习场景,如虚拟实验室、沉浸式学习空间等,采用人工智能技术,提供智能化的学习服务,又如自适应评估、学习路径推荐、智能辅助、可视化教学等,提供真实案例和项目,让学生参与实际项目,以丰富学习者的学习体验,培养学习者的具身学习能力和实际操作能力,提高学习效率。学习者还可以在新型的学习场景中通过模拟实验、虚拟实境等方式进行实践,将理论知识应用到实际问题中。

此外,未来学习环境的物质要素的价值在于创造一个更加开放、包容和高效的学习环境,从而帮助学生更好地发挥他们的潜能,提高他们的学习效果和学习体验。同时,这些物质要素还可以促进教育公平,使得更多的人能够获得优质的教育资源和服务。

(二)以互动为纽带的精神要素

未来学习环境更加重视学习者之间的合作和互动,注重学生之间的协作和交流,提供协作化的学习服务,如在线社交平台、协作式学习软件、多媒体协作课程等,能促进学生之间的互动和共同学习。学习者可以通过在线协作工具和平台与同伴进行合作学习,共同解决问题、完成任务和分享知识,培养学习者的团队合作和沟通能力。未来学习环境鼓励学习者之间的合作与交流,通过培养学习者的团队合作精神和社交技巧,营造积极、和谐的学习氛围,形成互助学习文化。未来学习环境同时还强调教师与学生之间的交流互动，这种交流互动关系不是传统的教师主体或学生主体的单主体模式，也不是教师主导、学生主体的模式，更不是双主体模式，而是聚焦于教师与学生之间的主体间性，强调二者主观能动性的有效发挥与和谐共生。在这种互动关系下，教师与学生不再是教学的重心，学习则成为未来学习环境中的真实存在并且是稳固的中心，让学生的学习自然而然地发生，让教师的教学自然而然地出场。

未来学习环境更加注重个性化学习，根据学生的兴趣、学习风格和能力水平定制学习内容和教学方式。通过智能算法分析学生的学习数据，提供适合他们的学习材料、习题和教学资源，并给予个性化的学习支持，包括智能化的学习推荐和反馈，以尊重学习者的个体差异，满足不同学习者的学习需求。未来学习环境同时鼓励学习者主动探索和自主学习。学习者可以根据自己的兴趣和学习需求自主选择学习内容和学习路径，学习环境通过提供适当的引导和资源，帮助学生培养自主学习的能力和习惯。

（三）以体系为支持的制度要素

未来学习环境倡导终身学习的理念，鼓励学习者在不同阶段、不同领域持续学习和自我发展，为学习者提供灵活的学习机会和途径，推动个性化教育制度的建立，通过灵活的学习路径和评价方式，充分发挥学习者的潜能和特长。建立健全学习支持体系，包括教师培训、教育政策、教育投入等，为学习者提供充足的支持与资源。这些要素在未来学习环境中相互作用，共同构建一个以学习者为中心、以个性化学习为导向的学习生态系统。

通过物质、精神和制度层面的综合建设，未来学习环境将为学习者提供丰富多样的学习资源、积极的学习氛围和个性化的学习支持，促进学习者全面发展和个性发展。

二、未来学习环境的类型

（一）依据性质划分的物质环境、人力环境与制度环境

首先是物质环境。未来学习环境的物质环境指的是学习场所的设施、设

备和资源。(1)多样化的学习场所。未来学习场所包括实体教室、图书馆、实验室,以及虚拟的在线学习平台和网络空间。这些场所不仅可以提供安全、舒适的环境供学生学习,还能满足不同类型学习的需求,如独立研究、小组讨论、在线协作等。(2)先进智能的设施与丰富的学习工具,如计算机、投影仪、电子白板、智能终端等,这些设施可以支持各种形式的教学活动,如在线课程、实地实践、模拟实验等,从而帮助学生更好地理解和掌握知识。(3)丰富的学习资源,包括各种在线课程、电子图书、研究资料、软件工具等,这些资源为学生提供个性化学习的可能,帮助学生找到适合自己的学习路径。(4)高效的认知工具。未来的学习将更加注重认知工具的使用,而认知工具包括各种软件和应用程序,如思维导图工具、编程工具、数据分析工具等,帮助学生开发思维能力,提高学生的信息素养和问题解决能力。(5)前沿的技术。未来学习环境将引入人工智能、大数据、云计算等新兴技术,为学生提供定制化的学习体验,帮助学生更有效地掌握知识和技能。而未来学习物质环境的良好建设可以提供舒适、安全、便利的学习场所,提供适当的学习工具和资源,为学生的学习提供良好的条件。具体包括以下几个方面:(1)舒适且适应个性化需求的学习空间:包括安静明亮的学习场所,根据个人需要定制的学习空间。这样的环境可以帮助学生更好地专注于学习任务,提高学生的学习效率。(2)高效且多元化的学习工具和资源:未来的学习环境将更加依赖于技术,包括各种电子设备、软件工具、模拟器等,这些工具有助于学生更直观、更深入地理解和掌握知识。(3)先进的科技支持:如人工智能、虚拟现实、增强现实等技术的运用,能为学生提供更加生动、有趣的学习体验,帮助他们更好地理解和应用所学知识。(4)绿色的学习环境:未来的学习环境会更注重环保和可持续发展,包括使用环保材料,采用节能设计,以及推广可再生资源的使用等。这样的环境可以帮助学生在学习的同时,培养环保意识,提高他们的社会责任感。(5)灵活的学习模式:未来的学习环境将不再局限于传统的教室和固定的时间,而是更加灵活和多样化。学生可以在任何时间、任何地点进行学习,同时也可以根据自己的需要和兴趣选择不同的学习方式。这些未来学习环境的物质元素,不仅提供了更加舒适和便捷的学习条件,还能帮助学生提高学习效率,增强他们的学习兴趣和动力。

其次是人力环境。未来学习环境的人力环境是指在学习过程中,影响和支持个人学习和发展的各种人员、人群、关系和资源的组合。它是一个复杂而动态的系统,受到多种因素的影响,包括指导者、学习者、合作者、精神文化、人际互动交流等要素。(1)指导者:指导者在未来学习环境中扮演着至关重要的角色。他们不同于传统的传授知识技能的教师,而是学生的导师和顾问,他们将运用自己的专业知识和技能,为学生提供深度的学习体验和个性化的指导和支持,帮助学生实现自己的学习目标。指导者还可以通过与企业的合作,为学生提供实践机会和职业建议。(2)学习者:学习者是未来学习环境中的重心,他们需要培养自主学习、终身学习和创新能力等方面的能力。通过积极参与学习活动和实践,学习者将能够掌握技能和知识,发展自己的个人兴趣和专长。(3)合作者:未来学习环境中,合作者的角色越来越重要。他们可以来自不同的领域、不同的文化背景和不同的国家。通过合作,学生可以分享经验、互相学习、合作创新,获得更开阔的视野和更多的机会。(4)精神文化:未来学习环境中,精神文化是人力环境的重要组成部分。它包括学生的价值观、信仰、态度和行为准则等方面。培养学生的精神文化素养,可以帮助学生更好地适应社会变革和文化多样性,增强他们的社会责任感和创新能力。(5)人际互动交流:未来学习环境中,人际互动交流对于学生的发展和成长至关重要。通过与他人的交流和合作,学生可以发展自己的沟通技能、建立人际关系、拓展自己的思维方式和增强自己的跨文化理解能力。这些要素的价值在于它们共同构建了一个支持学生学习和发展的人力环境。通过培养学生的自主学习能力和人际互动交流能力,未来学习环境能够帮助学生更好地适应社会变革和不断变化的工作市场,为他们未来的职业和个人发展奠定坚实的基础。

最后是制度环境。制度环境指的是学习的规则、流程和管理机制。这包括学校的教学管理制度、课程设置、评估机制等。未来学习环境的制度环境主要是指学习活动中,影响学习效率、学习效果、学习成果的各类规则、政策、法规和制度等。这些制度可由学校、教育机构或政府部门制定和实施,也可以由学习者和学习群体自发形成和遵守。未来学习环境的制度环境的核心是学习管理制度,包括学习计划的制订、学习进度的安排、学习成果的评估和反馈等。此外,制度环境还包括对学习者的管理,如学籍管理、学分管理、学习资源分配等。未来学习环境的制度环境包括未来学习体系、制约性政策、保障性政策、规章制度和评价制度等要素。具体来说:(1)未来学习体系:这是一个整合了多元化的学习方式和资源的学习框架,以学习者的需求和发展为中心,充分利用最新的教育技术,为学习者提供全方位、个性化的学习体验。(2)制约性政策:这类政策通常规定了一些必要的学习要求和行为规范,例如课程设置、学习时长、学习成果评估等。这些政策能够确保学习的质量和效果,同时也保障了学习的公平性和公正性。(3)保障性政策:这类政策主要是为了保障学习者的权益和学习环境的安全性。例如,对于在线学习的政策,可能需要规定学习者必须具备一定的技术能力,才能进行在线学习;对于混合学习的政策,可能需要规定学习者必须具备一定的自主学习和合作学习能力,才能有效地参与学习。(4)规章制度:规章制度是学习环境中的基础性制度,它规定了在学习活动中,学习者和管理者应该遵守的规则和程序。例如,关于学习资源的分配、学习行为的规范、管理者和教师的职责等,都需要规章制度来进行规范。(5)评价制度:评价制度是对学习效果进行评估和反馈的重要手段。未来学习环境的评价制度应该具有多样性、开放性和发展性的特点,以适应不同类型的学习者和学习环境。同时,评价制度也需要有公开透明、公正公平的评价机制,以保证评价结果的公正性和客观性。未来学习环境的制度环境需要适应不同类型的学习者和学习环境,包括在线学习、混合学习和传统课堂学习等。同时,制度环境也需要不断调整和完善,以适应社会、经济、技术等的变化和发展。制度环境的科学与合理性决定了教学的效果和学生的学习体验。好的制度环境可以提供有序、公平、有效的学习过程和评估,促进学生的全面发展。这些制度和政策的价值不仅在于它们对于学习活动的规范和管理,更在于它们对于学习者的全面发展、教育公平和终身学习的促进。通过构建合理、公正、公平且有利于学习者全面发展的制度和政策,可以有效地提高学习效率、提升学习效果、增强学习者的学习动力和自信心。

良好的物质环境为学生提供必要的学习条件和资源,创造舒适的学习氛围,便利的学习方式。优秀的人力环境提供高质量的教学和指导,促进学生的深入学习和思考。科学的制度环境提供规范和有效的学习过程,保障学生的公平和自主学习。不断完善和创新的物质环境、人力环境和制度环境,可以提供更具吸引力、有效果和个性化的学习体验。它们共同营造了一个良好的学习生态，促进学生全面发展，培养创新能力和解决问题的能力。

（二）依据主体划分的“学习者中心”的个人学习环境与“学习共同体”的群体学习环境

未来学习环境中的个人学习环境和群体学习环境是不可或缺的组成部分，它们有着不同的特点和作用。

个人学习环境是指学习者个体在学习过程中所处的环境，强调“学习者中心”，包括学习时所使用的工具、资源和学习方式。近十年来，以学习者为中心的学习环境日趋成熟。通常，以学习者为中心的环境类型主要有两种：一种是基于问题的学习（Problem-based Learning），学习者自主参与，由促进者提供必要的学习支架，以便开发出可行的解决方案；另一种是以学习共同体的形式，通过每个人都参与、建立和谐的伙伴关系，共同创造相互协作的学习环境。斯蒂克勒（Stickler）和汉佩尔（Hampel）描述了基于社会建构主义理论的赛博德语（Cyber Deutsch）协作语言学习环境。[①]在这种通过各种工具彼此交互的学习环境中，学习者以交流和联系的方式来学习语言，提高了学习效果，同时学习者之间建立了和谐的协作关系。个人学习环境可以根据学习者的个体差异和学习需求进行个性化设计，以满足学生的学习风格和学习目标。个人学习环境能够提供个性化的学习支持和学习资源，提升学生的学习效果和学习动力。通过个人学习环境，学生可以根据自己的兴趣和需求选择适合自己的学习资源和学习路径，提高学习效果和学习自信。在设计个人学习环境时，要提供多样化的学习资源和工具，如电子书籍、学习软件、在线课程等，满足学生的个性化学习需求。设计灵活的学习路径和学习内容，允许学生根据自己的兴趣和需求选择不同的学习方式和学习内容。同时还需要提供个性化的学习支持，如个人导师、学习辅导等，帮助学生制订学习计划和解决学习困难。

群体学习环境是指学习者通过与他人合作、交流和互动而形成的学习环境，强调构建“学习共同体”。群体学习环境可以促进学生的协作能力、沟通能

---

① 乔纳森，兰德．学习环境的理论基础[M].2版．徐世猛，李洁，周小勇，译．上海：华东师范大学出版社，2015：16.

力和团队合作精神的培养。在群体学习环境中,学生可以通过合作学习、讨论和分享经验,共同解决问题和探索知识。群体学习环境能够促进学生的互助学习和社交学习,培养学生的合作精神、团队意识和社交能力。设计合作学习活动和项目,鼓励学生在小组中合作学习、讨论和互相帮助。因此在设计群体学习环境时,要提供合适的学习场所和设施,如共享学习空间、实验室等,促进学生的集体学习和互动;创造良好的学习氛围和文化,鼓励学生分享经验、尊重他人、互相支持和合作。

创建个人学习环境和群体学习环境,可以为学习者个体及群体提供更多样化、个性化的学习机会和学习支持,促进学生的全面发展和自主学习能力的培养。同时,个人学习环境和群体学习环境相互结合,可以发挥彼此的优势,提高学生的学习效果和学习体验。

(三)依据形式划分的正式学习环境与非正式学习环境、现实学习环境与虚拟学习环境

正式学习环境与非正式学习环境、现实学习环境与虚拟学习环境是未来学习环境的重要类型。

正式学习环境是指为学习目的而专门设计和组织的学习活动和场所,如传统的教室、实验室、图书馆等。正式学习环境通常由教师或教育机构提供,以支持系统化和结构化的学习过程。它具有明确的学习目标、教学计划和评估标准,通过教师的指导和组织来促进知识传授和学习成效的提高。未来学习环境的正式学习环境通常包括以下内容:(1)学习资源:包括各种在线课程、电子图书、研究资料、实验平台等,这些资源将通过教育资源云平台进行整合,为学习者提供丰富多样的学习选择。(2)学习工具:未来的学习环境将广泛使用各种学习工具,如虚拟现实、增强现实、人工智能等,帮助学生更好地理解和掌握知识,提高学习效率。(3)学习社区:学习社区可以促进学习者之间的交流和合作,同时也可以为学习者提供更广阔的学习空间和学习机会。正式的未来学习环境可以提供丰富多样的学习资源和学习工具,可以满足不同学习者的个性化需求,提高学习效果和学习效率;能构建学习社区,促进学习者之间的交流和合作,提高学习者的团队合作能力和社交能力,同时也可以为学习者

提供更广阔的学习空间和学习机会。通过利用先进的技术手段，它还可以增强学习者的学习兴趣和动力，提高学习者的自主学习能力和创新能力，促进学习者全面发展。正式学习环境也可以为学习者提供更灵活的学习方式和更丰富的学习经验，促进学习者的终身学习和全面发展。在创设正式学习环境时，要设计结构化的教学计划和教学资源，符合学习目标和评估标准；提供适合的教学设施和教学工具，支持多样化的教学方法和活动；培养优秀的教师和教育专家，提供专业的教学指导和支持。

非正式学习环境是指学习者在日常生活中自主选择和参与的学习活动和场所，如家庭、社区、工作场所等。非正式学习环境发生在日常生活、工作、社交等非正式的场合，具有自发性、参与性、情境性、多样性等特征，强调学习者的个人兴趣和需求，鼓励自主学习和探索，培养学习者的自主学习能力和终身学习意识。非正式学习环境通常提供多样化的学习资源和机会，如个人图书馆、在线学习平台、社交媒体等，以满足学习者的个性化学习需求。非正式学习环境通常包括以下几个方面：(1)学习空间：除了传统的教室和功能室，未来的学习环境将更加重视非正式学习空间的创建和利用。这些空间包括校园广场、图书馆、走廊、食堂等公共区域，以及各种活动室、研讨室、实验室等专门的学习空间。这些空间将为学生提供更加舒适、自由、多样化的学习环境和氛围。(2)学习活动：非正式学习环境的活动也更加多样化，包括个人自学、小组讨论、团队项目、展示分享等。这些活动可以帮助学生更好地交流和合作，促进知识的共享和传播，同时也可以提高学生的自主学习能力和创新能力。非正式学习环境能为学习者提供更加多样化的学习方式和空间，可以满足不同学习者的个性化需求，提高学习效果和学习效率；促进学习者之间的交流和合作，提高学习者的团队合作能力和社交能力，同时也可以为学习者提供更广阔的学习空间和学习机会；还能营造更加温馨舒适的学习环境和氛围，可以减缓学生的紧张和压力，更好地服务于师生，促进学生全面发展、健康成长。在创建非正式学习环境时，应做到提供多样化的学习资源和学习机会，满足学习者的个性化需求；创造鼓励学习的氛围和文化，如鼓励阅读、探索、合作等；鼓励学习者自主选择和参与学习活动，提供必要的学习支持和反馈。

现实学习环境是指学习者进行学习的场景是真实的物理环境，它是实际存在并且可以亲身经历的学习环境，包括但不限于传统的教室、实验室、图书馆、操场等实体空间，为学习者提供了实际操作的场所，以及进行面对面的交流和合作的机会，同时也包括承载学习者与教师、同学、家长等人进行交互活动的社会环境。这种环境的特点在于其直接性和实体性，学习者能够通过视觉、听觉、触觉等多种感官接收信息，这种多维度的感官体验对于知识的吸收和理解至关重要。例如，在化学实验中，学生不仅能看见化学反应的颜色变化，还能闻到特定化学物质的气味，甚至通过触摸感受到反应过程中的温度变化。这种直接的感官体验为学习者提供了直观的感知体验和亲身的实践机会，是虚拟学习环境难以复制的。现实学习环境促进了社会化学习的过程，学习者之间的互动不限于知识内容的交换，还包括了情感的交流和社交技能的培养。面对面的讨论、团队合作解决问题等活动，不仅加深了学习者对知识的理解，也锻炼了他们的沟通能力和团队协作能力。现实学习环境提供了一个实践操作的平台。在许多学科领域，尤其是理工科，实验操作是不可或缺的学习环节。实验室里的设备和工具为学生提供了将理论知识应用于实践的机会。通过亲手操作，学生能够更深刻地理解抽象概念，同时也能够培养解决实际问题的能力。现实学习环境的稳定性和可靠性也是其重要特点之一。与虚拟学习环境相比，现实学习环境较少受到技术故障的影响，能够为学习者提供一个相对稳定的学习氛围。这种稳定性不仅保证了教学活动的顺利进行，也为学习者提供了一个可预测的学习环境，有助于减少学生在学习过程中的不确定性和焦虑感。现实学习环境强调学习与现实生活的联系，提供了真实的情境和资源，让学习者能够亲身参与、主动探索和实际操作，增强对知识的理解和应用，促进学习效果和应用能力的提升。因此，现实学习环境的主要价值在于：第一，为学习者提供包括各种书籍、设备、软件等实际的学习资源和机会；第二，承载学习者的自主学习活动与团队交互活动，可以培养学习者的自主学习能力、创新能力、团队合作能力等，促进学习者的全面发展；第三，每个学习者可以根据自己的兴趣和能力，选择适合自己的学习方式和学习内容，满足个性化学习的需求。在创设现实学习环境时，要注重提供适合的实践场所和实践设备，如实验室、工作室、创客空间等；提供真实的任务和情境，让学习者能够实际观察和实践操作；提供必要的指导和反馈，帮助学习者从实践中学习和反思。

虚拟学习环境是通过电子技术和网络平台模拟现实世界而创造的学习场景和学习平台，它通过技术手段实现了对物理世界的超越，为学习者提供了一个不受时空限制的互动空间，如在线课程、虚拟实验室、网络社区等。它是一种基于计算机和网络技术的学习环境，而非静态的信息窗口与展示平台，而是一个动态的、具有交互性的学习系统，可以依据教学目标、学习者需求与实时反馈，通过模拟真实的学习场景和学习活动来促进学习。这种环境的构建，基于高度发达的信息技术，如虚拟现实、增强现实及复杂的算法支持，使得教学内容得以生动呈现，极大地增强了学习的沉浸感和实效性。虚拟学习环境通常包括五个方面的内容。(1)多媒体教学材料：如虚拟现实的视频、音频等多种形式的教学材料，可以帮助学生更好地理解和掌握知识。(2)在线交流工具：如论坛、聊天室、邮件等，可以方便学生和教师进行实时的交流和合作，增强学习效果。(3)学习管理系统：可以帮助学生规划和管理自己的学习进程，记录学习成果和表现，以及提供个性化的学习建议。(4)虚拟实验：通过虚拟现实技术，学生可以在一个安全、可控的环境中进行实验，更好地理解和掌握知识。(5)虚拟课堂：通过虚拟现实技术，学生可以在虚拟课堂中进行学习，获得更为沉浸式的学习体验。虚拟学习环境具有高度的仿真性和互动性。基于精确的三维建模和实时数据反馈，虚拟学习环境能够精确模拟真实世界的操作和实验，这对于需要大量实践操作的专业领域尤为重要。例如，医学生可以在无风险的环境中进行手术模拟，工程师可以在虚拟空间中测试建筑设计的稳定性。此外，虚拟环境中的互动性体现在学习者可以与环境内的元素以及其他学习者进行实时互动，这种互动不限于信息的传递，还包括了知识的共建和问题的协同解决。虚拟学习环境的显著特点还在于其开放性和灵活性。与传统教室相比，虚拟学习环境提供了强大的信息和通信技术支持，打破了物理空间的限制，让身处不同时空的学习者加入同一课堂，使学习者可以随时随地进行学习，享受个性化、互动性和跨越时空的学习体验。这种开放性不仅促进了跨文化的交流与合作，也为教育资源的均衡分配提供了可能。虚拟学习环境的灵活性表现在可以根据不同学习者的学习进度和风格调整教学内容和策略，有效整合并精准提供更为丰富多样的学习资源,帮助学生更好地理解和掌握知识;模拟真实的学习场景,让学生更好地体验学习的过程和乐趣,增强学生的学习体验;提供个性化的学习建议和计划,帮助学生更好地规划和管理自己的学习进程,提高学习者的学习效率;减少实际实验和课堂的需求,降低学习者的学习成本;提供在线交流和合作的机会,增强学习者的参与感和互动性,帮助学习者更好地吸收知识并增强学习效果。虚拟学习环境鼓励学习者与他人合作、交流和分享,通过多媒体、虚拟现实等技术手段提供丰富的学习资源和学习工具,促进学习者的创新能力和信息素养的提升。在设计虚拟学习环境时,要注意提供高质量的在线课程和学习资源,为学习者的自主学习和个性化学习提供便利;创造互动性和合作性的学习平台,鼓励学习者交流与合作;使用先进的技术手段和工具,如多媒体、虚拟现实等,增强学习者的学习体验和学习效果。通过创建正式学习环境、非正式学习环境与现实学习环境、虚拟学习环境,提供多样化、个性化的学习机会和学习支持,促进学习者的全面发展和自主学习能力的培养。同时,不同类型的学习环境相互结合,可以发挥彼此的优势,提高学习者的学习效果和学习体验。

现实学习环境以其直接性和实体性为学习者提供了一种直观的学习体验,这种体验往往以物理互动和即时反馈为核心。学习者们通过与现实世界中的物体和现象直接接触来获得知识,这种接触促进了感官认知的发展和实践技能的提高。相对而言,虚拟学习环境则开辟了一个全新的维度,其中数字模拟和人工创建的场景使得抽象概念得以直观展现。通过虚拟现实技术,学习者可以进入原本无法接触到的环境,如历史现场或分子级别的科学实验,从而扩展了学习的边界和深度。此外,虚拟学习环境中的交互性设计允许学习者以探索者的身份积极参与学习过程,这种方式不仅增强了学习的主动性,还提高了信息的保留率和理解深度。虚拟学习环境的一个关键优势在于其能够提供个性化学习路径。通过算法和数据分析,系统可以根据学习者的学习进度和偏好调整教学内容和难度,实现真正意义上的定制化教学。这一点在传统教室环境中难以做到,后者往往采用“一刀切”的教学模式,忽视了学习者间的个体差异。尽管如此,现实学习环境在培养学习者的社会交往能力和团队协作精神方面仍具有不可替代的作用。面对面的交流和合作解决问题的经历是虚拟学习环境难以完全复制的。这种直接的人际互动对于情感发展和道德观念的形成至关重要,而这些往往是通过屏幕所无法完全传达的。

第三节　未来学习环境的价值与意义

未来教育与未来学习受到技术进步、社会变革和全球发展等多种因素的影响,或将朝着以下几个方向发展。第一,教育数字化的发展。随着互联网技术的不断进步和普及,更多的教育内容将被数字化,并在全球范围内在线传播。在线课程和学习平台已经在全球范围内大量出现,未来这一趋势或将持续加强。学生们可以随时随地学习,这将极大地提高教育的可访问性和灵活性。第二,技能型创新型教育的发展。随着经济发展和产业结构的升级,许多传统的工作和技能将被淘汰,而新的工作和技术将不断涌现,社会对各种技能型人才、创新型人才的需求越来越大,同时人们面临的问题和挑战日益复杂,要求人们掌握的技能也越来越多样化。职业教育成为提高劳动者技能的重要途径,以满足社会对于各类高技能人才的需求。未来的教育可能会更注重实践能力和创新思维的培养,而不仅仅是知识的灌输。第三,生命教育和终身学习的发展。随着生命周期的延长和职业的多样化,人们需要在整个生命中不断学习和更新知识,这意味着教育不再是一件特定阶段的事情,而是伴随着人的一生。未来的学习将更加注重终身学习和职业发展的理念,鼓励学习者不断探索新的领域,尝试和学习新的技能。第四,教育公平性的改善。未来教育通过开发高质量的数字化教育资源,包括在线课程、学习软件、虚拟现实教材等,使得更多的学生能够获得优质的教育资源。这种方式不仅可以降低教育成本,还能突破时间和地域的限制,使得更多的人能够接受公平的教育。建设能够适应各种终端设备的在线学习平台,使得学生可以在任何时间、任何地点进行学习。这种方式可以消除因为地域差异而造成的学习机会不公平的问题。利用大数据、人工智能等技术,根据每个学生的学习情况、能力、兴趣等,为他们提供个性化的学习方案,实现因材施教。这种方式能够更好地满足每个学生的需求,提高他们的学习效果,同时也能减少因为教育资源分配不均而造成的不公平。虽然这是一个挑战，但随着技术的发展和政策的推动，人们可以期待教育公平性在更大程度上的彰显。

一、满足学习者个性化学习需求

随着数字技术的发展，人们将拥有更多的学习资源和选择权。学习者将逐渐成为学习的主体，根据自己的兴趣、需求和能力进行自主学习，他们可以根据自己的节奏和方式进行学习，更好地发挥主动性和创造性。凡是有学习需求的人就是学习者，未来学习环境的价值与意义在于满足不同学习者的个性化学习需求。在终身教育、终身学习理念的倡导下，学习者的范围扩大，学习者的身份也具有多重性。对于教师而言，积极主动地转化自身的角色，除了担任“教育者”这一身份之外，能够同时兼具“学习者”的角色，在教育、教学、科学研究、服务等多种过程中学习、收获、成长，以适应日新月异的教育教学方式和环境。单纯依靠教师内心的身份认同和行动中的学习自觉是不够的，为教师构建良好的学习环境同样重要。在未来学习环境中，服务对象具有多元性。在目前已有的学习环境研究中大多只关注到了学生的学习环境，并未关注到教师的学习环境。以学生为中心，不断满足学生学习需求时，不应以忽视引导者身份的教师作为代价，应促使师生共同成长。通过创建良好的物理环境以提供支持性的硬件条件，营造和谐的心理环境以提供辅助性的精神氛围，最大程度地打破阻碍，以减少教师的学习阻力。未来学习环境涵盖多样化的学习空间，配备智能化的教学设备，具有丰富的数字化教材、在线课程、交互式学习软件等学习资源，用于满足不同学习者的兴趣爱好和个性化需求。未来学习环境通过智能化的学习分析技术，深入分析未来学习者的画像，可以依据学习者的学情与需求、兴趣与优势，制订一人一案的个性化学习方案，提供个性化的学习路径与课程套餐，满足不同学习者的学习兴趣，服务学习者的个性化学习需求。不仅如此，未来学习环境还强调开放性，鼓励学习者开展讨论交流活动，进行头脑风暴，让学习者能自由且高效地表达个人观点与想法，激发学习者的创造力与思维；更加注重营造良好的学习氛围与学习文化，鼓励多名学习者组成学习共同体，促进学习者之间的交流与合作，开展协作学习与合作探究,培养他们的团队协作能力与社交能力,在集体里相互支持,共同进步,建立起良好的人际关系;同时还为学习者提供情感支持,为学习者提供更加全面且积极的学习体验,丰富其学习经历,满足其个性化学习需求。此外,未来学习环境应该制订灵活的学习制度,为学习者提供更多的学习时间和空间,允许他们根据自己的时间安排和兴趣爱好选择学习内容和方式;建立反馈机制,及时了解学习者的学习情况和学习需求,为他们提供个性化的反馈和建议,帮助他们调整学习策略和方向,更好地满足他们的个性化需求。

二、激发学习者的内在驱动力

未来学习环境注重激发学习者的内在驱动力,培养其学习的主动性和自我激励能力。未来学习环境通过提供有趣、有挑战性的学习任务和项目,鼓励学习者自主探究、自我表达和解决问题,激发他们的学习兴趣和动力,这样能够培养学习者的持久学习动力和学习意愿,使其在学习过程中能够持续进步和成长。非正式学习环境对于学习者所产生的积极影响,目前备受研究者关注。如何发挥非正式学习环境的积极作用,成为学习环境研究的趋势之一。场馆作为一个丰富的学习环境,具有许多潜在的优势,能培养学习者的好奇心、激发其学习动力、端正其学习态度等,通过吸引观众参与社会互动的方式,使学习者获得知识。[①]了解场馆教育中教育工作者的角色,以及实践的方式和形式,将会为场馆学习提供更有效的学习体验。[②]混合式学习是传统和新型学习方式的融合,是对正规教育项目的延续性创新,如能在实际应用中得到良好的实施,将会大幅度地提升学习效果,在学校教育中也有规模化发展的潜力,有待研究者继续发掘。未来学习环境能提供舒适的学习环境,包括宽敞明亮的教室、现代化的教学设备、舒适的桌椅和照明等,让学习者感到舒适和放松,从而提高他们的学习积极性和专注度。未来学习环境注重创设友好的师生关系、积极的课堂氛围、丰富的课外活动等学习氛围,让学习者感到被尊重和关

① RAMEY-GASSERT L, WALBERG H J I I I ,WALBERG H J.Reexamining connections: museums as science learning environments[J].Science education, 1994, 78 (4) :351.

② Taylor E W, Neill A C.A nonformal education perspective[J] . Journal of museum education, 2008, 33 (1):24.

注，增强他们的归属感和自信心。未来学习环境可以根据学习者的兴趣、能力和需求，为学习者提供个性化的学习体验、学习资源和学习指导，让他们切实感受到学习需求被满足，并及时给予针对性的教师指导与心理咨询，加强情感支持与人文关怀，满足他们的情感需求，从而激发他们的内在驱动力。同时可以建立奖励机制，对学习者的优秀表现和进步给予及时的肯定和奖励，让学习者感到自己的努力得到了认可和回报，增强他们的自我价值和成就感。未来学习环境应该强调学习者的自我价值和成长，通过引导学习者认识到自己的潜力、价值感，激发他们对学习和成长的内在渴望和动力。未来学习环境需建立有效的学习管理制度，包括合理的课程设置、考核标准、反馈机制等，为学习者提供明确的学习目标和路径，增强他们的学习方向感和成就感，同时建立公平公正的评价机制，用多元化的评价方式、客观公正的评价标准、及时准确的学习评估与反馈，引导学习者朝着科学的、健康的方向发展。

三、促进学习方式多元化自主化转变

在传统的学校教育之外，存在非正式学习的方式，也就需要为它创造良好的非正式学习环境。通常，正式与非正式科学教育的结合是以“科学在社会之中”的形式进行的，这是全球教育前沿的场景。[①]可见，正式与非正式学习环境并不是完全被割裂的，在二者之间存在着联系、联结的可能，甚至可以说是存在着未来相遇结合的必然。如今，越来越多的学习者参与可以自主控制学习的时间、地点、路径和进度的在线学习，同时在传统的实体学校进行学习，这种现象被称为混合式学习。[②]这种混合式学习的方式不是以替代学校教育为目的的，而是对学校教育在时间维度和空间跨度上的有效补充。云计算技术将大量的网络资源汇聚在一起，不仅是对学校学习资源进行丰富和扩充，还可以根据学习者的要求，提供高效的个性化服务，满足学习者个性化学习的需求，为个性化学习拓充资源。而无处不在的学习被称为泛在学习，是由马克·威瑟

---

① PLAKITSI K.Teaching science in science museums and science centers [C]//Activity theory in formal and informal science education, Rotterdam:Sense Publishers,2013:27-56.

② 霍恩，斯特克.混合式学习：用颠覆式创新推动教育革命[M].聂风华，徐铁英，译.北京：机械工业出版社，2015:4.

提出的泛在计算概念经过转化而来的。在这个概念转化的过程中,学习者的主体性和个性将会得到充分的发挥。因其是以人为中心、以学习任务为焦点的学习,其具有永久性、可获取性、即时性、交互性、情境性的主要特点。学习者可以根据自己的具体学习任务随时随地获取具有个性化的学习资源,无限减少学习行为发生的阻碍,以实现"零门槛"。

未来学习环境可以促进学习方式的多元化和自主化。传统的教学模式主要以教师为中心,学生被动接受知识。未来学习环境应鼓励学习者采用多元化的学习方式和学习工具,充分利用科技创新来支持学习活动。例如,利用虚拟现实技术、增强现实技术等,创造沉浸式学习体验;结合在线学习平台和社交媒体,搭建协作学习和分享学习资源的平台。这样可以提供更加灵活自主的学习方式,让学习者能够根据自己的兴趣和需要选择适合自己的学习途径,培养学习者的学习自主性和适应能力。而学习者可以根据自己的学习风格和偏好选择不同的学习方式,例如在线学习、协作学习、实践学习等,来提高学习效果。未来学习环境可以通过融合人工智能、大数据和物联网技术,提供智能化的学习支持和辅助,帮助学习者更高效地获取和整合知识。智慧学习可以提供个性化的学习推荐和反馈,提升学习者的学习效果和学习体验。未来学习环境可以通过虚拟现实、增强现实等技术,将学习与身体感知、行为互动相结合,创造身临其境的学习体验。具身学习可以增强学习的身体参与和情感体验,提升学习者的学习动机和兴趣。未来学习环境可以倡导和支持学习者之间的合作与协作,培养学习者的团队合作能力和社交技巧。合作学习可以促进学习者的知识共享和交流,培养学习者的沟通能力和解决问题的能力。

四、培养独立创新的学习观念

未来学习环境还注重培养学习者的独立创新的学习观念。通过引导学习者进行实践和合作,培养他们的问题解决能力、创造思维和团队合作精神。同时,学习环境应提供资源和机会,支持学习者进行自主研究和创新实践,激发他们的创造力和创新潜能。这样能够培养学习者的独立思考和创新意识,为未来社会的发展和创新能力的提升提供有力支持。未来学习环境的价值还在于培养学习者的独立创新能力。传统的教育注重知识传授和应试成绩,而未来学习环境则强调培养学习者的创造力和创新思维。学习者应该在学习上具备主动思考、创意表达和问题解决的能力,能够灵活运用所学知识解决现实问题,并能对新知识进行独立发现和创造。未来学习环境应该提供充分的机会和资源,激发学习者的创新潜能,培养他们的独立思考和创新能力。未来学习环境可以构建一个终身学习的体系,鼓励学习者在不同阶段、不同领域持续学习和自我发展。终身学习可以帮助学习者适应快速变化的社会和职业需求,提高个人竞争力和生活质量。

此外,未来学习环境能够促进个体与社会的互动和融合。未来学习环境不仅关注个体的学习,还注重个体与社会的互动和融合。随着学习者范围的扩大和学习环境空间的拓展,参与构建学习环境的主体也是多元的。良好的家庭教育能够有效提高学校教育的效率,建立安全型的亲子依恋关系有助于孩子各方面的发展。家长应多花时间和精力与孩子进行平等的沟通、良性的互动,搭建安全的、充满亲情的亲子依恋关系。同时以身作则,为孩子树立良好的榜样,承担起创设优质家庭学习环境的责任。未来学习环境应将家庭作为建设与参与主体之一,纳入与学校同在的生态系统之中,发挥二者之间的作用关系。一方面依靠现有的家庭文化资本,构建学习型家庭;另一方面可以在学校、教师的引导和帮助下进行构建。学习型社区作为另一种形式的学习环境,将其纳入大的教育生态系统中,是对学习环境建设主体的有效补充。多元主体共同参与构建优质的学习环境,协同发挥各方优势,通过提供多样化的学习资源和活动,未来学习环境能够促进个体在社会中的适应性和竞争力,同时也能促进社会的发展和进步。未来学习环境能够提高教育公平性和普及性。未来学习环境可以利用先进的技术手段,打破地域、经济、文化等因素的限制,为更多的人提供平等的学习机会和资源,提高教育公平性和普及性。

综上所述,未来学习环境的价值与意义在于满足学习者的个性化学习需求,激发他们的内在驱动力,促进学习方式的多元化和自主变化,将为学习者提供更具适应性、灵活性和创新性的学习体验,促进学习者全面发展和个人成长,培养他们的独立创新能力。这样的学习环境能够更好地适应现代社会对人才的需求,培养具备终身学习能力和创新精神的学习者。同时对个性化学习、深度学习、智慧学习、具身学习、合作学习和终身学习等学习方式的变革产生深刻的影响。

我们可以预见诸如人工智能、虚拟现实、大数据分析、云计算、移动通信技术等新兴科学技术对学习环境的深刻影响。人工智能技术可以为学习者提供更加智能和个性化的学习支持,同时也可以帮助教师更好地了解学生的学习情况,提供个性化的教学方案。这使得未来的学习更加个性化和高效。虚拟现实技术可以为学习者提供更加真实和沉浸式的学习体验,使学习者能够身临其境地进行学习,提高学习的趣味性和参与度,调动学习者的学习积极性。大数据分析技术可以对学习者的学习数据进行分析,帮助教师更好地了解学习者的学习特点和需求,从而提供更加精准的教学方案。云计算技术可以为学生提供更加灵活和便捷的学习方式,学生可以通过云端平台随时随地获取到丰富的学习资源,同时也可以通过云端平台进行在线学习和交流。不断迭代升级的移动通信技术可以为学生提供更加快速和稳定的学习网络,使得学生能够更加顺畅地进行在线学习和交流,同时也可以通过移动通信网络进行远程实习和实践操作。不妨大胆畅想,未来学习者将置身于这些未来学习环境开展智能化、个性化的学习:第一,技术驱动的学习环境。随着数字技术的不断发展,未来学习环境将更加依赖技术。学习者将能够通过智能终端、云计算、大数据等技术支持进行在线学习、远程教育、自适应学习等。第二,跨学科和综合学习环境。未来学习环境将更加注重跨学科和综合学习,将包括多个学科领域的知识和技能,以及实践和创新的平台,引导学习者掌握多领域的知识和技能,帮助学习者全面发展。第三,实践和创新的学习环境。未来学习环境更加注重引领学习者的实践和创新,将工作室、实验室、实践基地纳入环境的要素中,为学习者提供实践与创新平台,引导学习者通过实践来巩固知识和技能,发挥创造力和创新能力。第四,社交和情感学习环境。未来学习环境更注重社交和情感学习,提供情感智力、情商培养、心理辅导的课程资源与人力支持,帮助学习者学习如何建立良好的人际关系、解决冲突和管理情绪等。第五,终身学习和职业发展环境。未来学习环境将包括各种职业发展课程、实践机会和终身学习的资源等,帮助学习者不断更新知识和技能,适应职业发展的需求。

第二章

未来学习环境的理论基础

对未来学习环境的研究需要回归对理论内涵的本质探索。从多学科视角分析处于变革和重构中的未来学习环境,研究基于组织转型、系统创新和生态再造的未来学习环境重构机制,是解决时代变局中未来学校如何定义、怎样启程等关键议题的有效途径,这无疑也有利于我们把对"未来学习环境"这一概念的大致方向感转化为更加清晰的目标感。因此,本章将从生态观、文化观和心理观三个角度发掘和剖析未来学习环境研究的理论基础,以期厘清建构面向未来的学习环境的底层逻辑和行动框架,为我们更好地擘画一张关于未来学习环境的变革蓝图提供有效借鉴和思考。

第一节　未来学习环境的生态观

生态学思维模式更贴近教育问题的真实形态,对学习环境的研究有很强的适切性和启发性,因此我们在进行未来学习环境的研究和设计时,应当对生态学的主要思想、原理和原则给予足够重视,为学生的自然、全面发展构建涵括物质要素、精神要素等在内的复杂生态系统,对各生态要素及其动态关系和相互作用机制进行深入分析和准确把控。

一、未来学习环境的生态学内涵

(一)未来学习环境的生态学分析视角

"生态学"(Ecology)一词,派生于希腊语"Oikos",原本的意思为"房屋""住处"等。生态学的最早研究始于生物学领域,德国生物学家海克尔(Ernst Heinrich Haeckel)于1866年最早提出了“生物发生律”这一概念,他指出生态学即研究动物与有机环境和无机环境之间关系的科学。现如今学界普遍认为,生态学是研究有机体或有机群体与其周围环境关系的科学,描绘的是一个互相依存的以及有着错综复杂联系的世界①。

生态学的研究范畴主要涵括个体、群体、群落和生态系统等主要方面。其中:“个体”是存在于特定环境中的个体;“群体”是存在于特定环境中的由同类型个体所构成的简单集合;“群落”是存在于同一特定环境中的不同个体集合所构成的复杂集合;“生态系统”则是个体之间、群体之间、生物与外部环境间互相作用而构成的有机统一的整体。这个整体和物理系统有着很大区别,不仅是各种有机体的简单集合,还包括形成整个环境的所有物理因子的复合体,是生物与非生物成分通过物质循环、能量流动和信息传递而相互作用形成的一个功能单位,是一个自组织、自调节的主动系统,具有整体系统性、持续性、动态平衡性、复杂联系、物质能量流、适应性、多样性和共同演进等特征。②

生态学有两个主要原理,包括生态系统原理和生态平衡原理。其中,生态系统原理指有机体与外部环境之间的互相依存、互相作用以及整体性原理。生态平衡原理则指的是当存在外界干扰的时候,生态系统能够自主调节物质,将能量的输出与输入维持在平稳状态,这种平稳具备精细而复杂的反馈作用机制和循环特征,具有动态相对平衡性。若生态系统受到的外部环境干扰超越自身调节范围时,可能会使生态系统的功能产生紊乱,打破生态系统的整体平衡,因此需要人类对技术和生产力进行革新来适应环境的变化,使生态系统重新达到动态平衡。简而言之,生态学的观点就是关于生命的观点、关于有机体的观点、关于自组织和内在联系的观点,是“生命存在的状态”,世界由自然、社会和人等生命体组成,生命的根本特质就是有机性。基于此,生态学的基本方法就是将各群落、群体和生物归于相互联系又彼此作用的整体系统当中,关键在于“整体关联”和“动态平衡”。

可以说,生态学是关乎人类、环境与社会可持续发展和高质量发展的方法

① 包国光,王子彦.后现代主义科学观评析[J].自然辩证法研究,1998,14(10):11.

② 方萍,曹凑贵,赵建夫.生态学基础[M].上海:同济大学出版社,2008:75.

论科学,已经突破了原有的学术领域,具有了哲学的性质和资格,包容性极强,已经成为一种人们认识世界的理论视野与思维方式,其思想、原理和原则逐渐被应用于各种领域与学科的研究和实践中。研究者也逐渐深刻地认识到,对于未来学习环境问题的研究极为复杂,很难仅仅从一元的、单向度的主客两分的思维方式进行分析,也难以用线性的因果关系或矛盾关系原则予以探讨。而生态学思维模式主张的有机性、完整性、连续性、动态平衡、适应性、多样性和共同进化等原则更贴近教育问题的真实形态,对学习环境的研究有很强的适切性和启发性,因此从生态学的角度去分析未来学习环境的建构具有非常重要的意义,可以为我们的进一步研究提供看待和解决问题的新视角和新思路。

生态学与未来学习环境研究的联系,主要可以概括为两个类别:

第一,与自然生态系统类似的"生态系统观"。该类别将自然生态系统与未来学习环境进行类比,进而衍生出未来教育生态系统、未来学习生态系统等概念。我们可以将学习者与未来学习环境的交互看作一个整体生态系统——学习者作为生态主体、未来学习环境作为生态因子,二者在互联互动中共同发展。它既以实体存在,又以关系存在——作为实体,它是众多要素的有机统一整体;作为关系,各要素之间作用错综复杂,这些复杂作用关系是构成未来学习环境的必要条件。比较具有代表性的理论是"生态学习观"(The Ecology of Learning),这一概念最早由学者维瑟(Visser)在美国教育研究协会年会上提出。他认为,从生态学的视角来看,"学习"可以解释为学习者与外部学习环境的协同进化,而"学习环境"则可以看作是一个生态圈,囊括了由低至高不同层次的组织复杂性,水平不同的各种类型学习者在其中共同学习、交叉影响,学习兴趣相同或学习能力相近的学习者、教师、管理人员和研究者共同组成"学习共同体",从而实现意义构建。学习共同体这一概念,是找准生态学与学习环境的关键所在,而用跨学科的整体性综合视野则是分析研究未来学习环境问题的方法论。学者西门子(Siemens)认为,生态视角下的学习环境为学习者提供非结构化的、非正式的环境,这使得学习者能在去中心化的互动中获取知识、分享知识并创造知识。

第二,将学习资源作为有机生命体的"资源有机观"。学习环境是一个包含学习资源和学习活动的学习生态系统，学习环境中的各类学习资源可以视为有机生命体，作为“关键物种”，与学习者群体共同作为未来学习环境中的生态主体，通过更为开放的结构，允许更多拥有共同愿景的学习者参与内容的编辑创作，使学习资源不断丰富和精练，能够动态产生各类语义关联，最终织就一张可以无限扩展的学习资源关联网络，凸显了学习资源作为有机生命体所具有的交互性特征，赋予了在未来学习环境中学习资源持续进化和发展的能力。

总体而言，从生态学角度来看，未来学习环境是一个开放、动态平衡、有目的、有序的教育生态系统。为了达成教育目标，向社会输送所需要的人才，未来学习环境作为一个整体教育生态系统可以通过反馈机制进行自我调整。信息技术、大数据和人工智能在教育领域不断深入应用，这为学习者提供了越来越丰富的资源活动和强大的学习技术支撑，学习环境已经悄然产生了巨大变革，主要呈现出主体性、混合性、互动性、智慧性、泛在性、虚拟性、自适应性等转变特征，这些特征是描绘未来学习环境生态系统的基础和依据，也将在学习环境的未来趋向中愈发彰显。因此，我们在进行未来学习环境的研究和设计时，应当拓宽未来学习环境的边界和空间，促进学生与学习环境的双向建构和互利共生，将更多的选择权交给学生。

（二）未来学习环境的生态系统与过程

基于生态学理论的启示以及当前关于学习环境研究的已有成果，研究组认为，在未来学习环境中，用户群体在交流互动的过程中形成学习共同体，不同类型的学习共同体形成生态群落，用户群体在不同阶段与不同类型的学习环境之间循环交流，实现知识系统的构建、更新与传播。基于对未来学习环境的各项要素进行总结、归类，从区分物理、资源和虚拟要素的角度，研究组建构了未来学习环境的生态结构模型（如图 2-1 所示），并对模型中的重要环节及其关键要素之间的显性或隐性关系进行剖析。

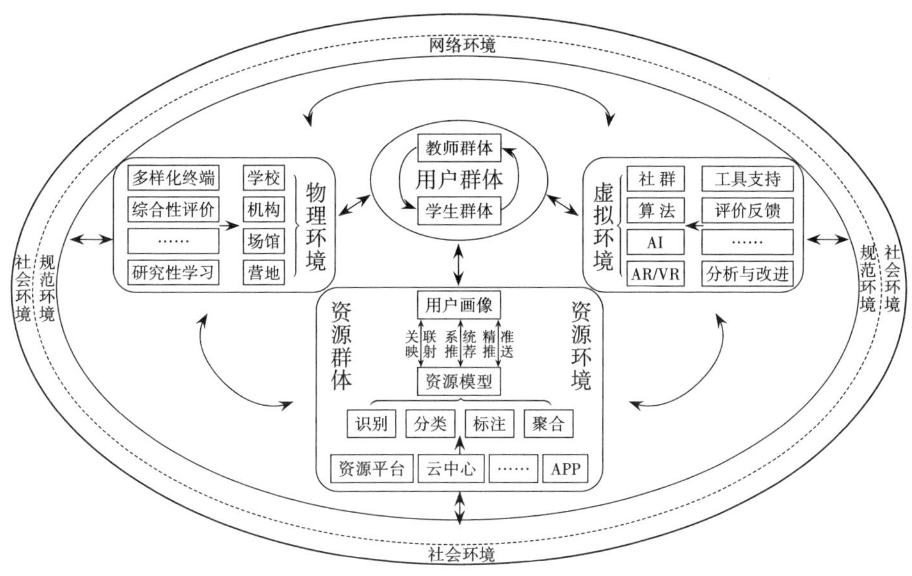

图2-1　未来学习环境生态结构模型

上述模型中：

生态结构模型的内环是以学习共同体为中心的“物理—资源—虚拟”链式环境，三要素环环镶嵌，形成未来学习环境的基础架构。从教育生态适应性的角度看，在传统物理学习环境的基础上，将资源环境和虚拟环境纳入考虑。

生态结构模型的中间环是未来学习环境生态系统的技术支撑与持续发展保障，主要包括网络环境和规范环境。网络环境提供学习者所需要的各类信息技术、云计算技术和人工智能技术等，保证了未来学习环境的开放互联性、持续共享性等重要生态特征。规范环境则涵盖一些主要学习模式和学习规范等，如在校的课堂正式学习、场馆非正式学习、泛在学习、协作学习、个性化定制学习等学习模式，以及学习理念指导、技术标准支撑、资源建设规范和平台系统运行保障机制等，起到保障未来学习环境有序发展、良性循环和高效共享的作用。

生态结构模型的外环是社会环境，这是未来学习环境的社会支撑，主要包括三要素链式环境中所涉及的人与人之间的关系，例如教学活动当中的教和学的具体活动，教学活动中构建的各种关系，以及信息化管理和督导下的各类互动关系等。

具体来看：

第一，“两群体”。“群体”是未来学习环境的核心要素，是学习环境中有机体的集合，包括参与学习活动的用户群体和支持学习活动的资源群体。前者是未来学习环境中的关键，是未来学习环境生态系统建立和存在的价值、服务的中心、发展的动力；后者是学习的必要支撑条件，是用户群体的消费对象。二者是相互依存并动态协同的共生关系。

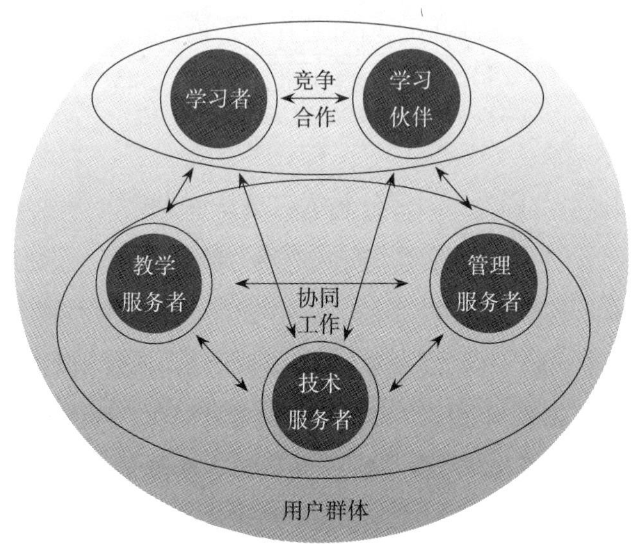

图2-2　未来学习环境用户群体示意图

一方面，用户群体包括学习者、学习伙伴、教学服务者、管理服务者和技术服务者等形成的具有相同愿景和兴趣的学习共同体以及具有共同文化的社会认知网络（如图2-2所示），负责资源的产生、传播、消费和管理，既是资源群体的“创造者”，也是资源的“掠食者”。未来学习环境主要以学习者为中心，学习者作为消费者，为达成一定的学习目标，与外部学习环境进行物质流、能量流和信息流的交换，通过接收、查找、过滤和筛选获取有用信息，触发原有认知基础，将信息内化为个体经验，完成自我经验的拓展和丰富。教学服务者、管理服务者和技术服务者协助、支持和引导学习者的学习活动，反之，学习者对这些群体进行反馈并促发其专业成长。除此之外，用户群体之间亦存在着合作与竞争的关系。用户群体在学习环境中消耗资源、获得支持、进行学习成果评价时属于竞争关系，而在学习反思、项目协作、疑难讨论时又属于合作关系。

另一方面，资源群体是由各种类型的学习资源依照不同语义关系而构建的智能资源网络，是具备生存、发展、演进和蝶变等特质的“有机体”，类似于自然界中的植物，为食草动物（用户群体）提供营养来源，资源群体负责持续供给知识养料，维持用户群体的长期生长和进化。除此之外，资源群体还在未来学习环境中起到一项重要作用——关系网络的构建中介。学习资源不是孤立存在的，而是通过彼此之间的语义关系和用户群体的学习行为架构起一个个网络节点，因此除了为学习环境中的用户群体提供适应性给养外，还扮演着社会认知网络中“网桥”的角色，帮助用户群体建立起某种人际关系（学伴关系、协同关系、兴趣关联者关系等），这种隐性社会联系同样是用户群体发展的动力和进化的营养来源。

学习资源的内部也存在着此消彼长的互关互联和“自然选择，优胜劣汰”的竞争关系。资源本身的质量差异影响着用户群体的学习效果，也影响着用户群体对资源的选择。相似相近（主题、内容、语义等）的资源会形成一个个资源圈，圈内资源之间和不同资源圈之间都存在着竞争关系。质量差、内容陈旧的劣质资源无益于促进用户群体的学习，最终会分解和消散。为了更强有力地支持用户群体开展学习活动，可以基于用户群体的画像和属性需求以及资源群体的特征属性，建立基于用户群体、资源群体的自适应资源推荐系统，让二者之间形成强关联性。

用户画像主要涵盖用户基础信息、兴趣偏好、学习习惯、认知风格和学习行为记录等。通过对用户的数据描摹、基础画像和推理分析来聚合不同类型的用户群体信息，可以生成未来学习环境中的各类用户群体。根据不同类型用户群体的属性和需求范围，为学习者定制生成映射性较强的批量学习资源。资源特征具体指的是资源的标签属类、难易程度、媒介载体类型等。对于资源群体来说，系统能够依据对学习资源的具体限制为该学习资源匹配最适合的用户，当下的技术手段已经实现一定程度的学习资源独家定制和推送服务，在未来学习环境中，随着教育大数据挖掘、人工智能和深度学习技术的进一步成熟，对资源群体的集聚整合、对用户群体的分析将会更加深入，资源的推送也必定更加及时、精准，生命力和进化能力也会越来越强。

第二,“三环境”。未来学习环境生态系统不仅包括用户和资源两大关键群体,还包括物理环境、虚拟环境和资源环境等无机环境。

首先,物理环境是指传统意义上的外部的、实然的、物质的学习环境,包括分布于不同地域的学校、教育教学机构、各类型的场馆(如博物馆、科技馆、艺术馆、创客空间、STEAM实验室等)以及户外教育营地等。学校环境包括校内所有实地场所、多媒体软硬件系统以及多样化的学习终端,由教育主管部门、研究人员和学校教师共同负责设计运行,贯穿班级线下授课的教学方式,采用综合性教学评价。教育教学机构是当前学校学习环境外的辅助学习环境,由校外具有法人资格的教育企业机构运营管理,采用小班或一对一面授以及云课堂相结合的方式进行。场馆学习环境和户外教育营地则是由不同背景的教育工作者、场馆(营地)负责人员和培训人员共同设计管理的学习环境,一般采用情境学习和体验学习模式,引导学生借助学习单或者APP等工具,与展品及同伴之间开展的研究性学习和非正式学习活动。

其次,虚拟环境是指依托网络、信息技术等架构的学习环境,是为学习者呈现学习资源、实现协作交互、调用学习服务的重要载体,一般由专门企业和团队负责设计开发及平台设备的维护与管理,例如网络社区、MOOC课堂、由虚拟现实和增强现实技术支持的三维虚拟体验环境等。教师可以利用虚拟环境辅助教学,学习者可以通过虚拟环境享受丰富多样的学习服务和全方位的学习支持,包括学习活动服务、学习工具支持、学习评价反馈、个性化资源推送、语义资源检索、学习行为分析与改进服务、社会认知网络服务和其他适用性呈现服务等,还可以利用临场体验感更强的三维学习环境加深对抽象知识的多样理解。

最后,资源环境是指支持用户群体深度学习的资源管理平台,能为学习者提供无处不在的计算能力、学习资源和学习服务,常由教育主管部门和企业负责开发和运营。例如目前的国家教育资源公共服务平台、各省市地区的教育资源云平台、大规模的分布式云计算数据中心和服务器以及各种门类的APP学习平台等,它们是学习服务和资源储存运行的场所。未来这些平台或将打破壁垒,并借助技术的不断成熟进一步优化,显现出更强的安全性、一致性、连通性和扩展性,成为沟通学习者的桥梁,让资源具有协同创生性、再生性和持续进化性等特质,实现资源环境中更高程度的互联互通、共建共享。

二、未来学习环境的生态学主张

（一）未来学习环境的系统观

未来学习环境是一个物质流、能量流和信息流不断循环和交换的系统。此处借用“能量”的喻义，和“营养”的意思相接近，比喻有利于发展的滋养物。未来学习环境系统中的物质、能量和信息流动是它区别于其他学习系统的关键特征。在这个系统中，来自不同领域、具有不同知识背景和不同阅历的学习者因个体兴趣和需求的变化，加入不同类型的学习共同体，这些多样化的学习共同体共同构成了滋养学习者成长和发展的学习群落。学习者通过开放的交流共享通道，在物质环境、虚拟环境和资源环境等不同的学习场所汲取充足的学习养分，完成知识的消费、传播与创造，实现个体乃至群体能力和素质的提升。伴随个体学习者学习目标的达成和自身的发展，相应的学习共同体和学习群落也自有其生命周期，会历经产生、发展、成熟和解体等过程。

这里的学习者与学习环境间实际上是一种互利共生的关系。所谓互利共生，是指在生态系统中某两个群体之间的“相互依存、彼此获益、同生共存”的关系。在此关系中，一方为另一方的生存与发展提供支持，同时也会被对方“反哺”，同样获得进步和繁荣。例如，用户群体的不断扩张及其在未来学习环境中的适应能力逐渐提升，会对资源环境产生积极影响，更多的学习者将参与学习资源的建设，这将有利于涌现更多优质的符合个性化学习需求的资源。反之，若将两者强行隔断，会令双方都受到影响（如发展停滞、失去活力甚至功能倒退等）。只有两者互惠共生，才能实现学习个体、学习共同体、学习群落和学习环境的协同进化。

简单来说，这个系统呈现以下三个重要特点：

复杂联系性。未来学习环境的生态系统中群体众多、信息庞杂，群体与群体、群体与环境、环境与环境之间存在着复杂的非线性联系，正是这些联系将学习者、学习环境与知识联通起来，形成未来时空下的复杂学习网络。同时每位学习者也会基于自身所属的特定信息节点和内部知识架构形成内外结合的复杂网络，并作为整体学习网络中的一个分支节点参与未来学习环境生态系统的联通。

交互决定性。生态学中的“给养”意味着环境是由构成的有机体来决定的，因此未来学习环境和学习者构成交互决定的关系。未来学习环境是学习者可资利用的一系列相关的“给养”，环境中的各种要素服务于教与学活动的开展，存在着给养学习者的诸多可能性，主要包括教育给养——联通知识和经验（支持教与学活动的开展）、社会给养——联通个体（支持学习者社会化网络的构建并基于此开展社会交往）、情感给养——进行沟通和情感交流（支持学习者保持良好的心理和精神状态）、物理给养——提供基本技术支持（支持学习者顺利完成学习任务）。其中教育给养和物理给养是为学习者提供必需的工具和内容，协助学习者达成学习目标，满足学习者的个体认知需要；社会给养和情感给养则为学习者提供交流互动的必要环境和支持，满足学习者的情感需要。而学习者自身的感知觉和行为则影响着未来学习环境给养学习者的实际效果，某种意义上也就决定了学习者所处的环境。

自然相关性。学习者的学习行为与未来学习环境是一种自然相关、互惠式发展的关系，这是未来学习环境中学习者与环境之间结构关系的重要特征。无视学习者的学习需要、认知特点的学习环境发展或不顾学习环境的系统规律、整体效能的学习者发展，都是不可取的。这不仅会对学习者和未来学习环境双方产生不良影响，还会对整个未来学习生态的系统性造成不同程度的影响。学习环境的给养不仅为学习者提供了产生学习行为的机会，相同学习环境的给养还能为不同学习者提供不同的机会，反过来学习者也会为学习环境的良性化建构和可持续发展注入动力，二者之间不是简单的“刺激—反应”关系，而是自然相关，学习者的实际效能则影响其是否会产生相应反应。

（二）未来学习环境的整体观

未来学习环境是一个所有要素彼此影响、关联互动、协调合作，满足不同学习者需求与环境互动的可供性有机整体。“有机整体论”是生态学的重要思想，坚持世界观是整体论的而不是原子论的，是功能型的而不是分类型的，是能动的而不是静态的，是动力学的而不是因果式的，是目的论的而不是简单机械论的。[①]基于这一世界观，未来学习环境生态的统一属于层级性统一，学习

① 马斯洛.人格与动机[M].北京：华夏出版社，1987：363.

经验、学习行为、学习环境中的有机体都应是作为整体而存在的，整体由部分构成，又具有部分所不具备的新特性，整体中的各部分相互联系和制约，是一种整体的、功能性的、动力的关系。

关系和结构的统一。拉斯姆森（Rasmussen）等认为，任何真实世界情形中都存在着大量的、互相关联的给养可供活跃的有机体使用，这些给养总是组织在一起形成一定的结构，来传达与目标相关的重要信息。[①]因此，未来学习环境中对用户群体的给养包括但不局限于知识、经验、信息、数据、智慧和情感等，这些不同种类的给养不是孤立存在的，它们对用户群体的作用也非简单叠加，而是具有复杂的关系和一定的结构。从生态系统的角度审视这些复杂关系和结构，未来学习环境便可以看作是一个功能单位——它将促进用户群体的学习作为目标，学习环境与用户群体构成给养关系，环境中的各种要素承担着不同的职责并从不同层面为用户群体提供给养，在给养的相互联动中形成统一的有机整体。

角色和功能的统一。在这一有机整体中，用户群体常因相同的目标或兴趣聚集在一起，作为学习资源的“消费者”，通过汲取学习资源中的“营养”来实现自身的稳定发展，形成利于自我成长的个体智库；作为学习资源的“生产者”，通过不同个体间的交互，使自身内化的知识显性化地表达，促进自身知识体系的反思和进化，并将个体知识转化为集体智慧，在合作与交流中产生有价值的新知识，建构集体智库；作为学习资源的“传播者”，分享、转发质量评估等级较高的知识；作为学习资源的“分解者”，通过解释、评估系统中的学习资源，标引、归类和管理集体智库中的知识和经验并负责淘汰、更新和优化，帮助资源群体完成优胜劣汰的生态演化过程。

个体与群体的统一。未来学习环境通过用户群体内部、用户群体与资源群体的频繁互动，联系纽带日益牢固，社区黏性不断增强，逐步形成稳固的社会关系网络和学习共同体。区别于一般学习环境，未来学习环境中的社会关系网络是以学习目标作为出发点和归宿进行建立、维护和发展的，是在共建共

① RASMUSSEN J, VICENTE K J. Coping with human errors through system design: implications for ecological interface design[J]. International journal of man-machine studies, 1989,31(5):517-534.

享学习资源、协作交流、协同参与的基础上借助未来技术手段建构的关系网络。个体通过关系网络进行知识传播,通过评估在学习共同体中的体验来调整改进关系网络,在此过程中所产生的物质流、能量流和信息流也会促进未来学习环境整体的持续优化。

(三)未来学习环境的平衡观

未来学习环境是一种学习者与学习环境在协调运作和互联互动过程中达到的相互适应和动态平衡的状态,是一种开放的、有活力的、可持续进化的学习生态。具体到未来教育的教与学层面,主要涉及技术与学习、教与学、预设与生成、知识目标与情感目标等方面的多种平衡:

技术与学习的平衡。技术的不断革新必将长期伴随未来学习环境的变革,它在未来学习环境中的可持续发展与深度运用也是学界学者们一直关注的焦点研究议题。如何运用好未来的变革性技术更好地促进学习者学习?如何在实际教学的过程中合理地运用变革性技术?只有真正将技术与学习有效整合起来,并且在未来学习环境的学习共同体中形成一种良性生态,未来学习环境才能够更好地发挥其作用。

教与学的平衡。一方面,教师"教"的角色从引导和控制转向促进和服务。无论是现有的学习环境还是未来学习环境,他们都承担着"教"的角色,差别在于:现有学习环境视域下,"教"的角色意味着引导和控制;而在未来学习环境视域下,"教"的角色更多表现为促进和服务,旨在令用户群体自主控制和把握学习过程,在未来技术革新的加持下建构自身的和集体的知识体系(如图2-3所示)。另一方面,现有学习环境大多聚焦于"教",对学习过程中的社会关系关注较少,教学设计主要基于角色分明的"师—生"关系和"生—生"关系。而在未来学习环境中,技术的发展将更好地为民主的互动氛围创造条件,学习共同体中的学科专家、助学者、学习同伴和学习者之间的互动都将承担至关重要的角色。

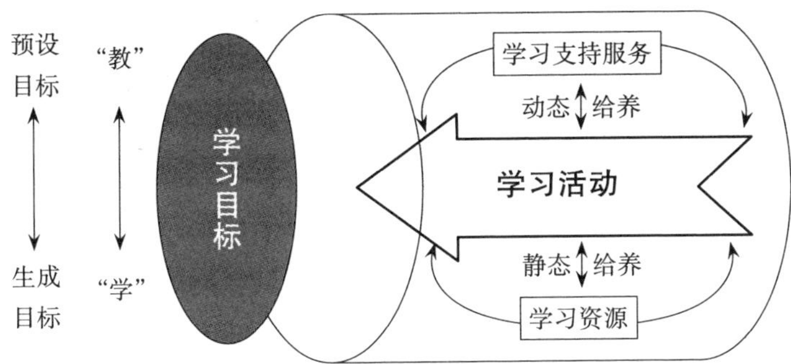

图2-3　未来学习环境平衡观点下的“教”与“学”

预设与生成的平衡。在教与学的过程中如果对具体要素的预设越精细具体,那么往往意味着变化的弹性就越小。如果教学设计的预设成分越多,那么在教对学的控制下,学习者的自由度就越小,在课堂交互过程中伴随的生成性内容也就越难以被利用。未来学习环境并不是主张完全没有预设,也不一定是从体量上减少预设,而是在预设理念上相较于当前学习环境有所变化,并非所有要素都要有着清晰明确的预设。首先,目标是必须要有预设的,未来学习环境的最终目的是要对学习者产生更积极的影响,对学习的预期往往指向学习者更好的发展;其次,任何社会活动都是在一定规则框架之下的,学习活动的规则必须有预设,其中涉及一些基本的操作方法和评价规则,这些方法和规则适用于规范约束和调节优化学习者的学习行为;再次,学习资源的预设要内容形式丰富,比如学习内容背景知识的多样化呈现、跨媒介运用、学习工具的提供等,这样能为学习者提供更广阔的选择空间和发挥余地;最后,生成性的资源也成为学习者获得成长发展的重要来源,丰富、灵活、开放的未来学习环境让学习活动更加自由灵动,有助于实现个性化的学习目标。

知识目标与情感目标的平衡。重视个体的身心健康发展、促进个体全面健康成长已成为当今各国教育界优先考虑的教育议程。人们逐渐意识到,与以往的任何时候相比,当下都更加需要彰显人的价值、汇聚人的力量,以抵御恐惧和不安,区分人和机器、任何人工智能之间的差别。[①]面对这个充满不确定性的后真相世界,我们的教育不应该再仅仅局限于教会学生什么,而要关注

① 施莱歇尔.超越PISA:如何构建21世纪学校体系[M].徐瑾劼,译.上海:上海教育出版社,2018:25-27.

如何帮助他们摆脱“工具人”的枷锁,从而塑造“完整的人”,激发学生的内驱力和主体性,真正培养他们独立思考和可持续发展的自主学习能力。这就要求未来教育不仅要传授知识,还应当关注学生情感、态度和价值观的生成和塑造。为此,经济合作与发展组织(OECD)在全球范围发起了首个国际性的学生社会情感能力调查(Survey on Social and Emotional Skills,SSES),采用“大五人格模型”测量包括好奇心、创造性等15项学生的社会情感能力[①],开始寻找和探索培养学生社会情感的路径。未来学习环境也应是满足学习者个性化发展、促进学生社会情感能力养成和提升的环境,而绝非一个仅供学习者学习知识与技能的场所。

(四)未来学习环境的动态观

未来学习环境是一种学习者可利用的一系列相关给养的复合体动态形成的生境,在此意义上,学习者与学习环境是共融共生、动态适应、协同进化的关系。生态心理学家吉布森(Gibson)从生态学视角揭示了有机体和环境之间的相互作用关系,并提出了“给养”的概念,也可以翻译为承担性、可供性、支持性等,描述了一种学习环境对于学习者的生态化支持关系。他认为,“个体不是创造,而是发现给养”[②]。科诺尔和韦勒(Conole & Weller)认为,给养的概念潜在性地提供了一种思考如何弥合教学与技术间的鸿沟的路径[③],通过对教学与技术加以概念术语的方式描述,能够促进技术与教学的配适性。因此我们同样可以将“给养”引入未来学习环境的研究,帮助我们更好地理解未来学习环境的动态观点,主要体现在两个方面:学习者与未来学习环境的动态适应关系和自我组织关系。

动态适应关系。学习者行为与学习环境之间的自然结构关系并非偶然产生,而是为进化过程所滋养的。学习者会积极主动采取行动来理解环境,学习环境也会基于学习者的特征和需求发生弹性变化。从此观点来看,学习的本

---

① 徐瑾劼,杨雨欣.学生社会情感能力的国际比较:现状、影响及培养路径:基于OECD的调查[J].开放教育研究,2021,27(5):44.

② GIBSON J.The ecological approach to visual perception [M].Boston: Houghton Mifflin, 1979: 27.

③ CONOLE G, WELLER M. Using learning design as a framework for supporting the design and reuse of OER [J]. Journal of interactive media in education, 2008(5):1-13.

质是学习者与学习环境相互作用的“感知—行为”循环过程。未来学习环境中的知识、经验、智慧、资源、数据和情感等能量的循环和流动滋养并协同作用于个体的发展，为学习者提供了无限的给养（此处所指的并非资源本身的无限性，而是学习环境中的要素所具备的支持学习者行动的可供利用的属性的可能性和无限性），有些给养被个体消化吸收，构成个体的生境，而也有些给养则未被占据。可见，给养关系是学习者与其所处学习环境在漫长的共同进化中形成的，要经过充满差异的个体与动态演变的学习环境的长期磨合。正如阿尔布切森（Albrechtsen）等所说，给养并非学习者或环境的固有特征，而是“随着行动者和环境的情境耦合而进化的动态元素”。①

自我组织性关系。未来学习环境是有自我生命的组织系统，具有一定的自我再生能力。在未来学习环境中，用户群体居于中心地位，与资源群体和学习环境一样具有生命有机性，互为支撑。在用户群体中，学习共同体是最重要的组织形式，教师和学生在其中都具有主体性，拥有自我调节的能力。例如师生可以结合具体教学目标和实际需要选择合适的教学方法和学习方式，如自组织选择合适场所或资源进行学习环境的创设和再生、采取自主学习或协作学习的途径促进自身发展等。因此，给养关系成立的可能性不单单由学习环境决定，还和教师与学生感知给养的意图和效能息息相关，若用户群体感知学习环境的意图和效能越强，就越能“发掘”（探测）环境中的给养，也就是说能更好地感知信息并采取符合自身意图的学习行为。在此过程中，专家型学习者在未来学习环境中往往比新手学习者能更快、更准确地发掘给养。

第二节　未来学习环境的文化观

随着未来学习环境的发展，学习者将更容易参与全球化的学习网络，个性化和多样化的学习方式将成为主流，数字化工具和平台将改变学习的形式和

① ALBRECHTSEN H, ANDERSEN H HK, BODKER S, et al. Affordances in activity theory and cognitive systems engineering (Internal Report) [R]. Denmark: Riso National Laboratory, 2001.

传播方式。这些变化将促进不同文化之间的交流与融合,拓宽学习者的视野和经验,培养学习者的独立思考和创新能力。未来学习环境的人类文化学分析视角揭示了全球化、多元化和数字化对人类文化的深远影响,能够为我们理解未来学习环境的文化特点和发展趋势提供重要参考。

一、未来学习环境的文化人类学内涵

在未来学习环境中,人类文化的内涵将呈现出新的面貌和特征。通过人类文化学的分析视角,我们可以更好地理解未来学习环境中的文化特点和发展趋势。本文将从分析视角和文化变迁两个方面来探讨未来学习环境的人类文化学内涵。

(一)未来学习环境的文化人类学分析视角

未来学习环境的人类文化学分析视角探讨了未来学习环境中人类文化的特点和发展趋势。全球化、多元化和数字化是未来学习环境的主要特点,将深刻影响人类文化的发展。

首先,全球化将加强不同文化之间的交流与融合。未来学习环境提供了跨越地理和文化界限的机会,使人们能够参与全球化的学习网络。通过在线学习平台和虚拟学习空间,学习者可以与来自不同文化背景的人进行交流和合作。这种跨文化的交流促进了相互理解和尊重,拓宽了学习者的视野和经验。全球化的学习环境使得学习者能够接触到来自不同国家和地区的学习资源和知识,了解不同文化的学习方式和教育理念。通过与其他学习者的交流和合作,他们可以更好地理解和尊重不同文化的差异,拓宽自己的视野和经验。这种跨文化的学习体验有助于培养学习者的国际视野和全球意识,使他们成为具有全球竞争力的人才。

其次,多元化是未来学习环境的一个显著特点。未来学习环境将提供个性化和多样化的学习方式和资源。学习者可以根据自己的兴趣和需求选择适合自己的学习内容和学习路径。这种个性化的学习使学习者能够更好地发挥自己的优势和潜力,培养独立思考和创新能力。在未来学习环境中,学习者可以通过选择不同的学习资源和学习方式来满足自己的学习需求。他们可以选择参加线上课程或线下培训班，参与学习小组或加入学习社区，通过阅读、观看、实践等多种方式进行学习。这种多样化的学习方式使学习者能够更好地发展自己的创造性思维和解决问题的能力。

最后，数字化将深刻改变未来学习环境中的文化形态和传播方式。未来学习环境充分利用信息技术和互联网的发展，提供了在线学习平台和虚拟学习空间。学习者可以通过数字化工具和平台进行学习活动，实现线上线下的融合。这种数字化的学习方式不仅提供了更加灵活和便捷的学习方式，还促进了学习者的自主学习和合作学习能力的发展。在未来学习环境中，学习者可以通过在线学习平台和虚拟学习空间参与学习活动。他们可以随时随地访问学习资源，与其他学习者进行交流和合作。通过数字化工具和平台，学习者可以自主选择学习内容和学习方式，进行自主学习和合作学习。这种数字化的学习方式不仅提高了学习效率和质量，还促进了学习者的创新思维和问题解决能力的培养。

（二）未来学习环境中的文化变迁

1.未来学习环境中文化变迁的发生与建构

在未来学习环境中，由技术和社会经济因素引发的社会整体性变革会促使学校的样态与结构、价值维度和参与主体发生变化，在此基础上推动学习方式和学习环境的变革，并进一步推动学校文化变迁，这一变迁的发生与建构主要体现在以下几个方面：

未来学习环境的样态与结构变革。随着社会发展，劳动生产模式迎来了根本性的变革，对人才的要求也随之升级，更加强调其多元化的创新能力与跨领域的合作融通能力。这一趋势迫使学校教育体系必须积极调整，以契合个性化、多元化及终身学习的现代需求，从而触发了对教育体系全面变革的深刻探讨。在这场变革中，技术创新以其前所未有的潜力和优势，被视为重塑教育形态与结构的关键力量。人们满怀期待，寄望于各类创新技术能够利用其突破时空限制的独特能力，革新教育信息的流通与交互方式，重新设计教育流程，最终孕育出一个充满活力与创新的教育生态系统。在智能时代的背景下，关于学校教育形态与结构变革的构想，普遍聚焦于泛在智慧（Ubiquitous Intelligence)的理念,即教育将摆脱静态封闭的框架,向更加动态开放的方向发展,同时其内部结构也将由传统的直线型向更为灵活多变的复合型网络结构转型。在技术创新的引领下,学校教育形态的动态开放化趋势日益明显,这一变革主要体现在两个方面。一是学校内部环境更加丰富多样,物理空间布局更加灵活,同时构建了以数字技术为基石的虚拟学习环境,如智慧教室、教育元宇宙(Edu-Metaverse)等,为学生提供了沉浸式、智能化的学习体验。二是学校教育的开放性显著增强,打破了传统意义上学校作为"孤岛"的界限,通过互联网+教育、云计算、大数据、人工智能等前沿技术,学校与社会资源、自然环境之间的界限被消融,实现了深度融合与无缝衔接。例如,全息技术的应用让课堂能够突破地域限制,即时引入各领域专家的远程指导,极大地拓宽了学生的知识视野。此外,技术创新还深刻影响着教育信息的供给方式,推动学校教育结构向复合网状结构转变。相较于工业时代信息资源的匮乏与线性管理模式,智能时代以其强大的计算与连接能力,加速了知识的快速迭代与广泛传播,形成了多元化的教育资源网络。这一转变不仅极大地丰富了教育资源的种类与来源,还促进了教育服务的个性化与差异化发展。诸如OECD的教育GPS网站、各类教育益智App、国家数字课程以及社会机构提供的在线课程与讲座等新型知识供给平台,正逐步成为满足学习者多样化需求的重要渠道。在此过程中,知识的传播模式也发生了深刻变革,由传统的单向灌输转变为基于数据分析的个性化精准推送,这不仅缩短了信息传递的路径,提高了学习效率,还赋予了教育过程更加平等、互动与多向的特征。

未来学习环境的活动主体变化。在哲学的广阔天地里,主体被赋予了认知客体、实践于现实的关键能力。回望历史,普罗泰戈拉那句振聋发聩的"人是万物的尺度",奠定了人的核心地位与主体性认知,这一理念跨越时间的鸿沟,深刻烙印在人们对学校主体性理解之中,视学校文化为以人为核心,交织着行为、精神等多层面的综合体。然而,科技浪潮的汹涌澎湃,特别是阿尔法围棋等智能体以超凡表现挑战人类极限的壮举,加之智能技术日新月异,展现出接近乃至超越人类的能力,使得传统的人类中心主义观念遭遇了前所未有的挑战。未来学习环境中的新主体正在悄然产生。学术界从拉图尔等人的"行动者—网络"理论(ANT)中汲取灵感,拓宽了"行动者"的概念范畴,将其从单纯的人类范畴扩展到技术、观念等一切能够引发事物状态变化的非人类要素。在这一理论框架下，技术凭借其独特的能动性(agency)，在教育活动中被赋予了新型主体的角色。在智能技术支持下的未来学习环境能够敏锐地捕捉学校环境的微妙变化，并灵活应对，积极影响师生的行为模式与认知方式。以自然语言处理、图像识别、机器学习等尖端技术为支撑，智能教学系统能够深入洞察学习者的个性化需求，提供定制化的学习辅导，实现学习过程的动态调整与优化。这一过程中，算法持续进化，依据数据反馈进行自我优化，通过技术输出直接干预学习者的行为轨迹。实践层面的成功案例进一步印证了未来学习环境的这一潜力。例如，美国佐治亚理工学院巧妙运用聊天机器人吉尔·沃森作为助教，有效减轻了教授的教学负担，同时长期隐匿其非人类身份，未被学生察觉。这一实践不仅彰显了智能技术在辅助教学方面的卓越效能，也预示着智能技术作为具备独立学习能力的实体，正逐步与人类教育者携手，构建起一种互补共生、共同演进的新型教育伙伴关系，共同绘制未来教育的宏伟蓝图。

未来学习环境的价值维度拓宽。未来学习环境所带来的文化迁移，其根基在于教育资源的全面数字化以及信息交流的网络化架构。这一进程依托电子校务系统的高效运作与各类教育应用的高度集成，同时借助大数据仓库的丰富资源与数据挖掘技术的深入应用，促使学生学习体验、教师教学方法及管理层决策过程均迈向智能化与科学化的新阶段。在此过程中，算法作为技术的核心驱动力，承担起信息精准筛选、智能识别分析及自主决策制定的重任。算法的概念，最初由数学家花剌子模为解决数学问题而提出，后逐渐演变并广泛应用于计算机领域，现特指在计算机程序、软件或复杂信息系统中执行特定任务的一系列精确计算步骤与交互逻辑。随着智能技术的不断渗透，教育模式正经历着深刻的变革，算法逻辑已成为教育教学生态中不可或缺的一环，极大地丰富了教育的内在价值。其影响力具体体现在三个关键层面。首先，算法逻辑倡导以偏好为导向，而非追求绝对的平等。通过对师生行为的细致入微的分析，算法能够洞察并揭示行为背后深藏的偏好、性格倾向及态度观念，仿佛为理解认知与行为动机打开了一扇隐秘之门。其次，学习者的个性化偏好被置于比专家判断更为优先的位置，这一转变推动了学校知识网络结构的重塑，使得海量的信息资源能够直接服务于教育参与者，极大地提升了学习的个性化与定制化水平。最后，算法逻辑强调数据分析的核心地位，而非依赖传统的经验主义。它擅长在海量数据间建立灵活而复杂的关联，凭借处理速度快、数据类型丰富、覆盖范围广且分析精度高的优势，引领教育决策向更加科学、精准的方向迈进。综上所述，未来学习环境中的文化价值维度，正以其独特的个性化偏好导向、技术理性支撑及数据分析优势，逐步替代传统教育中的平等观念、价值判断及专业依赖。这一新兴趋势正逐渐渗透于学校变革的方方面面，深刻影响着学校文化内容的筛选、构建与传播，预示着教育新时代的到来，开启了教育创新与发展的新篇章。

综上所述，未来学习环境中的文化变迁将在虚拟与现实的交织、智能技术与人类教育参与者的互动、算法逻辑与教育专业判断的融合中，展现出一种虚实交融、人机和谐、个性鲜明的全新面貌。这不仅是对传统学习环境的继承与发展，更是对未来教育生态的积极探索与构建。

2.未来学习环境中文化变迁的主要体现

学习内容的变化。在未来学习环境中，随着社会的发展和知识的进步，学习内容将发生显著的变化。传统学科的边界将变得模糊，新的学科和领域将不断涌现。人工智能、生物技术、可持续发展等领域的知识将成为学习的重要内容。此外，跨学科的学习将得到更多的重视。学习者将被鼓励探索不同学科之间的联系和交叉点，培养综合思考和解决问题的能力。跨学科的学习将帮助学习者更好地理解和应对复杂的现实问题。

学习方式的变化。未来学习环境中，学习方式将更加多样化和个性化。传统的面对面授课将继续存在，但也会与在线学习、远程教育等新的学习方式相结合，学习者可以根据自己的需求和兴趣选择适合自己的学习方式。个性化学习将成为未来学习环境的重要特点。通过先进的技术和数据分析，学习者可以获得个性化的学习计划、资源和反馈。个性化学习将帮助学习者更好地发掘自己的潜力，提高学习效果。同时，合作学习和项目化学习也将得到更多的重视。学习者将通过参与团队项目、合作研究等方式，培养合作精神和团队合作能力。

学习价值观的变化。未来学习环境中,学习价值观也将发生变化。传统的学习强调知识的传授和记忆,而未来学习将更加注重学习者的能力培养和素质发展。学习者将被鼓励培养批判思维、创新思维和解决问题的能力。重视学习过程中的思考、探索和实践,而不仅仅是结果。此外,未来的学习价值观将更加注重学习者的全面发展和社会责任感。学习者将被鼓励关注社会问题和挑战,并积极参与到解决问题的行动中。

学习社区的变化。未来学习环境中,学习社区也将发生变化。传统的学习社区主要基于地理位置和机构,而未来学习社区将更加开放和多样化。在线学习平台和社交媒体将成为学习者交流和共享学习资源的重要渠道。学习者可以通过在线平台与世界各地的学习者进行互动,分享经验和观点。此外,学习社区也将更加关注学习者的多元化和包容性。学习者将感受到来自不同背景和文化的人们的支持和鼓励,形成更加开放和包容的学习环境。

3.未来学习环境中的文化变迁对社会的影响

教育制度的改革。随着未来学习环境中文化的变迁,教育制度也将面临重大改革。传统的教学模式可能会逐渐被新兴的学习方式所取代,比如在线教育和个性化学习。教育机构需要重新审视课程设置、教学方法和评估方式,以适应未来学习环境中的文化变迁。

就业市场的变化。未来学习环境中的文化变迁将对就业市场产生深远的影响。技术的快速发展将导致一些传统职业的消失,同时也会创造出新的就业机会。个体需要不断学习和适应,以满足就业市场对技能和知识的要求。此外,跨文化交流和全球化的发展也将为就业市场带来更多的机遇和挑战。

社会结构的调整。未来学习环境中的文化变迁可能引发社会结构的调整。传统的权威结构和等级制度可能会受到挑战,个体的学习能力和创新思维将成为社会认可的重要因素。人们可能更加注重个人能力和素质,而非传统的社会地位和身份。

文化多元化的挑战与机遇。未来学习环境中的文化变迁将带来文化多元化的挑战与机遇。随着全球化的不断推进,人们之间的文化差异将变得更加明显。个体需要学习如何适应和尊重不同的文化,促进跨文化交流和合作。

同时，文化的多元化也将为学习环境带来更多的创新和新的视野。

总之，未来学习环境中的文化变迁对社会产生广泛的影响。教育制度需要改革，就业市场需要适应新的需求，社会结构需要调整，个体需要培养跨文化交流的能力。面对这些挑战和机遇，需要社会各界共同努力，以确保未来学习环境中文化变迁的积极影响。

4.未来学习环境中的文化变迁对个体的影响

学习能力的培养。未来学习环境中的文化变迁对个体的学习能力提出了更高的要求。传统的学习方式可能无法满足快速变化的知识需求。因此，个体需要培养自主学习、批判性思维和问题解决能力等高级学习能力。这些能力将使个体能够在不断变化的学习环境中持续学习和适应。

创新思维的培养。未来学习环境中的文化变迁将更加强调创新思维的重要性。创新思维是指个体能够从不同的角度审视问题，提出新的观点和解决方案。在不断变化和竞争激烈的学习环境中，创新思维能力将成为个体获取竞争优势的关键。因此，培养创新思维能力将成为未来学习环境中的重要任务。

跨文化交流的机会。未来学习环境中的文化变迁将提供更多的跨文化交流机会。全球化的发展使得不同文化之间的交流更加频繁和紧密。个体可以通过与不同文化背景的人合作学习，了解和尊重不同的价值观和观点，拓宽自己的视野。跨文化交流的机会将促进个体的成长和发展。

个人发展的多样性。未来学习环境中的文化变迁将鼓励个体发展多样性。个体可以根据自己的兴趣和能力选择适合自己的学习路径和领域。传统的标准化教育模式可能无法满足个体多样化的需求。因此，未来学习环境将更加注重个体的个性化发展，鼓励个体发掘自己的潜能和独特之处。

未来学习环境中的文化变迁对个体产生深远的影响。个体需要培养学习能力和创新思维，积极参与跨文化交流，并发展自己的多样性。这些能力和特质将帮助个体在未来学习环境中取得成功，并适应不断变化的社会需求。

5.未来学习环境中的文化变迁对社会的挑战与机遇

社会包容与平等的挑战。未来学习环境中的文化变迁可能带来社会包容与平等方面的挑战。随着文化多元化的发展，不同群体之间的差异可能导致社会的分裂和不平等。社会需要解决文化认同的问题，促进不同文化之间的理解和融合，以实现社会的包容和平等。

数字鸿沟的挑战。未来学习环境中的文化变迁将更加依赖于数字技术和互联网。然而，数字鸿沟问题可能会导致一些群体无法获得平等的学习机会和资源。社会需要努力缩小数字鸿沟，确保所有人都能够享受到数字技术带来的学习机会和发展机会。

虚假信息和信息过载的挑战。未来学习环境中的文化变迁可能会导致虚假信息和信息过载的问题。随着信息的爆炸性增长，个体需要具备辨识和筛选信息的能力，以避免被误导和混淆。同时，社会也需要加强对虚假信息的打击和监管，以维护学习环境的信任和可靠性。

创新和发展的机遇。未来学习环境中的文化变迁也带来了创新和发展的机遇。新兴的学习方式和技术将推动教育和社会的发展。个体和社会可以利用这些机遇来不断创新和改进学习环境，提升学习效果和促进个人发展。

社会合作与共享的机遇。未来学习环境中的文化变迁将促进社会合作与共享的机遇。个体和组织可以通过合作和共享资源，共同推动学习环境的发展和进步。社会需要创造良好的合作和共享机制，以实现资源的高效利用和共同进步。

6.未来学习环境中的文化变迁对教育机构的影响

教育内容的更新与多样化。在未来学习环境中，由于文化变迁的推动，教育机构将不断更新多样化教育内容。这意味着传统的教育内容可能无法满足日益多元化的学习需求。教育机构将密切关注文化变化的趋势，并根据学生的需求和社会的发展，调整教育内容，包括课程设置、教材选择等。例如，教育机构可能引入更加丰富多样的文化元素和观点，以使学习更加有趣和有意义。这将促进学生对不同文化的理解和尊重，并培养他们的跨文化交流能力。

教育方式的创新与个性化。未来学习环境中的文化变迁将鼓励教育机构创新教育方式并提供个性化学习体验。随着多样性的发展和学生群体的多元化，传统的教学模式可能无法满足所有学习者的需求。因此，教育机构将积极探索多元化的教学方式,以满足学生的个性化学习需求。例如,引入在线学习平台,使学生可以根据自己的兴趣和学习进度来选择学习内容和方式。同时,教育机构也将尝试利用智能化技术,为学生提供定制化的学习方案,帮助他们更好地发展自己的才能和兴趣。

教师角色的转变与专业发展。未来学习环境中的文化变迁将引起教师角色的转变和专业发展。教师将不再仅仅是知识的传授者,更需要成为学生学习的引导者和合作伙伴。教师需要培养跨文化交流的能力,增加与学生和家长的密切沟通,以更好地了解他们的文化背景和需求。同时,教师也需要具备创新思维和技术应用能力,以适应未来学习环境的需求。教师的专业发展也将变得更加重要,他们需要持续学习和更新教育知识,不断提升自己的教学能力和教育水平。

教育资源的共享与开放。未来学习环境中的文化变迁将促使教育机构加强教育资源的共享与开放。教育资源的共享可以提高资源的利用效率,促进教育公平。教育机构将更加积极地开展资源共享的合作,例如共享教学课件、教案和教学方法等。同时,教育机构也将借助技术手段,提供开放式教育资源,使学生可以自由获取和利用这些资源。这将为学生提供更广泛的学习资源和机会,促进他们的全面发展。

教育评估的变革与综合发展。未来学习环境中的文化变迁将推动教育评估的变革,从单一的考试评价向综合评估发展。综合评估将重视学生的综合素养和能力发展,包括学科知识、创新思维、合作能力等。教育机构将探索多元化的评估方式,例如项目制评估、实践能力评估、综合素质评估等,以更全面地评价学生的学习成果。这将促使学生更加注重综合能力的培养,丰富他们的学习体验,促进他们全面发展。

二、未来学习环境的人类文化学主张

(一)未来学习环境中制度文化的建构

未来学习环境中制度文化的建构是为了适应变化中的学习需求和文化变革,教育机构和政府部门需要制定相应的制度和政策。

未来学习环境中的制度文化建构是为了实现教育的目标和使命,为学习者提供良好的学习环境和学习机会。在制度文化的建构过程中,教育机构和政府部门需要充分考虑学习者的个性化需求、新兴技术的应用、社会发展的需要等因素,以及倡导创新和变革的精神。未来学习环境应该注重个体学习和自主学习,教育制度应该提供更灵活的学习路径和方式,以满足学习者的个性化需求。过去的教育制度往往过于强调标准化的教学模式和单一的评价体系,忽视了学习者的个体差异和兴趣需求。因此,在未来学习环境中,教育机构和政府部门应该致力于建立更加灵活的制度机制,为学习者提供多样化的学习选择。

灵活的学习环境可以通过设立选修课程、开放式学习资源和个性化学习计划等方式来实现。学习者可以根据自己的兴趣和需求选择学习内容和学习方式,从而更好地发挥自己的优势和潜力。选修课程可以提供丰富多样的学习领域,让学习者有更多的选择空间,并且可以根据学习者的个性化需求进行调整和改进。开放式学习资源可以通过网络平台提供,学习者可以自由获取和利用这些资源进行学习,不再受限于传统的课堂教学。个性化学习计划可以根据学习者的兴趣、能力和目标进行定制,提供更加个性化的学习路径。

此外,教育机构和政府部门也应该加大对教师培训和教育技术的支持,以提高教师的教学水平和创新能力。教师在未来学习环境中的角色将更加重要,他们需要具备灵活的教学方法和精准的评估能力,能够根据学习者的需要进行个性化的指导和支持。

教育机构和政府部门应该积极推动多样化的学习资源的开发和共享,以满足学习者的不同学科和兴趣需求。在未来的学习环境中,数字化教材、在线学习平台、虚拟实验室等新的学习资源将得到广泛应用。这些资源可以为学习者提供更加丰富和多样化的学习内容,满足他们的不同学科和兴趣需求。

数字化教材是未来学习环境中一种重要的学习资源。它可以使学习者通过电子设备获得教材内容,并且具有交互式和个性化的特点。数字化教材可以根据学习者的兴趣和能力进行定制,提供更有针对性的学习材料。例如,学生可以根据自己的学习进度和理解程度进行自主学习,通过点击、互动等方式深入理解知识点,并获得即时的反馈和评估。

在线学习平台是另一种重要的学习资源,它可以为学生提供丰富的学习内容和学习工具。通过在线学习平台,学生可以随时随地访问课程资料、课程视频、在线测试等学习资源,灵活安排学习时间和地点。同时,在线学习平台还可以提供学习社区和讨论论坛,促进学生之间的交流和合作。学生可以与其他同学分享学习心得、解决问题,共同进步。

虚拟实验室是一种创新的学习资源,它可以为学生提供实践和实验的机会,尤其是对于一些实验条件有限或存在安全隐患的学科。通过虚拟实验室,学生可以进行各种实验操作和观察,并通过模拟的方式获得实验结果。虚拟实验室不仅可以提供真实的实验环境,还可以通过交互式的方式加深学生对实验原理和过程的理解。

教育机构和政府部门应该加强学习资源的共享和合作,建立开放式的学习平台和资源库,使学习者可以更便捷地获取和分享学习资源。共享学习资源可以极大地丰富学习者的学习内容和学习途径,提高学习效果。同时,共享学习资源也可以促进教育机构之间的合作和交流,共同提高教育质量和水平。政府部门可以通过资金支持、政策引导等方式推动学习资源的共享和合作,激发各方面的创新和合作潜力。

除了多样化的学习资源,未来的学习环境还应该注重推动创新技术的应用,如人工智能、虚拟现实等。这些技术可以提供更加沉浸式和互动式的学习体验,提高学习者对知识的理解和应用能力。例如,人工智能可以根据学习者的学习数据和反馈进行个性化的推荐和辅导。虚拟现实可以提供逼真的学习场景和模拟环境,使学生能够身临其境地进行学习和实践。这些创新技术的应用将使学习环境更加丰富多样,激发学习者的学习兴趣和动力。

未来的学习环境还应该鼓励学习者之间的合作和交流,教育制度应该为学生提供合作学习的机会和场所,培养他们的团队合作能力和社交技巧。合作学习可以促进学生之间的互动和知识分享,培养他们的合作精神和沟通能力。教育机构可以组织项目式学习和团队合作的实践活动,鼓励学生在小组中共同解决问题和完成任务。政府部门可以提供相应的支持和资源,促进学校间的合作和交流,打造学习者共同成长和发展的环境。

最后,未来学习环境应该鼓励学习者参与国际交流和合作项目,教育制度应该提供相应的支持和机会，扩大学生的国际视野，提升学生的跨文化交流能力。随着全球化的深入发展，国际交流和合作变得更加重要。学习者可以通过参与国际交流项目、学习海外课程和与来自其他国家的学生合作学习，增加自己的国际竞争力和文化素养。教育机构和政府部门可以与国际教育组织和合作伙伴合作，推动学生的国际交流和合作项目的开展。

学习者参与国际交流和合作项目可以拓宽他们的国际视野。通过与来自不同国家和文化背景的学生交流和合作，学习者可以了解其他国家的教育制度、文化传统和社会习俗，增加对世界多元文化的理解和尊重。此外，学习者还可以通过与外国学生的交流，了解其他国家的教育资源和学习方法，丰富自己的学习经验，拓宽自己的视野。

参与国际交流和合作项目可以提高学习者的跨文化交流能力。在国际交流中，学习者需要与来自不同文化背景的学生进行沟通和合作。这要求他们具备跨文化交际的能力，包括语言沟通、文化理解、解决问题和合作能力等。通过与来自其他国家的学生合作学习，学习者可以提高自己的跨文化交际能力，培养与他人合作的素养和能力。

教育制度应该提供相应的支持和机会，扩大学生的国际视野，提升学生的跨文化交流能力。教育机构可以与国际教育组织和合作伙伴合作，开展国际交流和合作项目。例如，学校可以与海外学校建立姐妹学校关系，开展学生交流和合作项目。学生可以参加短期的交流项目、夏令营和暑期学校，与外国学生一起学习和交流。政府部门可以提供相应的资金和政策支持，鼓励学生参与国际交流和合作项目。

除了国际交流和合作项目，未来学习环境的制度文化建构还需要关注其他方面。首先，教育机构和政府部门应该积极推动教育资源的公平分配，确保每个学习者都能享受到优质的教育资源。教育资源的公平分配不仅包括教育设施和教材等硬件资源，还包括教师和教育机构之间的合作和资源共享。通过公平分配教育资源，可以提高教育的公平性和质量，促进学习者的全面发展。教育机构和政府部门应注重教师培养和专业发展，提高教师的教学水平和专业素养。教师是教育的核心力量，他们的教学能力和专业素养直接影响学生的学习效果和发展。教育机构可以提供教师培训和专业发展的机会，帮助教师更新教学理念和教学方法，提高教学水平。政府部门可以加大对教师培训和专业发展的支持力度，提供相应的政策和资源支持。评价体系也需要创新，从简单的知识测试转向更加全面的评价方式。传统的评价方式主要关注学生的知识掌握程度和记忆能力，忽视了学生的综合能力和素质发展。未来的评价体系应该更加注重学生的创新能力、问题解决能力、沟通能力等综合能力的评价。评价体系也可以采用多种评价方式，包括课堂表现、项目作业、实践能力评估等，以全面了解学生的学习情况和发展态势。未来学习环境应该鼓励学习者参与国际交流和合作项目，教育制度应该提供相应的支持和机会，扩大学生的国际视野，提升学生的跨文化交流能力。此外，教育机构和政府部门还应注重教育资源的公平分配、教师培养和专业发展、评价体系的创新等方面。通过这些努力，可以为学习者提供更加多元化和个性化的学习环境，促进他们全面发展。

总之，未来学习环境中制度文化的建构需要注重个体学习和自主学习、多样化的学习资源的开发和共享、合作与交流能力的培养、国际交流与合作的推动等方面。教育机构和政府部门应该积极推动教育制度和政策的改革，为学习者提供个性化、多元化和国际化的学习环境。通过这些努力，未来学习环境将更好地适应学习者的需求，推动教育的创新和发展。

（二）未来学习环境中行为文化的规范

未来学习环境中的行为文化是指学习者的行为规范和价值观念。在这样的学习环境中，以下是几个方面的主张，以规范学习者的行为文化：

首先，未来学习环境应该鼓励学习者主动参与学习过程，培养他们的自主学习能力和自我管理能力。学习者应该具备自我规划、自我评价和自我反思的能力。他们应该具备明确的学习目标，制订有效的学习计划，并能够根据自己的学习进展进行适时的调整。此外，他们应该培养积极主动的学习态度，主动参与学习活动，积极探索和发现知识。

其次，未来学习环境应该倡导创新和探索精神。学习者应该具备创造性思维和问题解决能力，勇于尝试并接受挑战。他们应该被鼓励在学习过程中思考和提出新的观点和解决方案。学习者应该能够挑战传统观念，发展独立思考和批判性思维的能力，培养创新意识和创业精神。

再次，未来学习环境应该强调合作与团队精神。学习者应该具备与他人合作、共享资源和知识的意识和能力。合作学习可以促进学习者之间的互动和知识分享，培养他们的合作精神和沟通能力。学习者应该尊重他人的观点和意见，善于倾听和接受他人的建议。他们应该能够与团队成员合作完成任务，并发挥各自的优势，共同取得成果。

最后，未来学习环境应该培养学习者的全球视野和文化包容性。学习者应该具备理解、尊重和欣赏不同文化的能力。他们应该能够意识到文化多样性的重要性，并主动学习和了解其他文化背景的知识和经验。学习者应该培养跨文化交流和合作的能力，积极参与国际交流项目，增加自己的国际竞争力和文化素养。

在未来学习环境中，教育机构和教育者扮演着重要角色。其需要通过教学和引导，培养学习者的良好行为文化。教育者应该成为学习者的榜样，以身作则，引导学生形成积极向上、合作互助、创新探索和文化包容的学习行为和价值观念。

（三）未来学习环境中精神文化的倡导

未来学习环境中的精神文化是指学习者的精神追求和核心价值观。在未来学习环境中，以下是几个方面的主张，以倡导学习者的精神文化：

未来学习环境应该倡导学习者具备终身学习的精神。终身学习是一种持续学习和不断发展的意识和态度。在快速变化的社会中，知识的更新换代很快，学习者需要不断地学习和适应变化，才能保持竞争力。未来学习环境应该培养学习者持续学习的意识和愿望，激发他们的求知欲望，鼓励他们追求知识和能力的持续发展。

未来学习环境应该培养学习者的社会责任感和公民意识。学习者应该具备关心社会问题和参与社会事务的意识和能力。他们应该了解社会的发展需求和挑战，积极参与社会公益活动，为社会发展和改善作出贡献。教育机构和教育者应该注重培养学习者的社会责任感，通过社会实践和志愿服务等活动，让学习者深入了解社会问题，培养他们的公民意识和社会参与能力。

未来学习环境应该关注学习者的全面发展和幸福追求。学习者的全面发展包括身心健康、情感智慧和生活技能的培养。未来学习环境应该注重学习者的身心健康,提供适当的体育锻炼和心理健康支持,培养健康的生活方式。同时,学习者的情感智慧也应该得到培养,他们应该具备情绪管理、人际交往和解决问题的能力。此外,学习者应该获得生活技能的培养,包括时间管理、人际关系、职业规划等方面的能力,以帮助他们在未来生活中取得成功和幸福。

在未来学习环境中,我们应该重视人文精神和道德品质的培养。学习者需要发展良好的道德情操、社会责任感和职业道德,以及形成正确的价值观念和行为准则。为此,教育机构和教育者将扮演积极的角色,通过教学和教育活动,引导学生确立正确的人生目标和价值观念。在未来学习环境中,我们应该注重培养学习者的道德意识和行为规范。通过教育活动和模范示范,学习者将被引导树立正确的价值观和道德观,培养他们的道德情操和社会责任感。

教育机构和教育者在未来学习环境中将起到积极的引导和榜样作用。其可以通过教学和教育活动,培养学习者的精神追求和核心价值观,引导他们树立正确的人生目标和价值观念。此外,教育机构也可以组织关于终身学习、社会责任、幸福追求和道德品质等方面的教育活动,以培养学习者的精神文化。

总之,未来学习环境中应该注重精神文化的倡导,关注学习者的终身学习精神、社会责任和公民意识、个人成长与幸福追求以及人文精神和道德品质。通过培养学习者的精神文化,未来学习环境将有助于培养全面发展和有社会责任感的学习者,为他们的未来成功和社会贡献奠定基础。

第三节　未来学习环境的心理观

未来学习环境的心理学内涵涉及对学习者认知、情绪、动机、行为与环境交互等方面的分析。了解未来学习环境对学习者心理的影响,分析未来学习环境对学习者情绪和动机的作用,研究个体学习行为在未来学习环境中的表现,以及探讨个体学习行为与未来学习环境的互动关系,对于构建适应未来学习环境的教育策略和教学设计具有重要意义。

一、未来学习环境的心理学内涵

(一)未来学习环境的心理学分析视角

未来学习环境是指在技术进步、社会变革等因素的推动下,对学习者进行教育和培养的一种新型学习环境。在未来学习环境中,学习者将面临新的学习方式、学习资源和学习工具,这将对他们的心理产生一系列影响。

未来学习环境的心理影响主要涉及学习者的认知、情绪和动机等方面。首先,未来学习环境可能带来认知方面的影响。例如,新兴的技术工具如虚拟现实、增强现实等将为学习者提供更丰富、更真实的学习体验,这可能对学习者的感知、注意力和记忆等认知过程产生影响。此外,学习者在未来学习环境中面临的信息量可能更大,他们需要具备信息处理和筛选的能力。因此,未来学习环境可能对学习者的认知能力和信息处理能力提出更高的要求。其次,未来学习环境还可能对学习者的情绪产生影响。例如,虚拟学习环境中的沉浸感和真实感可能引起学习者的情感反应,如兴奋、紧张、恐惧等。同时,个体与机器智能的交互也可能对学习者的情绪产生影响,如与智能助教的互动可能引发学习者的满足感或挫败感。此外,未来学习环境还可能对学习者的动机产生影响。新技术的引入可能为学习者提供更多的学习机会和方式,这可能对他们的学习动机产生积极影响。同时,未来学习环境中的个性化学习和自主学习可能激发学习者的主动性和自我效能感,从而提高他们的学习动机。

未来学习环境对学习者情绪和动机的作用是双向的。一方面,学习者的情绪和动机可能对其在未来学习环境中的表现产生影响。例如,学习者的情绪状态可能会影响他们对学习任务的投入程度和学习效果,而学习者的动机水平也会影响他们对学习环境的适应和利用程度。另一方面,未来学习环境也可以通过设计和引导来影响学习者的情绪和动机。例如,通过设计引人入胜的虚拟学习场景或设置合理的游戏化元素,可以增强学习者的兴趣和参与度,从而提高他们的学习动机。此外,在未来学习环境中,个性化学习和即时反馈等功能的应用可以调节学习者的情绪状态,使他们更加积极投入学习过程。

(二)个体学习行为与未来学习环境的交互

个体学习行为与未来学习环境的交互是未来学习环境心理学的重要内容。个体学习行为指的是学习者在学习过程中展现出的各种行为和策略,包括学习的目标设定、学习方法的选择、注意力的调控、问题的解决等方面。未来学习环境将通过先进的技术手段和教学设计与学习者进行交互,影响和引导学习者的学习行为。下面将从研究个体学习行为在未来学习环境中的表现和探讨个体学习行为与未来学习环境的互动关系两方面进行阐述。

一是研究个体学习行为在未来学习环境中的表现。未来学习环境的先进技术和教学设计将提供更多样化、个性化的学习机会和学习资源,这将对个体学习行为产生影响。首先,个体学习行为在未来学习环境中的表现将更加多样化。学习者可以通过虚拟现实技术进行沉浸式学习、通过网络平台进行协作学习,这些新的学习方式将带来学习行为的多样性。例如,在虚拟学习环境中,学习者可以通过自主选择学习路径、参与角色扮演等方式展现出不同的学习行为。其次,个体学习行为在未来学习环境中的表现将更加个性化。未来学习环境将通过智能化技术和个性化教学设计,根据学习者的特点和需求提供个性化的学习支持和引导。例如,学习者可以根据自己的学习风格和兴趣选择适合自己的学习资源和学习路径,教学系统可以根据学习者的学习数据和反馈信息进行个性化推荐和评估,从而影响和引导学习者的学习行为。

二是探讨个体学习行为与未来学习环境的互动关系。个体学习行为与未来学习环境的互动关系是双向的。一方面,个体学习行为可能受到未来学习环境的影响。例如,未来学习环境中的个性化学习和自主学习将激发学习者的自主性和主动性,促使他们更加积极地参与学习行为。同时,未来学习环境中的智能化技术和教学设计也将对学习者的学习行为进行引导和调控,例如通过即时反馈、学习分析和评估等方式对学习者的行为进行引导和调整。另一方面,个体学习行为也可以影响未来学习环境。学习者的学习行为和表现将通过技术手段和教学设计反馈到未来学习环境中,进而影响未来学习环境的改进和优化。例如,学习者的学习数据和反馈信息可以用于个性化推荐和评估,从而提供更适合学习者需求的学习资源和学习环境。

二、未来学习环境的心理学主张

(一)行为主义心理学取向的未来学习环境建构

行为主义心理学是一种以学习者的可观察行为为研究对象的心理学理论。它强调学习的结果是通过外部刺激和反馈所引起的行为变化。在未来学习环境的建构中,行为主义心理学的理论和方法可以被应用来设计和改进学习环境,从而促进学习者的学习效果和成长。下面将介绍行为主义心理学在未来学习环境建构中的应用,并探讨行为主义心理学对学习者行为塑造的影响。

第一,行为主义心理学的应用可以帮助设计师创建有效的学习环境。通过分析学习者的行为和反应,设计师可以了解学习者的需求和偏好,从而根据学习者的特点来构建相应的学习环境。例如,设计师可以利用行为主义心理学的原则来设计奖励系统,通过给予学习者积极的反馈和奖励来增强他们的学习动力和积极性。

第二,行为主义心理学的理论可以指导学习环境的评估和改进。通过观察和记录学习者的行为和反应,设计师可以对学习环境的效果进行评估,并根据评估结果来进行相应的改进。例如,如果学习者在某个学习环境中表现出不良的行为或反应,设计师可以通过调整环境中的刺激和反馈来改善学习者的学习体验和成效。

第三,行为主义心理学的方法可以帮助学习者建立良好的学习习惯和技能。通过定期的重复练习和反馈,学习者可以逐渐形成正确的学习习惯和技能,并通过实践来巩固和提高这些技能。设计师可以利用行为主义心理学的原则来设计学习活动和任务,以鼓励学习者的积极参与和实践,从而帮助他们建立有效的学习习惯和技能。

行为主义心理学在未来学习环境建构中具有重要的应用价值。通过应用行为主义心理学的理论和方法,设计师可以创建有效的学习环境,促进学习者的学习效果和成长。然而,行为主义心理学的应用也存在一些限制和争议。一些人认为,行为主义心理学过于强调外部刺激和反馈,忽视了学习者内在的动机和认知过程。因此,在未来学习环境的建构中,也需要结合其他心理学理论和方法，以全面地理解和促进学习者的学习和发展。

1.行为主义心理学在未来学习环境建构中的应用

在未来学习环境的建构中，行为主义心理学的应用将涉及多个方面，以提高学习者的学习效果和成长。

第一，行为主义心理学将应用于设计学习任务和活动。通过分析学习者的行为和反应，设计师可以根据行为主义心理学的原则来设计具有挑战性和吸引力的学习任务和活动。这些任务和活动可以结合现代技术，如虚拟现实、增强现实，以提供沉浸式和互动性强的学习体验。此外，设计师还可以利用行为主义心理学的原理来设定明确的学习目标，并提供有效的指导和支持，以帮助学习者更好地理解和掌握学习内容。

第二，行为主义心理学将应用于设计学习环境的反馈机制。反馈是学习过程中至关重要的一环，可以帮助学习者了解他们的学习进展和成就，激发他们的学习动机和自信心。未来的学习环境可以利用智能化技术和数据分析来提供及时和个性化的反馈。例如，基于学习者的行为和表现，系统可以自动生成个性化的评估报告，并提供相应的建议和指导。此外，学习者还可以通过与同伴和教师的互动来获得及时的反馈和支持，以加强学习效果。

第三，行为主义心理学将用于改善学习者的学习动机和情绪状态。学习动机和情绪状态对于学习效果和学习行为具有重要影响。未来的学习环境可以利用行为主义心理学的原理来设计激励机制和情感引导策略，以提高学习者的参与积极性和情感投入。例如，系统可以设置学习目标和奖励机制，激励学习者主动参与学习活动并取得进展。此外，学习环境还可以提供情感支持和情绪调节策略，帮助学习者处理学习中的挫折和困难，提高学习的效果和体验。

然而，在行为主义心理学的应用过程中，也需要注意一些潜在的问题和挑战。一方面，行为主义心理学过于强调外部刺激和反馈，可能忽视学习者内在的动机和认知过程。因此，在设计学习环境时，需要综合考虑其他心理学理论和方法，以提供更全面和综合的学习支持。另一方面，个别学习者可能对不同类型的刺激和反馈有不同的反应和需求。因此，在未来的学习环境建构中，个性化和差异化的设计将变得更加重要，以满足学习者的多样化需求。

行为主义心理学在未来学习环境建构中具有广泛的应用前景。通过应用行为主义心理学的理论和方法，可以设计出更具吸引力、个性化和有效的学习环境，提高学习者的学习效果，激发学习者的成长潜力。然而，为了更好地满足学习者的需求，未来的学习环境建构还需要结合其他心理学理论和方法，以实现更全面和综合的学习体验。

2.行为主义心理学对学习者行为塑造的影响

行为主义心理学对学习者行为的塑造主要通过外部刺激和反馈来实现。在未来学习环境中，行为主义心理学的应用将对学习者的行为产生积极的影响。以下将探讨行为主义心理学对学习者行为塑造的影响。

第一，行为主义心理学的应用可以帮助学习者形成良好的学习习惯和技能。行为主义心理学认为学习是通过刺激和反馈来引起行为变化的过程。在未来学习环境中，可以利用行为主义心理学的原理来设计任务和活动，以促使学习者形成积极的学习行为。例如，通过设定明确的学习目标，给予及时的反馈和奖励，学习者可以逐渐形成自律、坚持和持续学习的习惯。

第二，行为主义心理学的应用可以增强学习者的学习动机和积极性。学习动机是学习行为的驱动力，对学习效果和学习成果具有重要影响。未来学习环境可以利用行为主义心理学的原理来设计激励机制，以增强学习者的学习动机和兴趣。例如，通过设定明确的目标和奖励机制，给予学习者及时的反馈和认可，可以激发他们的学习动机，提高学习的投入和效果。

第三，行为主义心理学的应用可以帮助学习者提高自我监控和自我调节的能力。学习者的自我监控和自我调节能力对于学习的有效进行至关重要。未来学习环境可以利用行为主义心理学的原理和技术，帮助学习者觉察和管理自己的学习行为和进程。例如，通过提供学习过程中的反馈和评估工具，学习者可以对自己的学习行为和学习成果进行监控和评估，从而调整学习策略和行为，提高学习的效果和效率。此外，行为主义心理学的应用也可以增强学习者的自我效能感和成就感。自我效能感是学习者对自己能力的评价和信心，对学习的投入和学习成果具有重要影响。在未来学习环境中，可以通过行为主义心理学的原理来设计反馈和奖励机制，帮助学习者获得成功的经验和成就感。例如，通过设定适当的学习挑战和给予及时的反馈和认可，学习者可以建立起对自己能力的信心，提高学习的自信心和动力。

然而，行为主义心理学的应用也存在一些潜在的问题和争议。一些人认为，行为主义心理学过于强调外部刺激和反馈，可能忽视了学习者内在的动机和认知过程。因此，在未来学习环境的建构中，需要综合考虑其他心理学理论和方法，以提供更全面和综合的学习支持。此外，个别学习者可能对不同类型的刺激和反馈有不同的反应和需求，因此在设计学习环境时，个性化和差异化的考虑也变得更加重要。行为主义心理学在未来学习环境中对学习者行为的塑造具有重要影响。通过应用行为主义心理学的原理和方法，可以设计和改进学习任务、反馈机制和激励机制，以提升学习者的学习效果，促进学习者成长。未来的学习环境将通过智能化技术和教学设计与学习者进行交互，通过外部刺激和反馈塑造学习者的行为，实现个性化和有效的学习支持。然而，在行为主义心理学的应用过程中，也需要注意个体差异和综合考虑其他心理学理论和方法的重要性，以实现更全面和综合的学习体验。

（二）人本主义心理学取向的未来学习环境建构

人本主义心理学是一种强调个体自我实现和发展的心理学理论，强调个体的主观体验、自我认知和自我决定的重要性。在未来学习环境的建构中，人本主义心理学的价值观可以被应用来设计和改进学习环境，从而促进学习者的自我发展和全面成长。

人本主义心理学在未来学习环境建构中的价值观主要体现在以下几个方面。

第一，人本主义心理学关注个体的自我实现和发展。在未来的学习环境中，人本主义心理学强调学习者的个体差异和学习者对个人意义的追求。学习环境应该提供多样化的学习资源和机会，以满足学习者的个体需求和兴趣。例如，学习环境可以通过个性化的学习路径和内容选择，让学习者根据自己的兴趣和能力进行学习目标的设定和调整，从而激发学习者的主动性和创造性。此外，学习环境还可以鼓励学习者发展其潜能和独特的才能，提供支持和资源以帮助他们实现自我价值和成长。

第二，人本主义心理学注重个体的主观体验和自我认知。学习环境应该关注学习者的学习体验和情感状态，帮助他们建立积极的自我认知和学习态度。在未来学习环境中，可以利用智能化技术和情感智能来识别学习者的情感状态，并根据情感状态提供相应的支持和指导。例如，学习环境可以通过情感识别技术来监测学习者的情绪变化，并根据情绪状态提供相应的情感支持和调节策略，以增强学习者的学习动机和情感投入。

第三，人本主义心理学强调个体的自我决定和自我调节。在未来的学习环境中，应该给予学习者充分的自主权和自我决策的机会，让他们参与到学习过程的决策和规划中。学习环境可以设计个性化的学习路径和目标设定机制，让学习者根据自己的兴趣和能力进行学习目标的设定和调整。例如，在虚拟学习环境中，学习者可以根据自己的学习进度和需求选择学习资源和学习方式，从而增强学习者的学习动力。此外，学习环境还可以提供学习者自我调节的工具和策略，帮助他们管理学习过程中的困难和挑战，提高学习的自主性和效果。

人本主义心理学在未来学习环境建构中强调个体的自我实现、主观体验和自我决定。通过关注学习者的个体需求和兴趣，提供支持和资源，以及强调学习者的自主权和自我决策，未来的学习环境可以更好地满足学习者的需求，促进其自我发展和成长。然而，在设计和构建学习环境时，也需要考虑到个体差异及综合其他心理学理论和方法，以实现更全面和综合的学习支持。

（三）认知心理学取向的未来学习环境建构

认知心理学是研究人类思维、知觉、记忆、学习和问题解决等心理过程的学科。在未来学习环境的建构中，认知心理学的理论和原则起着重要的指导作用。以下是一些例子，展示了认知心理学在未来学习环境建构中的重要性和对学习者知识获取、思维能力发展的影响。

1. 个性化学习

基于认知心理学的原理，在未来学习环境中根据学习者的认知特点和学习需求提供个性化的学习资源和活动。以下将进一步探讨个性化学习的具体应用和效益。

第一,个性化学习可以根据学习者的认知特点提供针对性的学习资源和活动。每个学习者的认知特点都是独一无二的,包括注意力、记忆、思维方式等方面。未来学习环境可以利用个性化学习算法和人工智能技术,通过分析学习者的学习行为和表现,了解他们的认知特点,从而为他们量身定制学习资源和活动。例如,对于注意力容易分散的学习者,可以通过提供简洁明了的学习材料和需要集中注意力的学习任务来帮助他们提高学习效果。对于记忆力较弱的学习者,可以提供记忆辅助工具和记忆训练活动,以增强记忆能力。

第二,个性化学习可以根据学习者的学习需求提供定制化的学习资源和活动。不同学习者在学习需求上存在差异,有些可能更偏向于理论学习,而有些可能更偏向于实践应用。未来学习环境可以基于学习者的学习兴趣、目标和职业规划等因素,为他们提供符合其学习需求的学习资源和活动。例如,对于对实践应用更感兴趣的学习者,可以提供案例分析、实践项目和模拟实验等学习活动,以加强他们的实际操作能力和解决问题的能力。而对于对理论学习更感兴趣的学习者,可以提供深入的文献阅读、学术讨论和理论分析等学习资源,以增强他们的理论思维和学术研究能力。

第三,个性化学习的应用可以显著提高学习效果和学习体验。通过个性化学习,学习者可以根据自身的认知特点和学习需求进行学习,这使得学习更加有针对性和高效性。学习者可以获得更贴近自己的学习资源和活动,提高学习动机和主动性。个性化学习还可以提供实时的反馈和评估,让学习者了解自己的学习进展和成果,从而调整学习策略和行为。此外,个性化学习可以增强学习者的学习自信心和成就感,促进其积极参与和持续学习。

然而,个性化学习也面临一些挑战和限制。首先,个人隐私和数据安全是个性化学习的重要考虑因素。个性化学习需要收集学习者的个人信息和学习数据,以便进行个性化推荐和反馈。学习环境必须确保学习者的个人信息和数据安全,遵守相关隐私保护法律和规定。其次,个性化学习需要准确的学习者数据和算法模型支持。学习环境需要建立有效的数据收集和分析机制,以获取学习者的准确数据,并不断优化个性化学习算法和模型。

个性化学习基于认知心理学的原理,可以根据学习者的认知特点和学习需求提供个性化的学习资源和活动。个性化学习可以增强学习效果和学习体验，提高学习者的学习动机和主动性。然而，在实施个性化学习时，需要注意个人隐私和数据安全的问题，并建立有效的数据收集和分析机制，以支持个性化学习的实施和优化。

2.多模态学习

认知心理学研究表明，人类通过多种感官通道接收信息，有助于提高学习效果。未来学习环境可以利用虚拟现实、增强现实和跨媒体等技术，创造出丰富的多模态学习体验。例如，可以通过沉浸式虚拟现实环境来模拟实际情境，为学习者提供更具体、更丰富的学习体验，促进记忆和理解。此外，学习环境还可以利用跨媒体技术，结合文字、图像、音频和视频等多种表达方式，以满足不同学习者的学习偏好和需求。通过多模态学习，学习者可以通过多个感官通道同时接收信息，加强对学习内容的理解和记忆，提高学习的效果和体验。

3.自主学习和反思

认知心理学强调学习者的主动参与和自主学习。未来学习环境可以提供自主学习的机会和工具，帮助学习者建立自主学习的能力和习惯。例如，通过使用学习管理系统和学习分析工具，学习者可以跟踪自己的学习进度和成果，进行自我评估和反思。学习环境可以提供学习任务和项目，让学习者选择和规划自己的学习路径，并鼓励他们制订学习目标和策略。此外，学习环境可以提供学习日志、学习反思和学习社区等机制，让学习者有机会思考和分享学习经验，促进自我认知和知识共建。通过自主学习和反思，学习者可以更好地理解自己的学习需求和学习方式，提高学习的效果，实现自我成长。

4.问题解决和创新思维

认知心理学研究表明，问题解决和创新思维是学习者在未来社会中必备的能力。未来学习环境可以通过提供开放性的问题和创新性的任务，促进学习者的问题解决和创新思维能力的培养。学习环境可以设计情境化的学习任务，让学习者面对真实世界的问题和挑战，进行跨学科的合作和创新。例如，学习者可以参与项目式学习，与其他学习者合作解决复杂的问题，运用多学科的知识和技能设计创新性的解决方案。学习环境还可以提供创新思维的培训和工具，帮助学习者培养批判性思维和创造性解决问题的能力。通过问题解决和创新思维的练习，学习者可以培养批判性思维、团队合作力和创造力等重要能力，为未来的学习和工作做好准备。

基于认知心理学的原理，未来学习环境可以通过多模态学习、自主学习和反思、解决问题和创新思维等方式，为学习者提供更丰富、个性化和有意义的学习体验。这些学习方式和策略有助于提高学习效果，培养学习者的自主学习能力和创新思维能力，为学习者在未来社会中的成长和发展奠定坚实的基础。但在实施这些策略时，需要综合考虑学习者的需求和个体差异，保护学习者的隐私和数据安全，以及建立有效的学习支持机制，以实现更全面和综合的学习体验。

(四)环境心理学取向的未来学习环境建构

1.环境心理学在未来学习环境建构中的观点

环境心理学是研究人与环境之间相互作用的学科，它关注个体与环境之间的关系，以及环境对个体行为和心理状态的影响。在未来学习环境的建构中，环境心理学的观点提供了重要的指导。

第一，环境心理学强调环境的物理特征和布局对学习者的行为和心理状态的影响。未来学习环境的设计应考虑到学习者的感知和理解方式，提供符合人类认知规律的信息呈现方式。例如，通过合理布局教室的桌椅、黑板和投影仪等教学设备，可以创造出利于学习的氛围，提高学习者的专注度和注意力。

第二，环境心理学强调社会环境对个体学习的影响。未来学习环境应考虑到学习者的社会互动需求，提供合作学习和互动学习的机会和场所。例如，在学习环境中设置合作学习区域或小组讨论区域，鼓励学习者之间的合作与交流，促进知识共建和协作学习的效果。

第三，环境心理学还关注个体与环境之间的情感联系。未来学习环境的设计应注重创造积极的情感体验，促进学习者的情感投入和情感认同。例如，通过使用舒适的座椅、温馨的装饰和愉悦的音乐等，创造出令人愉悦和安心的学习环境，提高学习者的学习动力和情感参与。

2.环境心理学对学习者学习环境设计的指导意义

环境心理学对学习者学习环境设计具有以下指导意义：

第一，提供符合人类认知规律的信息呈现方式。根据环境心理学的原理，未来学习环境的信息呈现方式应与学习者的感知和理解方式相匹配。例如，根据学习者的年龄、认知水平和学科特点，选择合适的教学媒体和技术，提供多样化的信息呈现方式，以促进学习者的理解和记忆。

第二，创造合作学习和互动学习的机会和场所。环境心理学研究表明，社会互动对学习具有促进作用。未来学习环境应提供合作学习和互动学习的机会和场所，鼓励学习者之间的合作与交流。例如，设计合作学习区域或小组讨论区域，提供合适的学习工具和设备，促进学习者的互动和合作。

第三，创造积极的情感体验。环境心理学的研究显示，积极的情感体验有助于学习者的情感投入和提升学习动力。未来学习环境的设计应注重创造积极的情感体验，激发学习者的学习兴趣和情感认同。例如，通过舒适的座椅、愉悦的音乐和温馨的装饰，营造出令人愉悦和安心的学习氛围。

总结来看，环境心理学在未来学习环境的建构中提供了重要的观点和指导。通过考虑学习者的感知、社会互动需求和情感体验，未来学习环境可以更好地满足学习者的认知和情感需求，提高学习效果和学习满意度。这些指导意义对未来学习环境的设计和实施具有重要的启示和指导作用。

第三章

未来学习环境的功能价值

构建人人皆学、处处能学、时时可学的终身学习服务体系，对实现建设学习型社会的愿景，发挥未来学习环境的功能，彰显未来学习环境的价值，建成学习型社会意义重大。因此，本章从物质、制度以及精神三个方面，探讨了未来学习环境对学习者学习的功能与价值。未来物质环境将突破时空限制，凸显“万物互联”；未来制度环境趋向于“面向人人”，致力于每个学生都能得到均等的教育机会与教育资源；未来精神环境在潜移默化中帮助学习者实现自我驱动式学习，促成“人人乐学”的社会风尚。

第一节　“万物互联”的未来物质环境

物质环境是学习环境最基本的组成部分，没有物质的支撑，学习就会成为空中楼阁。不同的历史时期，学习环境的物质要素构成也不尽相同。在农业时代，物质要素的结构比较简单，表现在场所简陋，资源单一，缺乏科学技术支持。随着生产力的发展、科学技术的进步、社会对于人才需求的变化，学习环境中的物质要素在横向和纵向上都逐渐丰富，形成了庞大而复杂的结构体系，其中技术所占的比例正大幅提升，并渗透在其他各个要素中，形成纵横交错的局面，从计算机、互联网到大数据、物联网、人工智能，学习活动中的各个主体和各个要素越来越被有机地联结起来，学习共同体从校内扩展到社会，学习生态正在被彻底重塑。“万物互联”成为学习环境的突出特点，具体表现为“物物互联”“物人互联”“人人互联”，在这种发展趋势下，学习将进一步突破时空限制，回归人、回归自然、回归生活。

一、“万物互联”的未来物质环境结构

学习物质环境主要由场所、设施、资源、认知工具和技术这五方面构成，随着人类社会正向后信息时代迈进，学习环境正向智慧、非正式、整合、互动与创新方向发展，物质环境的各构成要素也变得更加立体、完善，呈现出“万物互联”的特点，线下线上学习空间被打通融合，海量学习资源、学习终端也能够互相联通，技术支持下教育面临新机遇与新挑战，正在经历生态再造。

（一）虚实交融的未来学习场所

“场所”是建筑学的专业术语，是指特定的人或事所占有的环境的特定部分，指的是特定建筑物或公共空间活动处所。挪威城市建筑学家诺伯舒兹(Christian Norberg-Schulz)曾在1979年提出了“场所精神”的概念。诺伯舒兹认为，场所应该通过“空间”与“特性”来进行认识，即空间是场所的构成部分，通过具体的物质形式呈现其存在意义，是“真实存在之物”；而“特性”，是指在物质性的空间中所内含和隐含的其他物质性布局结构以及身处其中的人的行为。[①]诺伯舒兹认为场所是由具体事物所组成的整体，并非抽象的地点。人们不应将整体场所简化为纯粹的空间关系、功能、结构组织和系统等各种抽象的分析范畴。这些空间关系、功能分析和组织结构均非事物本质，用这些简化方法遮蔽了场所可见、实在、具体的性质。由此可以总结出场所包含了物质与精神两个层面的含义：其一，场所区别于空间，一定有物质形式的表现和存在。其二，只有物质性布局还不能成为场所，当物质性的空间中体现出人的意志或行为，或者说蕴含社会性，才能称其为场所。综上，我们认为学习场所可以定义为以自然环境和人为环境为物质依托，创设的以学习者为主体，以促进知识生产、内化、传播和人的整全性发展为目的的意义空间。

从古至今，学习场所的变迁过程历经多个阶段，原始社会时期大自然就是学习场所。随着生产力的发展，一部分人从生产劳动中解放出来，学校诞生了，庠序、私塾、书院成为奴隶社会和封建社会最重要的学习场所。再到后来工业革命背景下班级授课制的诞生，现代学校工厂车间式的教室成为全球范

① 诺伯舒兹.场所精神：迈向建筑现象学[M].施植明，译.武汉：华中科技大学出版社，2010:7-22.

围内最为广泛的学习场所，并且延续至今。但随着经济的发展，工厂流水线式的教育渐渐不能满足社会对人才的需求，教育教学组织形式改革在世界范围内盛行开来，其中学习场所的变革成为重要一环。这种变革与变化首先表现在学习场所的空间性延伸。一方面是物理空间延伸。以往，学习活动仅仅局限在校园内，学校的围墙使学生的学习脱离生活实际和社会实践，随着新一轮课程改革的推进，学生逐渐能够走进自然中学习，走到社会中成长，学校与生活和社会之间的壁垒逐渐被打破，博物馆、图书馆、体育馆等场馆与学校和社区协同育人的体制机制得到探索与建立。另一方面是虚拟空间延伸。随着计算机、网络、人工智能等技术的发展，学习者的学习场所转变为虚实结合的学习处所。学习者身处教室或图书馆就能通过网络获取校内没有的海量学习资源。

（二）以人为本的未来学习设施

广义的学习设施可以分为硬件设施和软件设施。硬件设施包括教学楼、图书馆、运动场、教室等支持学习活动开展的场地，教室、图书馆等场地的内部装置与设施；软件设施包括师资力量、教学管理、后勤服务等。学习设施是随着现代学校的诞生与发展而逐渐发展演变的，并且与学校空间的演变密不可分。在较长时间内，许多学校（尤其是小学）的校舍不仅简陋，而且通常都只有一间屋子，所有学生同处一室，学校的所有教育教学活动都在同一个空间中进行。在美国教育史上，这类学校被称为“单间教室学校”（one single room school）[①]。在这种结构简单的学习场所中，硬件设施也比较单一，通常是桌椅、黑板、教具、书架等传统基础设施。我国私塾、书院等专门学习场所中的硬件设施也是如此。16至17世纪，工业革命的持续发展要求人们掌握机器大生产的相关知识，学校教育逐渐被重视。1619年，德国魏玛公国颁布了最早的义务教育法令，规定父母应送其6~12岁的子女入学。随后，欧美各国家陆续开始颁布义务教育法令，建立现代国民教育制度，现代意义上的学校体制机制逐步完善，学校空间的内部结构逐渐多元化和复杂化，硬件设施在质量和数量上得到了进一步的发展。

① 张斌贤，钱晓菲．学校空间史：场所位移与教育演变[J]．教育研究，2022（7）：68.

随着科学技术的进步和学校内部空间的进一步细化，尤其是计算机和互联网的发明，学习设施发生了巨大变革，电脑、宽带、投影仪、白板、各种实验仪器等成为学习环境中的基础设施，硬件设施更加智能化、便捷化、个性化，在这种发展趋势下，未来学习环境中的硬件设施将呈现以下特点：

一是多维性。多维性是指未来硬件设施的外延将进一步拓展，包含多个维度，每个维度又会增加不同层面。教室作为个体在学校开展学习活动的主要场所，将会衍生出更多种类与功能的教室，支撑各学科探究学习的历史探究教室、生物探究教室、地理探究教室等专用教室将会得到普及，支持跨学科学习、项目式学习的多功能教室也会得到进一步的覆盖。

二是开放性。开放性是指未来学习设施建设将与社会、企业有更多的合作。未来学校与社会的边界将进一步走向消解。开放式校园为硬件设施的发展提供了更多可能。美国加利福尼亚州的中小学与银行以及其他营利企业合作，在学校的停车场里搭建太阳能汽车棚。太阳能电池板能供应学区一个正常学年所需电量的75%，并且在校园里安装太阳能设施也让学生们开始熟悉新的第三次工业革命技术，给学生们创造了自己动手的学习环境，让他们在新兴的绿色经济体中获取所需要的技能。[①]

三是生活性。未来学校硬件设施的设计和建造会坚持以人为中心，凸显人性化与生活化，更加关注学生身心健康与生活质量。智能感应控制系统将通过传感器、控制器等设备与云端进行连接，实现对教室内温度、照明、空气等的智能化管控。运动、绿化、休息、饮食相关的设施设备都会根据学生身心发展需要进一步丰富完善。学校将增加攀爬墙、趣味滑梯等室内运动空间，增设健康轻食与研讨区一体的综合学习空间。绿化设计征求学生建议与意见，带领学生一起建设绿色校园。

（三）处处可见的未来学习资源

按照不同的分类标准，可以将学习资源分为不同类别。以存在方式为标准，学习资源可以分为物质资源和心理资源；以影响学生的方式为标准，学习

① 里夫金．第三次工业革命：新经济模式如何改变世界[M]．张体伟，孙豫宁，译．北京：中信出版社，2012：244．

资源可以分为显性资源和隐性资源;以资源呈现方式为标准,学习资源可以分为线上资源和线下资源。在本节中,我们主要讨论物质资源与显性资源的发展与价值。

未来学习资源将从线性、相对独立的结构发展到丰富、开放、经验的多层次组合。以往很长一段时间,紧紧围绕升学和考试需要的应试教育模式在我国教育体系中占据主导地位,学生掌握基本知识和基本技能是最重要的课程目标,背诵与练习是最主要的学习方式。在这样的价值导向和学习模式下,学习内容局限于书本知识,学习资源也仅集中于书本和辅助学习的器具。这一阶段学习资源随着学段的增加呈线性的数量增加,并且各个区域、学校乃至学生拥有的学习资源都相对独立。随着21世纪初新一轮课程改革和教育信息化的发展,学习资源逐渐表现出新的特点。

一是特色化。深圳市龙华区华南实验学校与字在文化传播有限公司合作打造“字在生活馆”,将汉字文化融入课堂内外;学校还与深圳市慈善会、深圳诗远农业科技有限公司合作打造水稻培育、校园农场样板基地——“星空农场”;学校还与秦岭国家植物园合作共建种子博物馆,将国家一级保护植物种子、科普讲座及多种线上学习资源送进校园;深圳市少儿图书馆赠送学校几千本图书和一场又一场的读书活动;等等。馆校合作打破了学校与社会的壁垒,充分利用当地场馆资源,构建起丰富多彩的特色化学习资源体系,为学习提供有力支撑,促进学生综合素质发展。

二是共享化。随着互联网的发展,学习资源共享平台也逐渐建立和丰富。目前最有代表性的是国家中小学智慧教育平台,其面向学生、教师、家长等多元主体,涉及德育、智育、体育、美育、劳育、教师研修、课后服务等多方面、多层次的内容,实现信息和知识共享,体现了开放性的特点。

(四)面向高阶的未来认知工具

20世纪,皮亚杰提出认知发展阶段理论,认为儿童的认知是在已有图式的基础上,通过同化、顺应和平衡等机制,不断从低级向高级发展的一个建构过程,该理论打开了认知科学研究的大门。认知是人特有的认识客观事物、获得知识的活动,可以分为两大部分,一是认知过程,二是认知结构。认知过程即人脑对信息收集、加工、分析、综合、储存和提取的过程。认知结构指人脑中储存了什么知识，信息知识排列的结构等。工具伴随着人类社会的发展而发展，从石器时代开始，人类就开始制造和使用各种工具。工具辅助人们更加简便地完成各项活动，或者帮助人们做到单靠自身机体无法做到的事情。可以说工具是人类身体器官的延伸。戴瑞(Derry,1993)等首次给出了认知工具的定义："能够支持、指引和扩充使用者思维过程的心智模式和计算设备。"[①]这种定义认为认知工具不仅是外部有形的支持工具，还包括个体内部的心智模式。我国学者杨开城(2000)认为认知工具是可以帮助学习者发展各种思维能力、使其从事深层次信息加工的工具。判断一个工具是否成为认知工具的唯一标准是看这个工具是否能帮助学习者完成认知操作、促进学习者进行思考。[②]综上，认知工具可以理解为人大脑的延伸，是能够帮助人更好地进行信息加工、储存、提取运用，完善人的认知结构的心智模式或实体支持工具，既包括有形的技术设备，又包括无形的智力方法。

随着科学技术的进步，认知工具在数量与功能上都取得了巨大的发展，我们从可视化、情境创生、知识管理、交流协作这四个方面对其进行分类整理，把各类型认知工具的具体功能、典型案例整理如下表所示：

表3-1　认知工具的具体功能和典型案例

认知工具类型	功能	国内典型案例	国外典型案例
可视化工具	将知识结构、信息间的逻辑、思维过程等用可以看到的形式表征出来	FreeMind、幕布、石墨文档、百度脑图、MindMaster、EditPlus、Dreamweaver、CAD、MySQL等	MATLAB、WebNotes、Instapaper、EverNote等
情境创生工具	虚拟真实环境或创设具体情境	百度地图、WebMax、VRP、微世界等	Google Earth、Second Life、EON、Quest3D、Virtools等

① DERRY S J, LAJOIE S P. A middle camp for (Un) intelligent instructional computing: an introduction [M] //LAJOIE S P, DERRY S J. Computers As Cognitive Tools. New York: Routledge, 1993: 1-11.

② 杨开城.建构主义学习环境的设计原则[J].中国电化教育,2000(4):15.

续表

认知工具类型	功能	国内典型案例	国外典型案例
知识管理工具	方便或提高知识、信息的搜集、查询、分类、存储、再现等过程的效率	百度搜索引擎、Oracle Database、WPS、知网、网易公开课等	Book finder、Webopedia、Moodle、prezi、TED Talks、QuickOffice 等
交流协作工具	促进知识信息的交流与分享,促进学习者之间团结协作	微信、QQ、微博、知乎	Facebook、YouTube、MSN、Twitter、Edmodo、Skype 等

当前,这些认知工具已经走进了学生的日常学习当中,并且集中于智能学习终端上,例如电脑与平板。许多中小学已经开始探索平板进课堂的教学模式与策略,学生在课堂上能够利用平板使用各种认知工具,促进深度学习的发生与高阶思维能力的发展。集各种认知工具为一体的智能学习终端将会在未来学校普及,且认知工具的使用将会成为教学重点,实现“授之以渔”,为学生的终身发展打下坚实基础。

(五)数智赋能的未来信息技术

每一次科学技术的进步,都带来了学习物质环境的革新。印刷术的发明与不断改进,为纸质书本广泛传播提供更多可能;第一次工业革命使人类社会进入蒸汽时代;第二次工业革命使人类社会进入电气时代,为学校建筑、场所、照明灯等硬件设施提供技术支撑;第三次工业革命也称作是计算机及信息技术革命,计算机与互联网的相继诞生大大改变了世界经济、政治格局,促进了经济全球化的发展,促进了社会各部门发生历史性的变革,教育领域也概莫能外。互联网打破了时空界限,学习者可以随时获取各个区域、时期,各种门类的知识与信息。只要学习者产生学习的意愿,学习就可以随时随地发生。

党的十八大以来,我国尤其重视教育信息化事业,重视基础设施的投入与建设,为技术与教育的融合与发展奠定了基础,教育信息化事业实现了前所未有的快速发展,取得了全方位、历史性成就。2018年教育部出台《教育信息化2.0行动计划》(以下简称“计划”),正式启动了新一轮的教育信息化建设工程,开启了智能时代新征程。“计划”提出,到2022年基本实现“三全两高一大”的发展目标，即教学应用覆盖全体教师、学习应用覆盖全体适龄学生、数字校园建设覆盖全体学校，信息化应用水平和师生信息素养普遍提高，建成“互联网+教育”大平台。①目前，我国的教育信息化已经基本实现了数字化和网络化的转变，未来将朝着智能化方向发展，技术与教育、学习的融合将进一步增强，迎来众多机遇。一方面，人工智能、大数据、虚拟现实等技术的进一步发展和与教育的融合，能够助力解决教育领域面临的不平衡、不充分问题，进而促进教育高质量发展；另一方面，在智能化时代，技术能够更好地实现因材施教，每个学习者都能通过个性化定制形成自己的学习方案，获得适合和感兴趣的学习资源，促进自身的个性化发展，使教育回归人本身。但同时也面临新的挑战，主要表现为“如何能”的问题，即技术如何促进教育公平，如何推动学习变革，如何实现个体发展。联合国教科文组织（UNESCO）发布2023年全球教育监测报告《技术运用于教育：谁来做主？》（Technology in education：A tool on whose terms?，以下简称“报告”），反思了技术在教育中的作用，从厘清技术在教育中的作用、技术促进教育发展的要素、评估技术在促进教育发展过程中应遵循的向度等三个层面论证了技术在促进教育公平、优化教育品质与促进教育高质量发展过程中应扮演的角色和地位，对我们抓住机遇，迎接挑战具有指导意义。总的来说，“报告”强调技术与教育的关系是支持而不是取代，技术不能遮蔽人，要保持理性的头脑，反对技术至上主义，因为归根到底，技术是人创造的工具，技术的智能得以实现，不是因为技术本身机智，而是因为人的智慧可以使其价值得到最大程度的实现。此外，从全球监测数据来看，技术应用于教育的实际效果受整体环境、教师意愿和准备程度、教育水平和国家收入等多种要素影响，教育管理者要考虑国家和地区的差异，从学习者的真正需求出发做出决策。在技术赋能教育与学习的前进道路上，执两用中，才能守中致和。

二、“万物互联”的未来物质环境功能

未来物质环境的突出特点是“万物互联”，具体表现为“物物互联”“物人互

① 教育部关于印发《教育信息化2.0行动计划》的通知（2018-04-13）[2023-04-25].http://www.moe.gov.cn/ /zhengce/zhengceku/2018-12/31/content_5443362.htm.

联”“人人互联”。“物物互联”是指学习环境中的场所、设备、工具、终端等物质要素能够互相联系；“物人互联”是指个体与各种自然物质和人为事物都有更加密切的联系；“人人互联”是指在技术、资源和设施的支持下，学习者之间、学习者和教育者、教育者与管理者等的关系将发生深刻变革，合作学习、探究型学习等学习方式将成为最受欢迎的学习方式。

（一）“物物互联”拓展学习边界

物联网、大数据、虚拟现实等技术的发展深刻影响着人们的生产和生活。比如智能家居技术已经成为当今家庭装潢的一大特色，可以实现远程控制灯光和电视等设备；城市交通管理部门可以通过在城市中安装传感器和摄像头收集车辆的实时位置和行驶速度数据，通过大数据分析，及时调整信号灯的配时，优化交通流量，提高交通效率；元宇宙作为虚拟现实的高阶发展产物应用到教育当中，通过虚拟造物和对现实物理学习环境进行三维全景采集，使学习者戴上VR设备就能获得临场感，实现沉浸式学习。在未来学习环境中，物物联系更加紧密，将进一步拓展学习边界。

一方面，“物物互联”拓展学习的物理空间。物理空间以单个物件、群组物件，以及由物关联起来的空间构造、空间布局为核心，延伸出空间结构规约形成的人流、物流活动，进而生成学习空间中的教育功能与教育意义。物理空间关注建筑与设计对学习的作用，关注空间外部形态与内部结构的历史、现状与潜力对学习的影响，研究空间的整体选址、平面设计及组合关系，教室空间、办公空间、交通空间等传达的设计理念与教育意涵，探讨其与师生心理状态行为表现的关系，探究其对课程与教学的支持作用等。例如，对于结构化课堂、图书馆、教师办公室、走廊和公共通道、咖啡厅等构成的校园学习空间①，古希腊的集市、广场、体育馆，中世纪的街道、教士和教师的住宅，文艺复兴时期的贵族府邸、花园，以及近代早期的民居和农舍等历史上出现的学校空间②的考察都源于对学习物理空间的关注。未来学校将打破围墙的限制，与自然、社会有更多的联系，打造出透明、可变、实践的空间，体现生态与人文的融合。

---

① 陈向东，许山杉，王青，等.从课堂到草坪：校园学习空间连续体的建构[J].中国电化教育，2010(11)：3.

② 张斌贤，钱晓菲.学校空间史：场所位移与教育演变[J].教育研究，2022（7）：66.

另一方面,"物物互联"拓展学习资源。物物互联对学习实践具有重要的资源拓展功能。物理空间是开展学习活动的物质基础,具有承载、扩展学习内容,保障、优化学习实施的关键作用。空间资源的持续升级迭代是物理空间发展的主要途径。从古至今,学习空间的变迁过程历经多个阶段,原始社会时期的学习空间是大自然。奴隶社会和封建社会最主要的学习空间是庠序、私塾、书院。再到后来工业革命背景下班级授课制的诞生,现代学校工厂车间式的教室成为全球范围内最为广泛的学习空间。未来,学习物理空间将突破工厂车间式的结构,进一步打破时间和空间限制,承载扩展更多学习资源,满足学生多样化个性化需求,促进学生素养发展。博物馆、体育馆、图书馆、美术馆、公园、社区、公司中的资源都将转化为可用的学习资源,学习者们在自然、开放、自由、融合的环境中,享受学习与成长的快乐。

(二)"物人互联"促进深度学习

从夸美纽斯的"把一切知识教给一切人"到斯宾塞的"科学知识最有价值",知识成为教育教学的主要目标,教师、教材、课堂成为教育的三中心,学生的情感、态度、意志以及创造力等非理性要素逐渐被忽视。知识的重要性不可否认,知识是能力发展、素养形成的基础,但是过于强调书本知识最终导致教育教学变得机械,学生的学习停留在理解和记忆的浅表层,不能够很好地运用到解决实际问题中,更不用说创造生成新的知识。在知识呈指数级增长的今天,学习的最终目的应该是学会学习,并且能够把掌握的知识和技能迁移到真实情境中去,从浅表学习转向深度学习。

深度学习在教育研究中一般被认为是学习者在与他人互动以及环境互动中,关注知识之间的有机联系,最终能够迁移并能够解决实际生活问题的意义生成的过程。其核心在于"迁移",关键在于构建起知识网络,指向学习者问题解决能力、创新创造能力、自我驱动能力、沟通合作能力等高阶能力的生成与发展。我国学者祝智庭结合美国研究委员会(National Research Council,简称NRC,包括科学院、工程院、医学院)和休利特(Hewlett)基金会的观点,指出深度学习的结果包括三大领域、六种能力。三大领域分别是认知领域、自我领域和人际领域,认知领域包括掌握核心学术内容的能力、审辩思维与复杂问题解决的能力，自我领域包括学会学习的能力、发展与维持学术意念的能力，人际领域包括协同作业的能力、有效沟通的能力。[①]由此可见，深度学习不仅着眼于高阶思维和能力的发展，还强调个体的自我完善与社会化，这与我国正式发布的包括文化基础、自主发展、社会参与三个方面的“学生发展核心素养”高度契合。此外，深度学习的内涵还包括学习方法的深度。以实际问题解决为导向，探究学习、项目学习取代传统的知识授受和死记硬背，学习方法由重视识记、理解转向重视思维、创造。最后，深度学习还表现在学生的深度参与，通过情境构建调动学习者大脑神经网络中的更多隐层参与到学习当中，通过真实在场、具身体验，实现更高层次的抽象、触及情意、挖掘意义。

物人互联首先表现在未来学习者与自然、场馆等书本外的资源与环境有更多的联系，体现了教育育人本质的回归，这种回归是更高级的回归，有更加丰富的资源、工具、脚手架的支撑和支持。友好练脑五原理（Five Key Principles of Brain-Friendly Rehearsals）指出，行动涉及更多的大脑区域（50%的脑细胞），它可以内化深度学习：任何动觉联系（Kinesthetic Connection）都可以使大脑得到增强，它可以巩固学习，促使工作记忆或程序记忆进入长时记忆。此外，情感激发是深度学习的必要条件：大脑的一个主要功能是丢弃无用信息，通过情感激发来让大脑知道现在做的事情是有价值的。自然空间、场馆空间、创客空间为学生提供了更具吸引力、趣味性和具身性的动态学习空间。未来的学习设计将更多依托自然空间，学习者能够直接接触到自然界中的花草虫鱼、飞禽走兽、矿石宝藏、森林湖海等天然存在的资源，通过与大自然的交互，获得最本真的生命体验。并且在大自然中开展学习活动能够激发其好奇心和探究欲，使其全身心地投入到学习中，促进深度学习的发生。未来场馆的育人价值也将被进一步挖掘，上海科技馆推出了“科际穿越—科创校长空间站”，旨在让广大中小学与科技企业、高校、科研单位建立连接，让更多的中小学生走进科技单位，了解科学家、科技工作者真实的工作状态，也让更多有志于中小学科普的科技单位走近中小学生。场馆凭借其丰厚的馆藏资源、富有深厚的历史文化底蕴的主题展览、提供的社会交往机会、轻松开放的布局环境，提供

① 祝智庭，彭红超.深度学习：智慧教育的核心支柱[J].中国教育学刊，2017(5)：41-43.

了人与人连接、人与物连接、人与文化连接的平台，能够很好支撑学习者在直观体验与沟通交往中进行深度学习，发展高阶思维能力，生成核心素养。

物人互联还体现在人与技术之间将建立更加和谐融洽的联系，技术将更好地服务于人，服务于学习。深度学习之“深度”的重要表征是能够使知识保持长久，并能迁移。要做到这些，学习者首先要掌握知识之间的有机联系，将知识结构化，而不是碎片化、孤立化地保有知识。思维导图、知识图谱等认知工具帮助学习者建构完整的、联通的知识网络。越来越多的个人移动设备能够支持学习者利用思维导图等开展深度学习。近些年兴起的人工智能技术不仅能够提供更加个性化的学习体验和学习内容，还能够帮助学习者更好地监控自己的学习进度和学习效果，实现智能服务，有助于发展学习者的元认知能力，帮助学习者更好地了解自身的长处和短板，做出合适的决策。

（三）“人人互联”重塑学习组织形态

在学习时间、空间、工具、资源、技术等变量发生深刻变革的基础上，学习者与学习者、学习者与教育者、教育者与管理者之间的关系也发生了变化，人与人之间的交流变得更加紧密，人际交往活动将更加民主，更加体现合作精神，进而推动学习方式转变，学习组织形态变革。

学习组织可以分为内容组织和实施组织。首先，“人人互联”推动学习内容结构变革。现代社会科学的奠基人韦伯（Weber）将现代性演进的总体趋势概括为理性化的运动。17至18世纪，随着自然科学的发展，启蒙运动的兴起，理性主义成为最主要的社会思潮，现代教育也受到影响，在知识类型选择上日益表现出对理性进步知识的偏好。“什么样的知识最有价值?”对此，斯宾塞回答：“科学知识最有价值。”自此，教育关注的重点从“德性、精神、人格”转向了“科学、知识、技术”。这种转变推动了整个人类社会经济的迅猛发展和文明的快速进步。但在知识生产、信息传播都在呈指数级增长的今天，学生在校刚刚学会的书本知识，可能出了校门就已经过时，在这样的背景下，最应该教给学生什么？舍勒（Scheler）基于哲学人类学将知识类型分为“统治-事功型知识”“本质-教养型知识”“获救型知识”。[①]“统治-事功型知识”彰显了对科学和理

① 刘小枫.现代性与现代中国[M].上海：华东师范大学出版社，2018：53.

性的追求，这类知识可以帮助人们掌握事实知识和技能，达到功利性目的。“本质–教养型知识”和“获救型知识”主要指向人内在的丰盈，体现善的精神、人的整全性和自我实现，这类知识将在未来学习内容结构中占很大一部分比例。

2016年3月，世界经济论坛发布了一份题为《教育的新愿景：通过技术培育社会和情感学习》的研究报告，倡导把人的社会性和情感教育置于应对新工业革命的高度，包括批判性思维/问题解决、创造力、沟通能力、合作能力等四种胜任力，以及好奇心、首创精神、坚毅、适应力、领导力、社会文化意识等六种个性品质。随着人工智能与教育的深度融合，教师将进一步从机械重复的工作中解放出来，有更多时间从事创造性工作，关注每位学生的人格、情感和能力发展。

其次，“人人互联”推动实施组织变革。在物质要素变化支撑下人际关系的转变，推动打造“学习型组织”，构建协作学习社群，将在实践中形成更个性的学习方式、更灵活的师资配置、更多元的办学方式、更开放的教学管理。

一是学习方式更加满足个性化发展需要。基于先进技术手段的小班化教学，加强了师生之间的互动交流，给予学生享受个别化辅导与咨询的机会，促进个性化学习和合作学习。同时，小班化教学为学生之间的交流互动以及合作提供了更多的可能性，有利于培养学生的团队意识和人际交往能力。最后，学习方式更加突出“兴趣先导”，个性化学习、探究式学习成为最主要的学习方式，以实际问题为导向，激发学生的学习兴趣与任务选择，为学生提供相对宽松的兴趣发掘和培养空间。

二是师资配置形成了多元化格局。在课堂内，在线教师主讲、线下教师辅导的“双师制”教学模式逐渐成为学校的主要教学组织形式。在课堂外，学习者个人以售卖个人技能、个人知识、专业经验等为主的“草根课堂”等新型教育形式不断发展完善。“互联网+教育”背景下，“人人为师、人人为徒”的平等教育观念塑造了更加灵活的师资配置方案，将成为改变学习组织形态的重要驱动力。

三是办学方式多元化。一种是集团化办学，即教育集团借助互联网等手段对多所学校实行集中统一管理，名校带新校，扩大优质教育资源，提升办学效益和水平。另一种是多方联动的区域互助办学，即借助互联网平台，打通区域内各级学校间的联系，聚合成教育共同体，实现区域内的优势互补、区域间的均衡发展；此外，互联网高效连接的特征，进一步促进国内教育机构的国际交流合作，加快我国国际化合作办学的进程。

四是教育管理模式将打破传统，实现体制机制再造。"互联网+"背景下，逐渐打通基础教育与高等教育、基础教育与职业教育之间的数据通道，逐渐建立课程衔接、学分认证的教育"立交桥"。基础教育中的"走班制"、职业教育中的"产教融合"、高等教育中的"产学研一体化"等都将成为"互联网+"时代教育管理的新型范式，为学习者提供全方位、立体化的成长通道。学校管理也将实现科学高效的组织机构再造。我国罗湖未来学校建构"尊重、平等、信任"的去中心化、扁平柔性的治理体系，组织架构为"一校一院、两中心、三团队"。其中，"一校一院"是指罗湖未来学校和罗湖未来教育研究院实现研教互动，探索协同创新的未来教育机制；"两中心"是指建立综合服务中心和教与学服务中心，以服务为驱动，让每一位教职员工都能担当责任、实现人生价值；"三团队"是指实施团队负责制，没有严格的年级和班级，团队下设若干主题团队，开展混龄或个性化教学育人活动。每个团队既独立又协同，各具特色，形成自主生态系统。

第二节　"面向人人"的未来制度环境

《中国教育现代化2035》提出了推进教育现代化的八大基本理念：更加注重以德为先，更加注重全面发展，更加注重面向人人，更加注重终身学习，更加注重因材施教，更加注重知行合一，更加注重融合发展，更加注重共建共享。全球范围内，教育的普及性和均等性日益受到关注，教育被视为一种公共资源，是社会进步的重要驱动力，是促进社会公平公正的关键因素。为每个学生提供平等的机会，是促进社会公平和人力资源有效利用的重要途径。学校的制度环境是学校内部的整套规章和制度，涵盖学校各个方面的管理和运营，是教育标准、教育政策和教育资源分配的集中体现，用以规范学校的日常运作，促进学校教育质量的稳步提高。学校的制度环境对学生的发展具有深远的影响，学校的规章制度、教学方法、管理方式在很大程度上决定着学生拥有的教育机会。理想的学校制度不仅是教育资源分配的工具，还是建立在公平、效率与可持续性的基础上，促进教育资源均衡分配的关键。随着科技发展日新月异，教育科技的不断发展为学校提供了更多资源均等的条件。在线学习、智能教育工具和个性化学习平台可以赋予学生更多自主学习的机会，学生可以根据自己的学习需求和兴趣进行学习，不再受制于传统的教育结构。长远来看，未来学校的制度设计和组织结构应使每个人都获得均等的教育机会，激发每个学生的发展潜力，促进每个学生的创新精神和实践能力的提升，赋予学生更多的自主权和选择权，在更加开放、多元、包容的学习环境，更加灵活的制度和组织结构中获得批判性思维、问题解决能力与社会交往能力，以适应不断变化的社会，成长为具备综合素养的未来公民。

一、民主平等的制度设计

变革、创新未来学习环境的制度设计是重构未来学习的关键。未来学习环境的制度通常会受到内部和外部多重因素的影响和制约，包括学习组织的发展战略、组织构想、权力分配、发展过程、性质与归属、规模大小等内部要素，以及政治、经济、文化、信息技术、资源、教育政策等外部因素。

学习环境的制度设计就是将不同的组织要素按一定的结构关系体系化，使每一个组织要素都在整个组织体系中承担一定职责并发挥一定功能。制度规定了学习环境中各种政策、程序和规范，组织结构则决定了内部的职责分工、权力关系和管理层次。制度提供了运作的指导原则，组织结构则确保这些原则得以贯彻。制度设计受到内外部因素的影响，组织结构会有不同的表现方式和表现形式。对内部要素而言，第一，要明晰未来学习环境内部组织结构中各职位的数量，是否需要根据内外部影响因素的变化而增加或减少；第二，要厘清未来学习环境内部各职位的类型、级别、任务与职责等相关规范，是否会受内外部因素影响而变化；第三，把握学习环境内部各职位的排列组合方式，探寻适合的组织结构形式，如扁平化的矩阵式、团队式、网络式和虚拟式等结构形式。

优化外部要素，则要厘清外部组织结构的各组成要素、各要素的主要职能以及各要素之间的互动关系。第一，要明晰学习环境外部组织结构的各组成要素，即与外部哪些机构需要进行跨组织的合作和管理，不同组织机构需要构建的共同目标是什么；第二，要厘清构成外部组织结构的网络节点，即与其他组织合作的切入点；第三，要探索不同实体机构之间的连接方式，即通过什么方式进行合作；第四，要明确外部组织结构的运行机制，即保证与其他组织机构顺畅沟通、合作的机制；第五，要建立包括合作各方必须共同遵守的规则和约定在内的合作协议等。

学习环境的组织结构是由不同要素构成的有机整体，要素是构成组织结构的基本元素和基本单位。未来学习环境将是多元化的有机整体，由多个要素相互交织而成，这些要素是构成其组织结构的基本单位。技术将是未来学习环境中的关键要素之一。数字化、虚拟现实、人工智能等技术将深刻改变学习方式，个性化学习平台、实时反馈系统和全球在线协作工具，将成为学习环境的基础单位。无论是跨领域的教育资源、多元化的课程内容还是丰富的学习资料，都将为学习者提供更广阔的视野和更多的选择。学生将更多地参与决策学习路径和方式，学习将更注重培养自主学习能力和批判性思维，教育将更加贴近学生的需求和兴趣。学习者将通过社交媒体、在线平台等与他人交流合作，分享知识和经验，促进共同学习和协作。这些要素相互作用、相互影响，共同构成了未来学习环境的有机整体，这种整体性的组织结构将更好地满足个体学习需求，推动教育的进步和发展。

随着无边界组织、学习型组织、网络型组织等新型组织管理学理论的出现，在组织外部文化、环境与技术的变革、适应与发展需求等内外部因素的驱动下，未来学习环境需要充分整合内部组织结构和外部组织结构，生成开放、民主、创新的新型网络式组织结构形态。当前，学习环境的组织结构形式基本采用韦伯所描述的科层结构，其基本形式表现为直线式、职能式以及直线职能式结构。但是，随着学习环境自身和外部社会环境尤其是信息技术的发展，学习环境的组织结构也在不断进化，涌现出了一些具有可变性、灵活性以及扁平化的组织结构形态，如网络化的组织结构、进化型的组织结构、平台型的网络组织结构、创新型组织结构、学习型组织结构、研究型组织结构等新型组织结构，它们共同酝酿着未来学习环境组织结构的基本形态，成为未来学校组织结构建设和发展的新路向。此外，未来学习环境的组织结构还呈现出由机械式走向有机式、直线式走向网络式、一部制走向分部制、封闭式走向开放式等发展和变革路向。

二、以人为本的制度类型

在以智能化为特征的新科技革命时代，知识生产和学习发生了转变，使教育在育人目标、课程设置、教学方式、学习方式等方面都发生了深刻变化。如何适应这些变化，如何使育人能力满足这种变化的需求，成为未来学习环境践行使命的关键问题。知识社会转型的背景下，厘清未来新型的政府、社会和学校的关系，立足权利和义务相辅相成的关系，明确不同主体在不同育人目标要求上所担负的不同的育人责任，建立协调政府行政权力、社会民主权利、学校教育权利三者关系的制度体系，对于形成互动、协调、长期、可持续发展的良性系统至关重要。知识经济社会的发展需求和人们对美好幸福生活的追求，呼唤着未来学习环境建立与学习型社会相适应的教育新体制，这一新体制的建立与完善，以适应未来社会对人的发展要求为出发点，着眼于人的全面发展的需要，体现以人为本的思想，为人的终身可持续发展奠定基础。

（一）知识管理制度

知识管理制度对未来学习有着重要的意义。它可以帮助个人和组织更有效地收集、组织、存储和分享知识。在知识经济时代，依据知识活动的步骤可以将知识管理维度划分为知识获取、知识整合、知识创造三个活动。根据不同知识管理活动的内在关系与特征，知识获取包括知识的识别、收集等活动，知识整合包括转移、扩散、共享、融合等活动，知识创造包括创新、开发等活动。知识管理制度为学习者提供了便捷的知识获取和分享平台，能够通过个性化学习路径提高学习的效率和质量，有利于推动组织内部的学习和创新。随着信息量的激增，获取和筛选知识变得至关重要。合理的知识管理制度能够整合各种学习资源，提供广泛的学习选择，鼓励知识分享和交流，促进不同个体间的互动与学习；借助数据分析和个人学习记录，为学习者量身定制学习计划，满足个体的需求和兴趣；为团队成员提供共享知识库，为学习组织的发展和创新提供强大的动力。

当今社会，知识获取的渠道越来越多元，越来越便捷。信息技术的发展也为知识的学习创造了更多可能，使得学习空间和学习方式（手段）发生了巨大变革。在这样的背景下，知识管理制度为未来学习注入了新的活力与可能性。知识管理制度的优化能够提升知识的获取和传播效率，使得知识可以更快速地被整合、存储和传播，意味着学习者能够更快速、更准确地获取所需的信息，避免信息的重复和浪费。良好的知识管理制度能够使不同平台和渠道的知识无缝接轨、融合，使得学习者可以在不同的环境中连贯地获取知识，提高学习活动的一致性和完整性。最重要的是，知识管理制度能够激励团队协作和共享，推动整个组织的学习文化建设，为创造力的发展提供更加广阔的空间。在飞速发展的未来，这种制度将继续扮演重要角色，帮助个人和组织适应挑战、实现成长，并在不断变化的环境中蓬勃发展。

（二）学生指导制度

未来社会的知识生产呈现出主体多元、过程缩短、内容庞杂等特征，学生的学习也将面临着知识类型多元化、知识获取渠道多元化等选择。随着科技的发展，互联网对传统教学模式发起了挑战，将知识视为事实和程序的传统教学模式显然已经不能适应未来学校的发展，深度学习成为未来学习的主要特征和未来学校教学模式改革的重点关切。深度学习不仅重视对知识的认识，还强调知识的连接性，它的任务是整合知识，学习的方法是学习共同体的形成以及数字化技术的运用，学生在课堂中占据了主要地位。

在未来课堂上，学习是以共同体的形式，以探究、互助、分享等方式来进行的，学习内容是跨学科式的整合知识，学习方法是以项目为主的。由于碎片化知识随处可见，而对知识（信息）的加工连接却并不常见。因此，教师的角色将发生重要变化，成为学生学习的辅助角色。教师的作用不是传递信息，而是把碎片化信息整合，教师的任务就是尽量利用信息技术把碎片化知识进行有效整合，让学生通过项目、活动等方式获得整体性知识的学习。因此，建立旨在关注学生兴趣，重视对学生决策能力培养的学生指导制度体系尤为必要。未来的学生指导制度将呈现出更加个性化、全面化和技术化的趋势，强调学生的个性发展和综合素养。指导者需要深入了解学生的兴趣、学习风格和需求，为每位学生量身定制学习路径，以培养更具创新力、适应力和全球竞争力的新一代人才。

在未来社会，知识从生产到内容将呈现多元形式，学生学习亦面临多元化选择。知识学习、能力养成和情感态度价值观的培养是课程实践的重点，也是衡量教育目的实现程度的重要指标。如何选择有效的知识进行有效的学习，从而提高学习质量将是未来学习面临的重要问题。立足于全面发展的"育人"核心价值理念，围绕"教"与"学"的核心主线，遵循教育规律、人的发展规律和经济社会发展规律，探究以师生互动为基础的政府、社会和学校之间的高质量互动框架，构建融合学习时间、学习空间、学习过程、学习评估等保障人工智能条件下学生指导制度，以指导、帮助学生以正确的学习方式进行学习，进而学会反思、学会选择、学会规划，实现对学生的全面指导与服务，有助于学生正确认识自我，有效地控制自我，平衡学习与人生的关系，在理想信念、价值取向、知识学习、意志品质、思维能力、创新精神、社会实践、使命担当等方面实现协调发展。

（三）教师发展制度

教师作为教育活动的主要参与人员，教师队伍的规范对教育活动有很大的影响。教师专业发展是规范教师这一职业的最好方法，建立科学、有效的教师发展制度是这一方法得以运用的重要保障。作为未来学习环境制度建设中的重要环节，可持续的教师专业发展制度对教师专业的认知重构、教师专业意识的不断提升、教师专业发展的动力持续等具有重要意义，不仅有益于教师自身发展，还可以有效地推动未来学习环境的制度建设。

随着人工智能技术的发展，未来的教育也会进入"人机共教"的新时代，这对教师是一个巨大的挑战。对教师职业而言，未来教师会有多种职业形态，是自由学习的指导者、陪伴者。教育领域的变革和教学方式的多样化将为教师提供更多发展机会，让他们能够在不同领域和形式中展现专业能力和创新潜力。对教师个体的专业成长来讲，教师要获得可持续的专业发展，需要具备学科知识与教学实践知识等专业知识、学习能力与教学研究能力等专业技能、人格素养与职业道德等专业素养来贯彻国家的意志和教育方针，完成国家规定的教育目标和基本内容，同时还必须学会利用各种数据处理的方法与技术来分析教育教学中的各种案例与问题，掌握人工智能不具备的技能。

未来教师发展制度的构建应当着眼于培养具备终身学习能力和跨领域合作精神的教育者，以适应快速变化的教育需求和社会发展。赋予教师制订个性化发展路径的能力，根据教师的专业目标和需求提供多样化的培训、导师指导、实践机会。将技术整合和数字化学习贯穿于未来教师发展的各个层面，以使其适应日益数字化的教育环境。建立教师社群和协作平台，激发教师的创新思维，为他们提供持续学习的机会。教师发展制度的构建是一个持续性的过程，要注重教师职业生涯各个阶段的发展需求，提供不断更新的资源和支持，建立有效的反馈和评估机制。未来教师发展制度的建立需要跨学科的思维和全面的支持，需注重培养具备批判性思维、创新能力和多元文化视野的教育者，以应对未来教育的挑战，引领教育的变革与创新。

（四）课程制度

课程制度是确保学校课程开发与课程实施，课程管理与课程评价有效性的一系列规程和行为准则，是学校实现课程自主更新的机制。课程制度往往涉及学校的课程价值，学校与国家课程，地方课程和学校课程的关系，教师与课程以及学生与课程的关系，是对学校进行课程选择、课程决策、课程开发与课程实施的价值规范和行为规范。课程制度能够为学校课程开发和课程实施行为提供价值规范与目标导引，为学校课程行为提供价值合理性、程序合理性、技术合理性的基础和依据。

传统学校教育基于适应升学考试的系统知识传授的需要，具有统一的课程设置、统一的教材，呈现出鲜明的同质化特征，采用的主要是以学科为单位的编制方式，突出强调学科逻辑，重视学科知识的系统传承。进入21世纪以来，西方发达国家的课程教学改革越来越多地强调以主题（课题）为单位来组织课程和教学，体现了未来学习环境“去学科化”的导向。“去学科化”并不意味着对学科课程的否定，而是在课程组织实施逻辑方面，将越来越多地采用主题

(课题)逻辑,在整个课程组织中会逐步提高主题(课题)式课程的比例。

课程制度建设是学校课程发展与课程实践的基本任务。学校课程制度创新的目的在于实现课程改革顶层设计的基本意图,细化课程标准,建立丰富多彩的课程形态。它要求改革主体运用制度理性对课程改革制度建设的现状进行把握,与课程改革的现实需要和未来学校对课程的需求进行比对,反思制度还不够完善之处,进而采用制度创新手段进行制度变革。未来学校课程的"去学科化"改革,将呈现出以下三个趋势:一是主题化,即以学科知识主题为单元组织实施课程教学活动;二是跨学科化,即课程内容打破学科界限,强调跨学科教学;三是生活化,即打破知识教学与生活相脱节的局面,回到具体的生活情境中组织课程教学活动。科学的课程制度能够协调各主体间的利益关系,保证课程决策、课程实施、课程评价等各部分良性运行。随着多样化人才培养诉求的增强,特色化发展成为基础教育学校重要的发展趋势。围绕办学理念进行的课程、教学、师资、制度、管理、校本教研等的整体改革,也成为了学校特色办学的基本途径。制度创新是学校特色发展重要的推动力量。它以持续性的发展序列对学校现有制度体系进行必要的调整、补充或完善,进而在动态中实现制度最优的过程。

课程建设通常存在三种制度路向:以"政策"为指引的制度建设、以校长管理理念为指引的制度建设、以学校发展需求为指引的制度建设。不同路向之下,制度创新有相对不同的要求和体现。确立学校品牌或成为品牌学校是学校实现高水平特色发展的标志。从目前学校制度建设存在的问题看,要实现由"特色"到"品牌"的发展,学校便需要在制度建设思路、制度内容、制度实施机制与学校管理机制方面作针对性的调整与提升。

国家政策作为指导和引领,对学校课程制度建设起到了重要的作用。以"政策"为指引的制度建设需要深入研究政策的相关要求和目标,分析政策的实施效果,并及时调整自己的制度。根据政策的要求,制订可行的制度建设计划,并根据实际情况逐步实施,同时逐步完善。组织一支专业的团队,包括专家、管理人员、教师和学生等,共同参与制度建设的各个环节。通过各种渠道和方式加强宣传和教育,让教师、学生和家长等各方面了解并支持相关制度。不断听取反馈和建议,及时纠正不足,改进和完善制度。

校长作为学校管理的重要领导者，其管理理念对学校课程制度建设具有重要影响。以校长管理理念为指引的制度建设，要坚持科学管理，以数据为基础，通过对学校各项工作的量化、分析和比较，制订科学的管理计划和措施，确保学校的各项工作能够达到既定目标。

实行民主管理，以广泛听取教师和家长的意见和建议为前提，建立健全学校教育决策机制，注重团队协作，提高学校管理的民主性和透明度。推行法治管理，坚持依法办学，遵守教育法律法规，制订和完善学校各项制度和规章制度，建立健全学校法律顾问制度，确保学校管理的合法性和规范性。以人为本，注重学生的全面发展，关心教师的职业发展和个人成长，建立健全教师培训和评价机制，激励教师的积极性和创造性，提高学校的教育质量和管理水平。

以学校发展需求为指引的课程制度建设应该根据学校的实际情况和需求，结合学校的使命、愿景、价值观等核心文化要素，制定合适的制度和政策。这种建设方式的重点在于充分尊重学校的个性化特点和发展需求，为学校提供灵活、可持续的制度框架和政策指导。为此要分析学校现状和发展需求，了解学校的发展阶段、管理体系、师资队伍、教育资源等现状情况，识别学校发展需求，明确制度建设的目标和方向。根据学校的发展需求，制定制度建设的规划，明确制度建设的目标、内容、时间进度和责任分工等方面的具体细节，确保制度的可操作性、可实施性和可持续性。监测和评估制度效果。对实施后的制度和政策效果进行监测和评估，及时发现问题，进行调整和改进。

三、去中心化的制度进化

随着经济与科技的发展，当今时代教育和学习方式也在发生变化，学习不只是发生在学校教室中的活动，而是要打破学校与外部组织机构的边界，通过跨组织合作、跨边界资源整合以及合作创新来适应外部环境和实现教育目标，形成新型的、开放的、网络化的组织结构，从而拓展教育资源，提高教育质量，帮助学生更好地适应未来世界。建立去中心化的学习制度是为了在学习过程中实现更大的灵活性，促进创新和共享，增强适应能力，激发成员更积极地参与学习和组织建设，建立更开放的学习环境，鼓励创新和主动性，促进合作与共享，从而提高组织的适应能力。第一步，愿景重建，构建“去中心化”的未来愿景。思考去中心化对学习组织的影响，例如组织文化的转变、成员的角色变化、领导方式的改变以及组织在快速变化环境中的应对能力等。明确通过去中心化实现的目标和期望效果，例如更快速的决策、更高效的创新、更开放的信息流动、更高的成员参与度、更强的适应能力等。第二步，文化重塑，重塑组织的管理文化。审视当前的组织结构和决策模式，了解其中的问题和挑战。可能包括决策缓慢、创新受限、信息不畅、成员参与度低等方面的挑战，转变封闭、僵硬、官僚的组织文化，形成团队合作、自主管理、终身学习、信息共享等价值观。第三步，结构重整，重建组织的制度环境。建立扁平高效的组织，注重成员间信息通畅、便于沟通，各单位职责清晰，内外部合作顺畅。注重平等和自主，鼓励教师和学生参与决策和规划，创造共同协作的文化。发展为学习型组织，不断反思和改进自己的实践，持续学习和适应变化。利用技术和数字化工具，提高效率和效益，为师生提供更好的教育和支持。鼓励跨学科和跨界合作，以推动创新和解决复杂的问题。具备组织灵活性，以适应快速变化的技术和社会环境，随时做出调整和改变。

未来学习环境需要结构扁平化、层级精简化、运作网络化、决策民主化的学习型/创新型内部组织结构形态。为实现这一目标，需要打破组织内部的层级和壁垒，再进行内部职能变革和机构重组，加强组织内部协调，实现决策、执行和监督三个职能相对独立。内部组织结构模型的重构主要包括两个方面：一方面是通过职能部门以及职位等的改革、重组与创新，采用扁平化的组织架构打破组织的水平边界，使其更具灵活性、渗透性和创造性；另一方面是通过层级的简化，打破组织的垂直边界，使不同层级之间的信息交流和沟通更加顺畅，权力分配更加民主化，增强组织的自治度和积极性。体现出对“人”的关注和关怀，对人的主动性、创造性的尊重和追求，为学生创设多元融合的育人空间。

在学习环境的未来变革中，不仅要关注学习组织内部纵向结构的建构，还要关注学习组织内部横向（平面）结构的建构。逐渐打破封闭的发展理念，加强与外部社会的联系和合作，善于利用一切有利的社会资源。从学校与外部其他组织机构的关系来看，它们在合作中将形成一种协作治理的组织结构模式。在与政府部门、科研机构、大学院校、场馆机构等组织机构开展跨界合作的过程中，学校（或学校之间）逐渐形成了由外部相关利益组织机构参与的协同治理模式，不仅增强了外部组织机构在学校决策和执行中的参与度，也形成了各方机构共同参与的学校治理结构，促使学校从封闭走向开放，与社会中的其他机构形成了良性互动。从学校与其他学校之间的组织关系来看，它们在形成一种学校—区域集团—全国联盟的组织结构。受开放办学与集团办学等理念的影响，未来的学校在发展和运作过程中，将密切与其他学校组织的关系，形成学校集团、联盟之间的跨校合作和资源共享，使学校的组织结构逐渐由单一的学校组织向学校集团至学校联盟发展，形成集团化、联盟化的组织结构。学校管理者，也包括所有教职工，需要系统地回答和完整地阐述这样一个问题系统，即办怎样的学校，实施怎样的管理，培养怎样的人，提供怎样的课程，开展怎样的教学，需要怎样的老师，实现怎样的发展等。它是对学校所有利益相关方，包括上级行政、兄弟学校、共建单位、家长、学生等的关切的回应，也是建立现代学校制度，实施依法治校，实现内控式、内涵式发展的重要保证和前提条件。

建设“去中心化”的学习制度涉及组织结构、文化、战略和管理方式等方面的变化，需要全员参与和长期的努力，其关键在于创造包容开放、鼓励合作和共享的文化，提供支持和资源，让成员逐步适应新的制度并参与到其中来，这个过程通常是由内部和外部的因素共同驱动的，去中心化的制度能够为学习组织创造更加具有创新活力的环境，激发更多成员的参与性和自主性，提高组织的适应性和管理效率，带来更多发展机遇和竞争优势。同时为学习者提供更多的参与机会、自主学习空间和多样化的学习体验，培养他们更全面的能力和素质，有助于他们更好地适应未来的挑战和变化。

第三节 “人人乐学”的未来精神环境

基于精神环境的“隐性”特征，我们认为未来学习环境中的精神环境是指能够对个体学习的心理和行为产生潜移默化影响，促进个体自主学习的支持性条件的总和。未来学习的精神环境由理想信念、家国情怀、创新精神、审美素养构成，四种要素之间相互联系，彼此渗透交融，共同作用于个体。置身于精神环境的个体，在潜移默化中受到精神环境的影响，改变着自身的发展轨迹，同时个体也在重塑精神环境。在“人人乐学”的精神环境中，个体的情感受到陶冶、熏染，意志得到锻炼，有助于其进行知识生产创造以及行为的塑造。未来精神环境不仅能够促进个体人格健康成长，还能赋能学科教学，加速核心素养的落地，从而构筑和谐文明的社会。未来学习将会是自我驱动的学习、主动的学习，未来社会将积极落实教育强国战略，将建设学习型社会作为落实教育强国战略的重要举措。调动一切可利用的学习资源，培养知识生产者和创造者，促成人人乐学的社会风尚，构建起人人皆学、处处能学、时时可学的终身学习服务体系。①

一、指向乐学的精神构成要素

（一）坚定理想信念

“理想信念”涉及“理想”与“信念”两个上位概念，正确理解理想信念的内涵，并不是将两种概念简单叠加，而是要结合不同时期的时代背景。理想信念在不同的历史时期的内涵侧重不同，“理想”和“信念”两个概念相互融合形成了“理想信念”这一核心概念。理想信念是一种特殊的精神形态，对个体的行为表现和价值观形成具有制约作用，影响着个体的心灵世界，是个体的世界观、人生观和价值观的体现。同时，理想信念作为“人人乐学”的未来精神环境的有机构成和重要元素，能够指引个体积极自主的学习的发生，并且也起到一定的动机激励作用。习近平总书记曾指出，“新时代的中国青年，更加自信自强、富于思辨精神，同时也面临各种社会思潮的现实影响，不可避免会在理想和现实、主义和问题、利己和利他、小我和大我、民族和世界等方面遇到思想困

① 教育部关于印发《学习型社会建设重点任务》的通知[EB/OL].(2023-09-28)[2023-10-27]. http://www.moe.gov.cn/srcsite/A07/zcs_cxsh/202309/t20230914_1080240.html.

惑,更加需要深入细致的教育和引导”①。因此,未来学习环境应在习近平新时代中国特色社会主义思想的引领下,将理想信念培育作为未来精神环境建设的重要一环,从而使得青年能够在良好的精神环境下坚定理想信念,疏解思想困惑,形成独立自主的人格,为实现主动学习和个性化学习奠定基础。

个体的理想信念能够促进其自我驱动的学习行为的发生,这不仅体现在正式学习中,随着非正式学习理念的兴起,场馆学习凭借真实的学习情境、丰富的学习资源、互动的学习方式和自由的学习氛围受到教育界的重视,同时场馆空间也成为培养个体理想信念的重要场所之一。例如,在重庆红岩革命历史博物馆中,学生们通过聆听红岩党史故事、参观真实藏品、与讲解员讨论互动,可以更加深入地了解中国共产党历史,了解革命先辈们的不易,产生情感层面的共鸣,从而增强自身对国家和民族的热爱,更加坚定地拥护中国共产党,坚定对马克思主义的信仰。个体通过红色场馆学习,受到认知和情感层面的刺激,形成坚定的理想信念与爱国情怀,在日常学习中逐渐转化为自我驱动学习的动力,将对祖国的热爱和对先辈们的怀念转化为“吾辈须自强”的责任感和使命感,从而驱动个体不断汲取能量,不断进步。由此可见,理想信念作为未来精神环境的构成要素之一,能够助推自我驱动学习的发生。

(二)厚植家国情怀

在我国古代的传统社会中,家国情怀主要表现为“家国同构”“忠孝一体”,是“修身、齐家、治国、平天下”一系列递进式的实践方式;在近代救亡图存的时代主题下,家国情怀突出地表现为一种爱国主义,大家为了国家的强大和民族的振兴而不懈努力;在当下民族复兴背景下,家国情怀的主要内容是社会主义核心价值体系,我们需要担当起民族复兴、国家富强、人民幸福的责任,为实现中国梦,构建“人类命运共同体”而努力。②一般来说,家国情怀指的是一个人对自己国家持有的高度认同感和归属感、责任感和使命感,是为实现国家富

① 习近平.在庆祝中国共产主义青年团成立100周年大会上的讲话(2022年5月10日)[N].人民日报,2022-05-11(2).

② 董超.如何就场馆学习培养学生的家国情怀:以五下语文“大单元教学”的研究为例[J].教育进展,2022,12(11):4250.

强、人民幸福所展现出来的持久的理想追求，是对自己国家和民族，乃至整个人类前途和命运所表现出来的深情大爱。[①]

《义务教育道德与法治课程标准（2022年版）》对核心素养内涵中的“家国情怀”做出解释为“对家庭有深厚的情感，热爱家乡，热爱伟大祖国，热爱中华民族，自觉铸牢中华民族共同体意识，有以实现中华民族伟大复兴为己任的使命感”[②]，同时强调了要培养学生的政治认同，帮助学生形成正确的世界观、人生观和价值观，关心时事，热爱和平，培养学生初具国际视野和人类命运共同体意识。这里的家国情怀不是狭隘的民族主义，也不是排他的爱国主义，而是将个人发展与国家命运相联系的担当，是世界大同、天下为公的博大胸怀，是兼顾民族、国家和全人类的情怀。构建人类命运共同体的理念源于中华民族优秀传统文化基因，体现着中华民族“和衷共济、和合共生”的高远理想。

家国情怀的重要性不仅在课程标准改革中有体现，同时家国情怀的培养也成为场馆教育中的重要目标之一。近年来，基于馆校合作的非正式学习逐渐受到国家重视，我国政府陆续发布相关政策文件，倡导开展场馆学习。未来学习场所突破传统教室的限制，将课堂中的正式学习拓展到学校教室之外的各种非正式学习场所，例如各种场馆、自然景观、历史遗迹等。场馆空间蕴藏着个体涵养家国情怀的宝贵资源，场馆空间中的馆藏文物是物化的历史，是不同时代的历史信息与文化的载体，凝结着人们的时代记忆。个体通过实物学习，更容易建构起对实物背后信息的深入认识与理解，通过与场馆环境、场馆中的他人、场馆展品互动，有助于在体验中获得经验、建构知识。学生在革命英雄纪念馆中，通过听讲解员讲述革命英雄事迹，参观革命中遗留下的珍贵藏品，参与缅怀革命英雄的仪式，抒发自己对革命英雄的敬意与怀念。外界环境的改变使得学习更加倾向于经验的自主生成而不是被动灌输，学生置身于与所学内容密切相关的真实情境中，了解真实的历史，见证历史遗迹，通过与场景互动引发自己的思考，阐发自己的独特感受，在肃穆气氛的烘托中自然而然地对革命烈士生发深深的崇敬与缅怀，从而达到培养家国情怀、厚植爱国

① 徐蓝.关于历史学科核心素养的几个问题[J].课程·教材·教法，2017，37(10)：33.

② 中华人民共和国教育部.义务教育道德与法治课程标准(2022年版)[M].北京：北京师范大学出版社，2022：6.

热情的目标。

新时代的青年处于中华民族发展的关键时期，应当涵养深厚的家国情怀。家国情怀使得青年将国家发展与个人命运相联系，为完成好历史、国家、民族赋予青年的光荣使命，青年须将小我融入历史坐标之中，将家国情怀内化为人生的支点，树立远大理想，做好长期和短期计划，跳出被动学习的惰性思维，做理性思考的主动学习者。

（三）培养创新精神

创新和创造性的劳动是人类生存发展的必要条件，而且人类发展史上的进步与突破都离不开创新精神和创新能力。例如，人类在早期与其他动物无异，直到发挥自身的创造力，发明了劳动工具和语言文字，提高生产效率的时候，实现了与外界的沟通交流，脱离了闭塞蒙昧的状态，从而成为高度智慧的现代人。[①]如今，培养人面向未来的核心素养成为各国教育的共同愿景，"21世纪核心素养5C模型"反映了未来人才培养标准的发展走向，其中，"Creativity"作为21世纪人才培养的要求之一，受到教育界的重视。对于创新精神的理解，有学者将创新精神视为一种综合性的概念，包括实现创新活动的一切素质；也有学者则将创新精神看作是一种个体在进行创造活动时体现出来的意志力量。作为未来精神环境的有机构成要素，创新精神是指为实现人类进步而创造出具有价值的、前所未有的物质产品和精神产品，个体在进行创造性劳动过程中所具备的强大的意志力量。创新精神是指一个人从事创新活动 、产生创新成果 、成为创新的人而所具备的综合素质。[②]近年来，全球范围内的高校也相继意识到培养学生创新意识、创新思维和创造能力的重要性，纷纷开展起创客教育，掀起了培养创新型人才的热潮。创客教育是实现创新能力提升和创新人才培养的有效途径，并且创客教育的目标与我国所倡导的培养学生核心素养的育人目标不谋而合，并且在相关实证研究中已经得到验证。[③]

创客空间是开展创客教育的重要场域。在创客空间中，学生的学习不仅

---

① 何克抗．论创客教育与创新教育［J］．教育研究，2016(4)：16.

② 秦虹，张武升．创新精神的本质特点与结构构成［J］．教育科学，2006，22(2)：7.

③ 王牧华，商润泽．创客教育促进初中生核心素养形成路径的实证研究［J］．中国电化教育，2019(5)：93.

有融合科学技术的物质环境的支持，而且创客空间推崇批判创新、开放共享的创客精神与知行合一、自由创造的创客理念，学生在问题探究、完成特定创造活动中，能够提高自主学习能力、合作学习能力和探究学习能力，传统课堂空间中的被动学习的弊端能够在创客空间中得到规避，经验与知识的获得不再是单向的传递，学生不再是“教师的知识”的复制者，而是被赋予一定的自主权，成为了知识生产和创造的主体。[①]这种批判创新、开放共享的创新精神与知行合一、自由创造的创客理念，与未来精神环境中乐学精神的培养密切相关，学习者具备了创新精神和知识创造的能力，问题意识增强，自主学习能力提高，人人都能在日常生活中发现问题，并具备探究、解决问题的能力，人人乐学的社会风尚便不再是空谈。

（四）提升审美素养

审美素养是个体在审美经验基础上积累起来的审美素质涵养，主要由审美知识、审美能力和审美意识三种要素组成，其中审美知识是审美素养的基础，审美能力是审美素养的核心，审美意识是审美素养的灵魂。审美知识是指个体从事审美活动时所必需的美学知识和艺术知识，审美能力是指个体在进行审美活动时必备的心理特征，审美意识是一种审美的价值观念形态，在审美过程中发挥着意义规范和价值评判的重要作用。[②]未来学习的精神环境的创设更加聚焦核心素养的培育，其中与审美素养相关的包括审美感知、艺术表现、创意实践、文化理解等。我国对个体审美素养的培养要求主要通过义务教育课程标准呈现，尤其是体现在义务教育艺术课程标准中。义务教育艺术课程是“对学生进行审美教育、情操教育、心灵教育，培养想象力和创新思维等的重要课程，具有审美性、情感性、实践性、创造性、人文性等特点”。义务教育艺术课程“坚持以美育人、以美化人、以美润心、以美培元，引领学生……逐步提高感受美、欣赏美、表现美、创造美的能力”。[③]

---

① 王牧华，刘恩康．基于创客空间的本科拔尖创新人才培养：为何与何为[J]．高等工程教育研究，2021(4)：191.

② 杜卫．论审美素养及其培养[J]．教育研究，2014(11)：28.

③ 中华人民共和国教育部．义务教育艺术课程标准(2022年版)[M]．北京：北京师范大学出版社，2022：1.

自然空间作为未来学习的主要场域之一,其所包含的美育价值不容忽视。自然空间包括自然界天然存在的物质实体和自然景观,是人类得以生存和发展,并与之不断互动而改变、拓展的空间。中国人素来崇尚山水情怀和山水文明,在自然之美的感召下,善于在自然万物之中找寻自然与人类之间的联系,以自然山水的特性映射个人的品格心性与社会发展的规律。山水具有宜居宜学的特质,"自然山水是人静观体道、领略'大美'的对象,人们也能在乐居山水中静心品读、游心于宇宙万物之自然"。①个体通过参加研学旅行、综合实践活动,参观自然风景名胜、自然保护区、国家地质公园等,直观感受山川的壮丽之美,内心受到自然的感召,情感得到山水之美的陶冶与滋养,对自然界自然而然地生发出强烈的好奇心,促进其对自然进一步的探索,通过观察自然实物、讨论交流、动手制作等活动,既加深个体对自然的认识,同时在感受自然之美的过程中,形成自主探索学习的习惯,也提高自己的审美素质。

二、自我驱动的精神功能定位

心理学关注个体,认为人是环境中的客体之一,受到环境的影响,同时也在改造着环境。生态学的观点则是从整体来看待个体与环境的关系,认为个体、行为和环境是一个完整的体系。总之,个体与环境之间是一种积极的相互作用的关系。未来学习的精神环境对学习者的知、情、意、行的发展功能价值,可以从以下四个方面来说明。

(一)增强知识创造能力,自主构建知识体系

语言是社会化建构的产物,社会中不同的建构者在共同参与的过程中形成了各自的意义,其中公共的、核心的部分便是公共性的意义区域,这也构成了语词的辞典意义的基础。②知识亦是如此,知识不是客观存在的,而是学习者基于自己原有的认知经验,对客观世界的假设和解说。建构主义理论认为,知识具有双重情境的特征,一是知识来源于真实世界,并指向问题的解决;二

① 林志猛.中国山水文明与精神的超越性[N].光明日报,2023-03-13(14).

② 高文,徐斌艳,吴刚.建构主义教育研究[M].北京:教育科学出版社,2008:148.

是知识需与学习者原有的知识和经验结合起来，成为其原有知能结构中强有力的部分。①有效的学习是参与学习的学习者自身有意识地建构知识的过程，其中着重强调了学习者的自主选择性和主观能动性，而润泽的精神环境对学习者构建知识具有精神引领的作用，有助于学习者更好地发挥自身的主观能动性。在这种乐学的精神环境下，知识不再是单纯客观世界的符号表征，而是学生与自然情境间指导新问题的探究和解决的理性中介，学生在基于行动的前提下更易激活默会知识，使其外显化和行动化，延长知识习得的“链条”，由离身学习转向具身学习，以解决问题为目标主动选择、创造性运用一切可利用的信息、知识、物质工具资源，实现知识的巩固、迁移、运用、创新，发展理性思维和探究精神，达到激活创造潜能的目的。同时，学生更趋向于形成坚定的理想信念、浓厚的家国情怀、勇于打破壁垒的创新精神以及良好的审美素养，从而能够规避阻碍学习的因素，例如价值观扭曲、思想桎梏、利己主义等，更加高效地将自身原有经验与外界事物相联系，建构起自身对外界事物的认识。

（二）强化情感感召，培养乐学精神

未来精神环境具有情感熏陶的功能，有助于学习者学习行为的发生。未来精神环境在情感、情绪方面对学习者的影响可以用情绪濡染机制来说明。精神环境的情感濡染机制指精神环境对学习者具有多重心理意义以及精神环境对人格形成具有重要影响。精神环境具有多重心理意义指环境具有象征意义、纪念意义、文化意义，多重的心理意义使环境可以对学习者产生复杂的精神影响。精神环境对人格的影响是指独特的社会形态和文化制度下的文化环境对人的心理素质和人格发展形成的深刻影响。

场馆学习便是精神环境发挥情感濡染的功能，对学习者的学习产生影响的典型例证。场馆学习是一种以实物为学习内容、以体验为学习方式、学习者掌握学习主动权的非正式学习。场馆学习可以为中小学生提供互动生成性的学习环境、参与实践的机会以及多样化的学习体验。②例如，学习者置身于革命烈士纪念馆中，场馆中的物理环境与社会文化环境都会对学习者具有多重

① 高文，徐斌艳，吴刚．建构主义教育研究［M］．北京：教育科学出版社，2008：150-153.

② 付积，王牧华．论中小学场馆学习的价值意蕴与实践策略［J］．课程·教材·教法，2021，41（2）：66.

心理意义。学习者通过观察展品实物,解构背后的历史故事,在与他人交流和对话中产生自己对历史人物、事件等的情绪体验和对家国的初步认识,进而形成一种浓厚的家国情怀。这种精神环境的形成,帮助学习者建构起对事物以及其背后知识与信息的认识和理解,同时也影响着学习者的人格的形成。

个体在自然空间中的学习同样体现着情感熏陶对个体学习的影响。中国古典美学的物感思想曾对个体在自然空间中内心的审美活动做出较为详细的表述,"春秋代序,阴阳惨舒,物色之动,心亦摇焉"(《文心雕龙·物色》),自然气候的变化引起自然景观的外部形态的改变,物的变化能够感发人的心灵,由此引发个体内心产生丰富的审美想象,"情以物迁,辞以情发",丰富的审美意象再经个体物化成为文本,预示着自然审美价值的落成。自然万物的形态也对应着人的情感结构,例如直硬的树枝与激情强劲的情绪、树木葱茏的春山与欢快舒展的情绪、潺潺的小溪流水与闲适愉快的情绪等,自然界的内在生命力带给自然万物外在形态美的变化,而这种形态美之变又会引发个体心理情感的波动起伏,由此达到情感兴发的作用。情感的兴发并不是自然审美价值的终点,由自然美引发的情感之变,为审美想象的物化提供了驱动力,将情感认知层面的抽象无形化为具体有形,从而影响个体文学创作的过程。由此可见,自然形式美的改变引发个体情感之变,情感的生发为个体文学创作提供了动力,写作便自然而然地成为自主输出的过程。

在未来学习中,学习者的学习应具有内发性、主动性、自我驱动性的特征,而学习场景的改变能够为学生带来不同的情感体验,这尤其体现在自然空间与场馆空间之中,个体的学习因有丰富的情感体验而不再枯燥无味,这些情感体验能够转化成学习的动力,支持着个体的主动学习。

(三)磨炼自觉意志,支持自主学习

《辞海》中提到,"意志"是指人"自觉地确定目的,并根据目的来支配、调节自己的行动,克服困难,实现预定目的的心理过程"。构成意志的因素为意志品质,包括自觉性、果断性、自制性和坚忍性。意志对于行动的调节作用包括发动和抑制两个方面。意志形成分为两个过程:内化与外显。简单来说,学习者在进行实践活动过程中,受到外界评价、道德伦理指引、价值观影响,内化成

为自身思想和精神，形成一种长期的、稳定的态度倾向，并且这种倾向在学习者的实践中外显，在行为层面体现出来。

意志并非人与生俱来，而是受到家庭、学校和社会环境的影响逐渐形成。精神环境作为人的意志形成的后天影响因素之一，对意志的形成与锻炼有着不可忽视的作用和功能。未来精神环境具有润泽、先进的特征，包括了坚定的理想信念和浓厚的家国情怀。良好的理想信念教育要求将理想信念渗透到人的意识、观念之中，培养其持之以恒的毅力和艰苦奋斗的干劲，并且要求人们要遵循社会伦理规范，并将其视作意志优化的方向标。家国情怀作为未来精神环境的内容构成之一，在中华优秀传统文化、革命文化、社会先进文化中都有体现。文化是一个国家和民族的宝贵精神财富，代表一个国家和民族的价值取向和思想风貌，而不同国家、不同民族的意志都蕴含着本国、本民族的文化特质。“路漫漫其修远兮，吾将上下而求索”，中华民族优秀传统文化便影响着一代又一代华夏儿女，形成了坚持不懈、不畏艰难的意志。

在21世纪，中华优秀传统文化、红色革命文化等成为学习者锻造品格、强化意志的宝贵学习资源，红色遗址、革命纪念馆成为学生了解真实历史、厚植爱国情怀的重要场所。在红色革命文化基地中，学习者可以参观革命遗址，更全面地了解革命先烈们不畏牺牲、捍卫祖国的历史事件，对革命先烈建立起更加深刻的认识，激发对革命先烈的崇高敬意，同时能够更加清晰地认识到革命先烈捍卫祖国依靠的是深厚的家国担当和坚定的意志，将感性层面的敬仰、崇敬之意转化为支持行动的坚强意志，催生学习的意义感和效能感。未来社会，青年人处于先进思想和多元文化交汇的最前沿，同时受到本国家国教育的影响，在日常生活中便会将精神环境中的家国文化以及其他文化内化，用以构筑其内在的思维模式、锻造自身意志，并逐渐显现在日常生活的行为举止中。因此，意志形成与锻炼离不开润泽、先进的精神环境。①

（四）加深榜样认同，规范行为举止

环境与学习者行为的关系一直是教育界研究的热点话题，例如环境决定论、环境可能论、环境忽然率论等理论都表明了环境与学习者行为存在某种关

① 常睿.新时代大学生意志品质培育研究[D].长春：东北师范大学，2021：3.

系。环境决定论以达尔文的进化论为基础，认为环境对学习者行为具有决定性作用，肯定了环境的至高地位，带有机械唯物主义的倾向。环境可能论则将环境视为一种介质，强调了学习者自身的主观能动性和选择，是一种唯意志的观点。环境忽然率论对环境与学习者关系的问题做出了更加“温和”的解释，该理论认为环境与学习者行为之间存在某种“规律”。①

针对环境与学习者的关系，班杜拉批判了环境决定论，并提出了交互决定论。班杜拉认为学习者、环境、行为三种决定因素在连续地进行相互作用，三者之间并不是彼此割裂或对立的关系，并且进一步提出了“观察学习理论”。班杜拉的观察学习理论认为，学习者观察学习的对象即榜样，其中榜样并不仅仅是正向的激励型榜样，还可以是作为“反面教材”的训诫型榜样。观察学习是指学习者需要从大量的榜样范例中筛选出要进行观察学习的对象，通过观察榜样的行为及其行为结果，获得新行为如何操作的信息，并将此信息作为未来行为的向导。学习者处于社会环境之中，周遭存在的异质性他者不可避免地会进入学习者的视野，并可能成为学习者筛选出的榜样。榜样作为一种传递价值、态度以及思想行为模式的重要媒介，是学习者精神环境的重要组成部分。在学校教育中，同辈群体有较大可能成为学生的榜样，由同伴群体构成的精神环境是学校教育活动中非常重要的潜在课程或隐性课程，包括同辈文化、学校气氛与文化、教师的期望等。学生在学校或班级的“生活世界”中，不断观察榜样的行为活动，提取榜样行为的符号表征，并且不断与教师或同辈集体产生存在经验的“对话”，而使其在教育环境中主动产生意义与价值的解析，进而对其自身行为的塑造产生一定的价值导向。

榜样作为生动形象的价值符号，其人物形象、先进事迹和高尚的精神，可以承载并传递社会主义核心价值观，使其具象化。未来学习者不仅要乐学知识，更要乐学榜样，善于汲取榜样的力量。当前，红色研学旅行、寒暑期军事训练营受到学生和家长的欢迎，在课余参加红色研学等活动成为家长和学校培养学生正确的价值观，促进学生全面发展的优先选择。在红色研学活动中，学生们集体去往红色文化基地，了解革命先烈事迹，学习革命先烈精神，向榜样

① 李道增.环境行为学概论[M].北京：清华大学出版社，1999：14-15.

人物看齐。相较于观看视频、上课讲解等一般形式，通过相关老师和当地专业人员讲解，学生能够对历史榜样人物形成更加全面、正确的认识，并且学生可以参加红色基地、革命文化场馆等举办的相关仪式、活动，如为革命先烈献花祭奠、集体合唱红歌、讲述身边红色故事等，通过一系列的活动体验，学生能够形成更真切的体验，加深对革命先烈的敬意，有助于学生形成正确的认识观和价值观，将榜样精神内化于心，将榜样行为外显于身。

三、全面赋能的精神价值位面

（一）重塑学生个性，助力人格成长

近年来，对学习环境的研究发生了从“以教师为中心”到“以学习者为中心”的转变，学习环境的设计已经突破了传统的基于教师立场的教学环境的创设，更加突显学习者的中心地位，目的在于设计一种有利于学习者激发学习兴趣、发生学习行为，并主动进行学习反思和知识建构的学习环境。[①]

学习环境研究中心的转变说明未来教育更加关注学习者以及学习者的学习的发生。一方面，未来精神环境的创设符合学习者的身心发展规律，使得深度学习成为可能。学习者是学习发生的主体，学习者的身心发展具有顺序性、阶段性、不平衡性和个别差异性的特点，并且处于不同发展阶段的学习者的认知水平有所不同。因此，未来学习环境中精神环境的创设始终以学习者为中心，能够充分地考虑到学习者的身心发展规律，尊重学生的知识创造者和建构者身份，为学习者提供主动建构知识的机会，激发他们学习知识、主动创造的热情，从而促进学习者深度学习的发生。

另一方面，崇尚“乐学”的未来精神环境能够滋养学习者的学习热情，增强建构知识的主动性，培养学习者乐学善思的思维模式，在潜移默化中影响学习者个性的塑造，学习者的人格日趋完善。在我国的教育中，自孔子便提倡“好之”“乐之”的乐学思想，“乐学善思”也成为了中华民族一脉相传的宝贵精神财富。西方教育中也存在着相似的乐学思想，斯宾塞提出“兴趣是求知和学习最

① 王牧华，普煜，宋莉．当代学习环境研究：进展、挑战与展望[J]．教师教育学报，2019，6(3)：47．

大的动力”的观点，这种兴趣观与中国古代的乐学思想较为相似。①

作为未来学习环境的重要组成部分，未来的精神环境不仅对学习者的知、情、意、行产生了潜移默化的影响，同时对学习者的身心发展具有启智润心的意义。在未来的学习中，人人都能具备高度的主动性和自觉性，主动地吸纳并筛选出周围环境中有益的信息，在此基础之上进行充分的思考，并主动建构起自己对外界的认知，成为知识的生产者和创造者。学习者在这种润泽的精神环境的影响下，其面对问题的态度和对问题的思考方式逐渐发生变化，久而久之，其思维方式和个性也会随之改变。

（二）强化精神引领，构筑文明和谐社会

每一位学习者作为个体是社会中相对独立的存在，同时又时刻处于真实的社会中，因此与其他社会成员以及整个社会存在着千丝万缕的联系。学习者的行为需要接受来自社会文化、道德等各方面的规范和制约，同时，学习者也需要来自社会支持系统的支持，包括政策、管理、技术等。因此，学习者个人的发展需要社会的政策、经济、技术、资源等各方面的支持，同时，处于社会中的学习者又作为行走的智库，共同建设着知识集成、智慧共享的学习型社会。

《中国教育现代化2035》提出，“到2035年，总体实现教育现代化，迈入教育强国行列，推动我国成为学习大国、人力资源强国和人才强国，为到本世纪中叶建成富强民主文明和谐美丽的社会主义现代化强国奠定坚实基础”②。我国要建成社会主义现代化强国，关键在于人才培养，要坚定实施科教兴国战略、人才强国战略，坚持办好面向人人的教育，更加注重共建共享。

教育生态理论认为，个体处于社会之中。个体发展过程中各个阶段都会受到社会不同的影响，因此，营造良好优质的精神环境，能够为学习者提供人人乐学、智慧共享、充满智造力文化力的学习氛围，有利于培养21世纪所需要的高素质的人才。同时，这种人才同样具备主动创造能力、智造力、乐学善思、共享的精神，这不仅能满足建设社会主义现代化强国中对创新型人才的需要，

① 蒋永贵.论深度学习真实发生的表征及其课堂教学实现策略[J].上海教育科研，2021(10)：19-20.

② 中共中央、国务院印发《中国教育现代化2035》[EB/OL].(2019-02-23)[2023-10-27]. http://www.moe.gov.cn/jyb_xwfb/s6052/moe_838/201902/t20190223_370857.html.

而且每一位学习者都能成为相对独立的“人文知识库”，让人文行走起来、活跃起来，同时还可以促进智慧共享、学习型社会的建设。

因此，未来学习的精神环境的建设需要符合社会发展的要求，遵循社会发展的规律，21世纪培养的未来人才方可满足社会发展的需要，从而推动我国成为学习大国、人力资源强国和人才强国，早日实现建成富强民主文明和谐美丽的社会主义现代化强国的目标。

（三）赋能学科教学，加速核心素养落地

优质的精神环境不仅能够润泽学习者的人格，发挥精神引领的作用，促进具有好学、乐学的学习型社会的建成，而且对学科教学也有独特意义。

精神环境的创设要依据国际对教育的基本要求，体现实现教育现代化要时刻遵循的基本理念，即“更加注重以德为先，更加注重全面发展，更加注重面向人人，更加注重终身学习，更加注重因材施教，更加注重知行合一，更加注重融合发展，更加注重共建共享”[①]，坚持素养导向，体现育人为本。其中，《义务教育课程方案（2022年版）》提出义务教育课程要遵循“坚持全面发展，育人为本”“面向全体学生，因材施教”“聚焦核心素养，面向未来”的基本原则，贯彻新时代党对教育的新要求，坚持德育为先，提升智育水平，加强体育美育，落实劳动教育，确保“五育”并举，促进学生健康、全面发展。[②]例如，加强精神环境中的理想信念教育，我们可以在道德与法治教学中向学生渗透正确的道德价值观念，帮助学生树立正确的政治方向和价值导向，培养学生的审美感知能力。我们可以组织场馆参观学习，让学生在实际情境如美术馆、博物馆中形成审美感知能力，提高审美素养。不同学科侧重培养核心素养的不同方面，但最终指向的都是实现育人目标。

优质的未来精神环境能够为各个学科的教学赋能，通过加强理想信念教育、厚植爱国情怀、培养创新素养、提升审美素质等途径，实现精神环境的润泽、引领功能，从而提高各个学科教学的效能，促进核心素养落地。

---

① 中共中央、国务院印发《中国教育现代化2035》[EB/OL].(2019-02-23)[2023-10-27]. http://www.moe.gov.cn/jyb_xwfb/s6052/moe_838/201902/t20190223_370857.html.

② 中华人民共和国教育部. 义务教育课程方案(2022年版)[M].北京：北京师范大学出版社，2022:4-5.

第四章

未来学习环境的理论谱系

学习环境正面临着深刻的变革,新技术的不断涌现为学习环境理念与实践的变革创造了无限可能。新技术的出现打破了时间与空间的限制,尤其在数字革命的巨大冲击下,我们不得不重新审视学习的全新面貌,探讨未来学习环境研究的转向。通过对智慧学习环境、创新学习环境、个性化学习环境的基本内容、主要类型、运用策略、转向趋势及应用场景等的剖析与解读,建立未来学习环境的理论谱系,尝试去解决如何建构优质、高效、便捷的学习环境的现阶段研究难题。

第一节　智慧学习环境

当前,信息技术与教育教学呈现日益深度融合的新态势。以“智慧教育”作为概念标签,它标志着教育“智慧时代”的来临。智慧学习环境是与之高度相关的重要概念,智慧课堂、智慧教室、智慧实验室作为智慧学习环境的主要类型,为我国“智慧教育”的概念落地与价值实现,提供了面对不同智慧空间类型的、可操作的途径。

智慧学习环境充分展现了在信息化背景下,学习者对于学习环境发展变革的诉求;同时,智慧学习环境作为当前学习方式、教学方式等变革急需的支撑条件,既是教育信息化发展的方向,也是教育技术发展的必然结果。通过对其基本内容、主要类型加以解读,进一步探究智慧学习环境的运用策略,结合理论研究转向以及更广泛的应用场景案例,为智慧学习环境的构建与应用提供可参考的创新思路。

一、智慧学习环境的基本内容

（一）概念解读

“智慧教育创新发展行动”被列入推动教育信息化2.0发展的“八大行动”之一，致力于推动新技术支持下教育的模式变革与生态重构。[①]借助构建智慧学习支持环境，积极开展“以学习者为中心”的智能化教学支持环境建设，以期在人才培养模式变革、教学方法的改革、新型教育空间的探索与应用等方面，实现人才、学科、科研的互动与协同发展。

自20世纪90年代末，在国际层面，已经展开了对于智慧学习环境的研究与探索。在2012年，国内学者黄荣怀教授等经研究提出，智慧学习环境是一种能感知学习情境、识别学习者特征、提供合适的学习资源与便利的互动工具，可以自动记录学习过程和评测学习结果，以促进学习者有效学习的学习场所或活动空间。[②]深究其内涵可以发现，智慧学习环境拥有更加丰富的学习资源、更专门化的学习工具，并且依赖于学习者的媒介素养，形成了学习社群和教学社群，在学习方式、教学方式上，引发了巨大而深刻的变革。

随着信息技术的迭代更新以及教育教学理论的突破变革，智慧学习环境的内涵也在发生变化。从技术的角度出发，智慧学习环境是以最新的技术作为动力内核，以大量的信息设备为依托，为传统学习提供更多的支持。从教与学的角度，智慧学习环境的目标是提供自主学习、自我激励、个性化的服务[③]，以学习者为中心，便于学习者的学习发生。

（二）构成要素

为了探讨智慧学习环境的构成要素，需要厘清理论建构的逻辑起点。目前，在国际和国内层面，均已经出现了不同认识的“要素说”，为理解当前和未

① 教育部关于印发《教育信息化2.0行动计划》的通知[EB/OL].(2018-04-13)[2023-11-22]. http://www.moe.gov.cn /zhengce/zhengceku/2018-12/31/content_5443362.htm.

② 黄荣怀，杨俊锋，胡永斌.从数字学习环境到智慧学习环境：学习环境的变革与趋势[J].开放教育研究，2012，18(1)：76.

③ 肖君，王腊梅，蒋竹君，等.教育数字化转型下的智慧学习环境构建：特征、框架与实践[J].中国教育政策评论，2022(1)：236.

来智慧学习环境的内涵与构成奠定了基本的认识。

基于“技术支持学习”的角度，智慧学习环境包括物理学习情境、学习资源、学习工具、学习活动、学习互动、学习管理。可以发现，在本研究中将技术元素视为学习环境重构的驱动力与支持力，更加聚焦“学习”本身。

首先，智慧学习环境是智慧教育系统建立的基础，有助于提升智慧教育的效果、效率和效益。其次，以技术推动作为智慧学习环境构建的依托，有助于学习情境的虚实融合，实体学习资源和在线学习资源的有机互补，以及促进学习工具更加智能化。更重要的是，突出关注学习者的“学习”本身，深刻探究学习活动的合理性和科学性，尊重学习活动中发生的人机互动、人际互动和情感交往，并通过智慧学习环境加强学习管理，包括识别学习者的个性化特征、自动记录学习过程、提供实时学习反馈、获取评测学习效果的数据等内容，促使教与学的整个过程更加便捷、高效。

（三）显著特征

在教育技术学研究领域，对于智慧学习环境的四大特征基本形成共识，包括记录学习过程、识别学习情境、联结学习社群和感知物理环境。聚焦“学习”与“学习环境”本身的联结与互动，学习情境具有以下三点特征：

第一，学习情境的可感知性。智慧学习环境的构建与升级，有助于学习情境的虚实融合，增强学习情境的感知性。具体的智慧学习环境既支持课堂教学，也支持在线学习、混合式学习等。

由于学习情境是变化的，学习者会受到情境的影响。在课堂教学中，智慧学习环境可以为学习提供更有效的学习工具、更具身的学习体验。在实景学习中，依赖现代技术创建实景学习空间。在线学习领域中，由于网络教育资源质量差参不齐和层次差异，不同情境下的需求不同会对学习者造成一定程度的选择困难。

因此，利用感知技术主动感知学习者的实时学习需要，重视改善学习情境的可感知性，以形成更好的课堂教学经历、在线学习体验。与传统课堂相比较，智慧学习环境可以通过资源的合适调配，根据学习者实时学习状态的变化，对学习的内容与路径加以变化。

第二,学习支持的智能化。智慧学习环境首先必须具备支持学与教的基础性特征。首先,促使实景情境的无缝衔接与融合,通过泛在网络、增强现实、数据挖掘等技术,将实景、实物等与学习者的个性化学习、智慧学习活动相关的数据展开挖掘和分析,还可以通过建立实景情境模型,建立虚实融合的智慧学习环境。其次,实现学习资源的泛在获取、学习内容的智慧呈现、学习过程的随时发生、学习效果的实践检验,为学习者提供形态多样的实体和在线学习资源,使其能够按需获取、随时随地获取。①并且,借助最前沿的信息技术,为学习者提供最精准、最快捷的学习情境与学习服务,促使学习者能够无阻碍、全身心地投入学习。以此,智慧学习环境可以为学习者提供与传统课堂不同的、贯穿学习全过程全要素的智慧支持。

第三,学习系统的集成化。随着支持智慧学习环境的各类技术日渐成熟,学习可以随时随处发生。从学习类型而言,智慧学习环境能更好地支持学校学习、家庭学习、社会学习;从学习方式而言,智慧学习环境既可以支持课堂教学,也可以支持在线学习、混合式学习等,智慧学习的应用场景也更加广泛。目前,众多的技术层出不穷,主要面临如何集成、如何设计的问题,如何使智能学习环境发挥最大效能,也是未来学习环境设计需要重点考虑的。

在智慧学习环境的构建过程中,不能被迭代出新、层出不穷的技术等迷惑,而是需要建立一个协同处理机制,并且,通过各个机制的各司其职和协同互动,最终实现智慧学习环境的形成。②因此,需要凸显智慧学习系统的集成化,确保技术支持、数据处理、效果反馈、服务保障和结果输出的机制完善、功能齐备。

(四)学习理论依据

第一,情境决定了认知过程本质。关注情境,其因在于情境决定了认知过程本质。围绕学习内容,设计真实的问题情境,促使学习内容情境化。在情境认知学习理论中,更加重视认知与行动的统一,认为实践产生学习;同时,学习和认知的发生都离不开特定的情境脉络,认为情境是学习和行动的基础。因

① 岳婷燕,郑旭东,杨成.智慧学习环境下的实景学习活动研究[J].现代教育技术,2016,26(3):28.
② 吴南中,王觅.基于情境感知的智慧学习环境探究[J].现代教育技术,2016,26(5):21.

此，对于智慧学习环境的设计、构建及应用，在如何促进学习和认知、实践与行动方面有一定的启示。

智慧学习环境的设计与构建，其根本目的在于服务于学习。因此可以从以下几个方面促进学生的学习与认知。在真实的学习情境中，设计真实的学习活动；鼓励学习者利用信息工具，用于真实问题的解决；重视学习、认知与行动多方面的统一，在实践中获取真实的学习体验，产生真实的学习互动，给出真实的学习评价。

第二，分布式认知学习揭示了认知主体与环境分布的本质。分布式认知学习理论强调分布的认知元素对于个体认知具有明显作用，为学习环境的设计和构建提供了新的研究视角与理论框架，揭示了认知主体与环境之间分布的本质。

分布式认知学习理论提出了一种新的分析方法，即功能系统（Functional System），重视个体、群体和人工制品（Artifact）等，并强调以上因素在认知活动中相互作用；重视情境脉络对认知过程的影响。在智慧学习环境的设计与构建过程中，将各类信息化工具视为人工制品，增强学习者的感知能力，从而提升学习者的认知水平。

在智慧学习环境的设计与构建中，应积极利用认知分布以及环境对于认知活动的促进作用，借助技术、工具的存在与应用，促进认知活动的发生。同时智慧学习环境的构建也是为学习者之间能够增进互动、整合资源创设条件。

第三，基于活动理论的情境框架建构。活动理论是在情境脉络中理解活动的有益框架，该理论的重心在于实践，认为“活动”是人与社会、文化与物理环境之间双向交互的过程。[①]并且更加关注具有明确目的和意图的行动，而文化工具作为改变活动的中介，也会影响学习者的心理发展。因此，乔纳森和墨菲（Jonassen & Murphy，1999）等人在设计建构主义学习环境方面做出了积极的有益的探索，将“基于活动理论的学习环境设计过程”分解为6个步骤，并且在不同的步骤需要完成一定的任务内容。

智慧学习环境作为能够促进学习者开展有效学习的感知化场景，它的设

① 钟志贤.学习环境设计的理论基础：心理学视角[J].中国电化教育，2011(6)：34.

计与构建离不开建构主义理论的顶层指导，学习者在智慧环境中可以更加投入、更加轻松、更加沉浸自如地学习。

第四，生态学理论倡导重视学习环境中各要素的有机联系。生态学理论作为一门研讨与环境交互的科学，其理论观点正逐渐在数字化学习研究领域流行。生态学习观认为学习是学习者自由参与学习环境的过程①，主张以整体、关联、多元和适应的角度，深刻审视学习的过程，并且以生态为本的价值观，为研究者进一步观察学习、理解学习提供了全新的视角和思路。以生态学理论作为依据，重视智慧学习环境中学习者、工具、资源之间的相互联系，以生命有机体的视角看待"学习系统"中的各个要素，在学习过程中存在着动态交互与发展，尤其是学习者与学习环境的相互作用与有机联系。

在智慧学习环境的设计与构建中，生态学理论为研究者、学习者等提供了更加富有生命力的发展取向，促进人与技术、工具的和谐互动，通过设计具有发展性的学习活动，促进智慧学习环境的持续升级；同时通过学习环境中工具、资源等的持续更新，促进学习更易发生，促进学习者高阶智慧的有效发生。

二、智慧学习环境的主要类型

黄荣怀教授在学术报告《人工智能进入学校的典型场景及展望》中提出，智慧学习环境的构建场景表现在十大方面：课外辅导、AI支持的自主学习、智能助理、差异化教学、AI增强的教学、教师的新角色、学校改进、新型家校关系、新型学校模式以及个性化学习。②并且，将智慧学习可能发生的场所，从智慧校园积极拓展至智慧场馆、智慧社区。

（一）智慧校园

"互联网+智慧校园"为校园建设带来了机遇与挑战。随着二者的深度融合，万物互联的概念与技术引入相对局域的校园，带来了一系列的变化，包括新的技术形态、数据形态、组织形态、空间形态、结构形态以及关系形态。③根

① 毕晓梅. 基于智慧学习环境的学校改进研究[D]. 重庆：西南大学，2015：38.

② 庄榕霞，周伟，王欢欢. 人工智能正在重塑学习环境[J]. 教育家，2021(23)：25.

③ 王曦. "互联网+智慧校园"的立体架构及应用研究[J]. 中国电化教育，2016(10)：107.

据王曦(2016)的研究,可以将智慧校园设计为“六横两纵”的立体技术架构,以数据的感知、获取和传输为基础,实现校园内智慧服务的目标。同时,结合智慧管理系统结构,将教职工、学生等用户与不同的功能子系统相连。

基于大数据与人工智能背景的智慧校园建设,对于提高学校的管理效率、提升教与学的现代化水平,具有重要作用。众多高校纷纷开启了智慧校园建设项目,包括凯里学院等地方高校,智慧校园的可视化建设同样是探究热点。根据刘强等人(2022)的研究,智慧校园信息可视化的思路是基于信息选择、基于场景构建,而后通过实验论证分析,预期在未来的一段时间内,实现内部信息与数据的交互,实现线上的互动与分享,同时加强校际合作,通过跨校、跨平台、跨行业的整体系统[①],助力智慧校园的建设与应用。

(二)智慧场馆

场馆的技术升级与信息化改造,结合场馆学习者对场馆学习方式和内容的要求,促使虚实融合的场馆应运而生。智慧场馆为智慧学习环境中的一类。

目前正在积极建设的智慧场馆包括智慧体育场馆、智慧文博场馆,以及虚实融合的科技场馆等。针对智慧体育场馆,杨小银等(2022)[②]通过对美国智慧化场馆的经验总结,认为应以配备智慧化软硬件作为物质基础,并且加快设施的更新;以引入技术服务机构作为关键举措,促进智慧场馆的专业化建设;秉持生态文明发展的理念,建设绿色智能场馆。高进等(2022)围绕国内的体育场馆展开研究,讨论数字赋能体育场馆的理论机制,以及打造智慧场馆的转型升级路径,其中,涵盖了总体架构的合理设计以及智慧化转型的动力机制分析,兼顾了智慧体育场馆对专业的提升和对群众的服务。[③]傅钢强等(2022)对数字时代体育场馆智慧化转型的动力、效应、风险与策略展开了更具体的讨论。[④]

① 刘强,张旭.地方高校智慧校园可视化建设探讨:以凯里学院为例[J].凯里学院学报,2022,40(6):98.

② 杨小银,曾建明,朱俊鹏,等.美国体育场馆智慧化建设经验与启示[J].体育文化导刊,2022(7):39-44.

③ 高进,武连全,柴王军,等.数字技术赋能体育场馆智慧化转型的理论机制与实现路径[J].体育学研究,2022,36(5):63-73.

④ 傅钢强,魏歆媚,刘东锋.数字时代我国体育场馆智慧化转型:动力、效应、风险和策略[J].山东体育学院学报,2022,38(6):92-99.

宋杰(2023)通过介绍智慧文博场馆建设的意义与现状,析出目前仍然存在的主要问题,并以提升智慧文博场馆的服务水平为目标,提出了改善参观体验的对策及建议。①

(三)智慧社区

随着社会经济的繁荣,推进社会高质量发展成为必要课题。互联网、大数据、物联网以及人工智能技术支持建设的社区智慧化转型,有助于提升社区的服务水平。以广州珠江城市服务新城建设的创新与实践为例,为了加强对数字化智慧社区的建设,提升数据治理的能力,一系列的建设举措链接了智慧家庭、智慧社区、智慧城市的应用场景。②毛佩瑾等(2023)通过对新时代智慧社区建设的探究,认为新型智慧社区是从以信息化管理为目标到以信息服务惠民化为核心,再到以敏捷治理为理念,进行建设并发展;同时,积极考察现实困境,建立具有操作性的治理机制,并探索相应的突破路径。③

三、智慧学习环境的运用策略

智慧学习环境作为一个新兴的研究领域,不仅是社会信息化以及个人数字化转型对学习环境发展提出的新诉求,也是当前教学方式变革、教育空间重构的支撑条件。智慧学习环境与学生发展、教师发展密切相关,通过探究智慧学习环境的基本内容,根据其概念、构成要素、显著特征,以及相关的学习理论,思考其运用策略,以便建设更易促进学习者有效学习和意义建构的学习环境。根据已有研究,智慧学习环境在学习目的、学习场所、学习与教学方式、评价方式、组织管理等方面,与传统的学习环境存在许多区别。因此,可以从以上方面,思考智慧学习环境的具体运用策略。

根据对智慧学习环境的本体理解及其理论基础的深度剖析,构建智慧学

① 宋杰.智慧文博场馆建设的思考与对策[J].技术与市场,2023,30(6):163-166.

② 方翔宇.广州珠江城市服务新城建创新与实践:以数字化智慧社区建设为例[J].中国建设信息化,2023(6):28-31.

③ 毛佩瑾,李春艳.新时代智慧社区建设:发展脉络、现实困境与优化路径[J].东南学术,2023(3):138-151.

习环境逐渐成为一种新的数字化教学隐喻。从立足学生发展的角度而言,“以人为本”“以学习者为中心”的智慧学习环境构建是以促进学习者学习、认知的发展为目标的。立足教师发展的角度而言,不仅是对自身数字化教学能力的支持,也是对学校学习环境影响学生学习、身心发展的积极关注。因此,真正的智慧学习环境构建,需要专家、教师、学生、家长等主体的共同支持,并且针对智慧评价做出全面而深入、细致且持续的改进。

因此,科学地、有效地构建智慧学习环境,需要建立在“一个原则”和“三个支持”的基础之上。

(一)遵循“有效学习环境”原则

智慧学习环境技术特征的显现是为了确保创建更有效的学习环境。其中,学习情境识别是个性化学习资源推送、学习伙伴互动与联结、学习活动精准建议的前提[①],可以促使智慧学习环境更有效地服务于学习者。

智慧学习环境的构建与科学运用,在教育技术学领域广为探索,通过对学习者、学习活动进行建模,结合关键技术的突破与进展,可以使情境推理更加精准、有效。因此,技术正应用于科学赋能课堂教学,并成为一种趋势。

与此同时,因智慧学习环境所呈现出的技术特征以及其对学习者学习注意力的吸引,需要增强学生的自控能力、提升教师的信息素养,同时健全多元的评价体系,以此共同提高智慧学习环境中的学习有效性及互动质量。

(二)提供充足的物质环境资源支持

贺宏伟等人(2022)的调查研究表明[②],目前,高校智慧课堂教学存在一定的问题,但是大数据技术、各类教学工具、课堂实时互动技术以及丰富的教学资源,为智慧学习环境提供有力的支持。通过对问题有针对性地消除或改善,可以进一步探究智慧课堂中促进有效教学的策略。

物质环境是支撑智慧学习环境的技术基础,因此配备物质环境、提供充足

---

① 张永和,肖广德,胡永斌,等.智慧学习环境中的学习情景识别:让学习环境有效服务学习者[J].开放教育研究,2012,18(1):85.

② 贺宏伟,郑榕玲.智慧学习环境下高校课堂有效教学策略研究[J].闽南师范大学学报(哲学社会科学版),2022(2):122-130.

的资源支持是建设智慧校园、智慧课堂的必要前提。为此,需要在智慧学习环境的构建之初,建立“以学习者为中心”的总体架构,以现实和在线资源支持作为基础,形成物联网,实现互联、协作,促使智慧学习环境中的学习更加智能。

(三)积极参与和变革教与学的方式

从学习情境的视角看,智慧学习环境可以支持个人自学、研讨性学习、在研究工作中学习、在做中学、课堂学习等[①],可以适应不同学习场景的教与学。

借助技术手段,增强工具的关键技术职能,能积极参与变革教学方式、学习方式。从核心设备的视角,积极构建互动增强型、练习反馈型、移动互联型的智慧教室类型,为教师讲授互动、学生课堂练习和自主探究提供技术支持,能极大地参与并促进教与学的方式变革。

(四)形成跨越现实与网络的学习共同体

以学习理论作为依据,探究如何在智慧学习环境中促进学习者的知识建构和高阶能力的发展,必须建设有利于学习者发挥主动性,且适合于协作实践的人力环境。[②]在此,可以将人力环境具象为学习共同体。

在智慧学习环境中,学习共同体可以借助信息技术与关键工具,与学习的同伴进行交流与合作、探究与协作。并且,学习共同体并不是人与技术工具的简单相加模式,在学习共同体的内部,存在协作紧密、关系交织的人际关系网络,借助技术可以实现跨越现实与网络的连接,共同实现学习目标。

在当前新兴技术和工具日益普及的趋势下,更重要的是如何适应高速发展的社会,培养创新能力、解决复杂问题的能力,以及良好的沟通与合作能力,才能促进个体的终身发展。智慧学习环境的构建与应用,正是创设积极的、鼓励创新的学习共同体的文化氛围,并提供相应的技术支持。

---

① 丁玉祥.智慧教育环境下有效备课的组织与实施[J].数字教育,2022(4):47.

② 毕晓梅.基于智慧学习环境的学校改进研究[D].重庆:西南大学,2015:57-60.

四、智慧学习环境的研究转向与应用场景

（一）转向研究智慧学习环境

第一，信息技术促使教与学方式的变革。信息技术是教与学方式变革的重要动力，信息素养也成为教师、学生必备的基础性学习能力。一般认为，在教育信息化的过程中，产生了以下四个"改变"，即改变了学生认识事物的过程，改变了某些教学原则，改变了教学内容和教材形式，改变了教师、学生、教材之间的关系。[①]可见，信息技术对于教学的不同方面产生了重要的催化作用。教育信息化所创造的条件和提供的资源，最初主要是为教师的教学服务的，而在持续发展之后，同样关注到了学生的学习。

第二，科技产品支持智慧学习环境的建设。智慧学习环境是数字学习环境的高端形态，目的在于促进学习者轻松的、投入的和有效的学习。如今，智慧学习环境的建设主要是依靠信息技术的发展，以及衍生出的科技产品。其中，人工智能、传感器技术和通信技术这三大技术的发展，为智慧学习环境的建设提供了有力的技术支持。同时，这些也深刻地影响了学习者的学习方式和途径的转变。结合运用日新月异的科技成果，可以实现对教育资源的更新和丰富。

第三，虚实融合扩展智慧学习环境的空间。学习空间通常是指整个学校的学习环境，虚拟空间是对传统物理空间的拓展，智慧学习环境正是物理环境与虚拟环境的融合体，提供更符合学习者个性特征的学习支持和服务。[②]归根结底，智慧学习环境意在打破学习环境中虚与实的界限，使二者能够相互融合、互为增益。在学校中，以电子书包作为新的"抓手"，再次引起国内外教育界的关注和热捧。设计和构建虚拟学习环境，并不是为了取代现实学习环境，而是为现实学习环境做有效的补充，实现智慧学习空间的打造，更加关注学生本身和学生的学习。[③]

---

① 黄荣怀，杨俊锋，胡永斌.从数字学习环境到智慧学习环境：学习环境的变革与趋势[J].开放教育研究，2012，18(1)：75.

② 黄荣怀.智慧教育的三重境界：从环境、模式到体制[J].现代远程教育研究，2014(6)：5.

③ 王牧华，宋莉.当代学习环境研究的转向及启示[J].课程·教材·教法，2018，38(1)：61.

(二)智慧学习环境的应用场景

智慧学习环境可以更好地实现基础教育新课改倡导的自主、合作、探究的学习方式。在智慧学习环境下的学习方式,已经发生了根本性的变化。在智慧学习环境中,智慧教室、智慧课堂、智慧实验室是目前较为主流的应用场景。

第一,智慧教室。国家发展改革委和工信部在2020年已经明确要求建设5G+智慧教育应用示范,积极探索5G在智慧教室、智慧课堂等场景中的应用。其中,智慧教室是教学改革与实践的要地和创新地。在智慧教育时代,如何通过教室科技的支持、空间设计的辅助,促进以学习者为主体的学习方式,建立以学习为中心的智慧教室,对于推进教育智能化和创新融合具有重大意义。

智慧教室的整体架构采用云边端架构。利用5G网络,将教室里的一切与云端连接,实现线上线下融合智慧教学。①在智慧教室中开展的学习过程,充分体现了随时随地的教和学、精细化的学习过程管理、基于数据的创新教学评价。

目前,如何便捷地实现师生交互、生生交互是智慧教室建设中需要解决的核心问题。②智慧教室的建设研究,以及互动设备的使用与更新迭代,有力地推动了创新教学模式的设计,基本形成了多屏互动、智能分组、开放课堂、灵动应用四大交互场景,并且对智慧教室提出了更精细化的应用需求。

移动学习已经成为未来学习方式变革的先驱。以移动学习与智慧教室相结合的生态学习空间③,将进一步探究智慧教室向外打开的可能性,突破智慧教室的物理边界,努力实现"课上+课下"相互促进。

第二,智慧课堂。智慧课堂已经成为教育信息化2.0时代的重要教学手段。已有研究证明,从整体来看,智慧课堂对学生的学习成效存在中等偏上的促进作用。④并且,智慧课堂可以作为教学手段,对改善大班教学、短期课程、

---

① 陈君涛,马艳花,展金梅,等.智慧教室建设:理念、策略与瓶颈分析[J].信息系统工程,2023(2):175.

② 李建军,厉晓华.基于四大交互场景的智慧教室建设实践[J].冶金管理,2021 (11):187.

③ 李艳红,徐敏."移动学习+智慧教室"生态学习空间的增强交互理念和设计:以"文学批评"课程为例[J].中国电化教育,2018 (10):64-65.

④ 钟志勇,何文滢.智慧课堂真的提升学习成效了吗:基于国内外48项实证研究的元分析[J].教育学报,2023,19(2):83.

实验操作类的课程，具有重要的调节作用。在智慧课堂里，技术媒体介入教育教学，形成即时的反馈评价系统，可以化解许多传统教学的难题。

智慧课堂作为一种新型的教学场域，需要有效利用教师的设计思维，以便化解教师在技术变革时代的身份危机。因此，教师不仅是智慧课堂的教育者，同时也是智慧课堂的设计者，是“知识情境化”的创造者。作为教师的智慧认知力，教师设计思维的应用与发展应以技术开发、群体思维碰撞为工具导向[①]，将智慧课堂作为辅助教学与知识建构的利器，有助于激发群体智慧。

智慧课堂被视为课堂的延伸，体现了课堂的本质，深度融合了机器的智与人类教师的慧。刘邦奇等(2015)着力打造集合“课前、课中、课后”的高效智慧课堂。蔡苏等(2021)建立依托5G赋能的多模态智慧课堂。[②]邱艺等(2018)探究智慧时代引领的课堂变革，以变革路向与表征为线索，以支撑、形成、优化为动力机制，建立智慧环境促进课堂变革的模型，并深入分析智慧环境助力课堂变革的逻辑。[③]

第三，智慧实验室。智慧教室、智慧课堂、智慧实验室的设计与实施，是推动践行“智慧学习环境”这一基本概念的有效场域。

张丹等(2019)参考智慧教室的“SMART”概念模型，构建了智慧实验室的体系架构。其概念模型主要包含系统集成中心、环境监测、设备管理、资源获取、实验管理，实现物联层、互联层、应用层的架构运行。[④]余鹏等(2020)为了解决智慧管理、极简运维、安全生产的痛点问题，引入了分布式智慧高校实验室机房的系统方案[⑤]，对高校实验室展开易使用、易管理的实践探索。智慧实验室是充分利用信息技术，让实验室更加安全、高效，促使学习更加便捷。在一定程度上，代表未来实验室的发展方向。

---

① 张蓉菲，田良臣．智慧课堂场域下教师设计思维：结构要素与培育路径[J]．电化教育研究，2022(9)：110.

② 杨重阳，武法提．基于深度学习的智慧课堂设计框架[J]．开放教育研究，2022，28(6)：92.

③ 邱艺，谢幼如，李世杰，等．走向智慧时代的课堂变革[J]．电化教育研究，2018(7)：70-76.

④ 张丹，崔光佐．“互联网+教育”背景下高校智慧实验室的构建[J]．现代教育技术，2019，29(6)：122-126.

⑤ 余鹏，沈振兴．分布式智慧高校实验室机房系统方案实践与探索[J]．中国教育信息化，2020(9)：52-55.

“新文科”建设发布之后，文科实验室建设步入快速车道。高校的新文科智慧实验室可以借助多学科融合、物联网和区块链技术、跨学科网络与新工具新设备，积极赋能“新文科”的创新发展。李春艳等（2022）以“物联网+云平台”为驱动，以构建智慧学习环境作为促进高校信息化建设的切入点，着手于课程建设与课程教学改革[①]，打造新文科智慧实验室。

总之，智慧学习环境的设计与构建是为了改善学习者的学习体验，进一步凸显环境为学习者、为学习行为本身提供支持与服务，以及学习者通过与环境的互动，实现学习目标。

第二节 创新学习环境

近年来，随着经济社会发展和生活水平提高，人们愈发关注自身的长期发展与创新需求。尤其是科技进步推动第四次工业革命的兴起，将会从根本上改变人类的生活、工作和交往的方式，新的时代对人才提出新的要求。学习环境是人才培育的重要依凭，日新月异的知识经济时代对学习环境提出了更高的要求。

与此同时，学习科学研究正在迅猛发展。关于人们如何学习、心智和大脑如何发展、兴趣如何形成以及人们在所有这些方面的差异性的实证研究，为以学为中心的研究提供了重要条件。

这一系列的变化，是现代社会发展、科技进步和学科研究相互作用的结果。因此，对于教育教学，必须实现从重视“教”向重视“学”转变，重视以学为中心的教学成为必然。这为学习环境的研究走向创新提供了可能性。

① 李春艳，戴志锋.“物联网+云平台”驱动的新文科智慧实验室构建[J].数字技术与应用，2022，40(9)：139-142.

一、创新学习环境的基本内涵

（一）概念解读

创新学习环境（Innovative Learning Environment）为一个新兴的研究领域，首先要理清其内涵。若将“学习环境”视为一个整体，那我们认为学习环境就是指影响人类学习发生发展的一切有关的资源和过程的综合情境。这个定义与OECD对学习环境的阐述不谋而合。OECD推出的创新型学习环境研究项目，明确指出学习环境对于学生学习能力的发展有重要影响。该项目的研究成果，旨在帮助教育从业者分析和思考如何开展教学、进行教学评价等问题，在国际层面具有重要的价值。

对创新学习环境的理解，一方面在于学习环境的创新，是适合新的社会背景和技术条件下的创新型的环境；另一方面在于创新学习的环境，指向满足人类创新学习需求的，所提供的一切资源和围绕学习的整个过程和最终结果都是指向“创新学习”。

综合以上，“创新学习环境”的内涵就是指满足人类创新性学习需求的一切相关资源和过程的综合情境。

（二）研究价值

创新学习环境的研究立足于新的社会背景，具有新的意义和旨归。当前，信息技术迅猛发展，大数据、物联网、互联网和人工智能等技术正在日渐融入人们的生产、生活，教育应用更新迭代，学习的场域已逐渐呈现出智慧化、泛在化、虚实融合的特点，学习空间的扩展带来教学方式变革，学习环境的创新既是追求，亦是满足新的教育教学需求的必然之路。通过创设创新的学习环境，能够为提升学生的学习能力、创新能力奠定坚实的基础。

立足于新的时代背景和学习科学研究基础上的创新学习环境，不再是传统的以教为中心建构学习过程和评价学习结果，而是需要创设创新型学习空间，以学习为中心，提供创新的组织方法，侧重于对学习本质的反思与深层思考，为了满足不同身份的学习者及其日益个性化的需求，将学习环境从微观系统扩展到更大范围的系统。

创新学习环境的研究与设计,不仅极大丰富了新的学习场域下学习的内涵和途径,更对未来创新型人才的培养具有十分重要的意义。同时,结合OECD创新学习环境研究的最终成果,有助于我国的创新学习环境建设与改革。尤其是教育系统的一线学校教师,可以从传统学习环境的应用者,转变为创新学习环境的设计者,从根本上转变对于学习环境的理解,使其更大程度地服务于学习、更加精准地支持于学习。

(三)显著特征

创新性学习的发生需要创新学习环境的支持。创新学习环境是涵养创新性学习的环境,为符合创新性学习的主动性、开放性和创造性特征,它应该具有以下特质:

第一,推动主动真实的学习。创新学习环境的研究与设计旨在推动真实的学习的发生。创新学习的主动性所蕴涵的是学习的主动与(真实)超前,是对未来的一种准备性。主动真实的学,内在要求学习者主动性的发挥,外在要求教育者主动真实的教,主动提供开放性的教育资源,主动综合运用各种新兴的教学法,创设能够激发创新学习行为的学习空间。

学习空间是创新教学方法的一个决定性因素,两者相互依存、相互促进。这也对教师提出新要求,需要不断掌握新的教学方法,才能促进学生主动而真实的学习,才能确保学生拥有立身之本和专业之技,这是学习者适应社会转型的重要基础。

第二,促进交互协作的学习。创新学习环境积极面向更加广泛的群体开放,旨在促进协作和交互学习。创新学习环境就是要创建符合学习者学习期望的空间,其中既包括现实的学习空间,也包括虚拟的学习空间;既可以是正式学习空间,也可以是非正式学习空间。学习者与创新学习环境的创建者,如教师、课程专家、图书馆管理员和行政管理者等,共同构成基于信息技术运用的协作关系。在这样一个支持交互并促进协作的创新学习环境中,技术赋能学习空间,通过工具协助学习者可以在学习环境中实现更多学习设想,有助于激发学生之间、学习者与教育者之间的交互和协作。

第三,设计虚实融合的学习。日益发展的科学技术与工具促进创新学习环境的变革，促使泛在化的物理学习空间和虚拟学习空间的跨界融合。学习空间并不是局限于现实世界的空间或虚拟（在线世界）的空间，而是应该两者兼顾，扬长避短，以满足学习者的要求，并使他们能够从学习中享受到乐趣。

第四，支持移动泛在的学习。随着信息通信技术的发展，人工智能、大数据、区块链、云计算、物联网等融入人们日常生活。在创新的学习环境中，学习者可以使用可移动设备随时随地随心学习，学习行为融合于生活的每时每刻，为终身教育的实现创造了十分便捷的条件。

第五，激发创新实践的学习。基于技术赋能的创新学习环境，不仅可以使学习空间实现泛在化的虚实融合，并且面对知识更新换代迅猛的处境，积极利用信息的互通互联，打破知识间的学科藩篱，为学习者超越既有学科知识框架的束缚创造了条件，能够充分激发学习者创新的动力，为其创新能力和实践能力的提升创造十分重要的条件。

二、创新学习环境的教学核心要素

若要创造一个创新的学习环境，就必须关注学习者与教学本身。创新学习环境为个性化的学习方案提供保障。以OECD和创新学习环境作为研究的关键词，可以发现目前国内研究较少，但是对于创新学习环境的设计与构建是必要的。

因此，针对创新性学习环境，借鉴OECD的创新性学习环境“7+3”框架（ILE frame work）进行分析。在该框架中，“7”是基于研究、生于实践提出的七条学习原则，重新思考应该教什么、如何教、如何评价等重要问题。“3”是围绕创新学习环境研究的三个创新领域。[①]

学习环境的核心要素和动态关系称为“教学核心”。为了回归教与学本质，回答最核心的谁、谁教、教什么、用什么教的基本问题，需要对教学核心的四个主要元素进行审视。

---

① 陈伦菊，金琦钦，盛群力．设计创新性学习环境：OECD“7+3”学习环境框架及启示[J]．开放教育研究，2018，24(5)：54-63.

(一)学习者创新

学习者创新是教学核心中最重要的内在驱动因素。在创新性学习环境项目中学习者主要为3~19岁,但是OECD发现有些学习环境积极邀请了家庭或社区成员,扩大了学习者的范围与类型;或者来自不同地方的学习者,力求打破地域的限制,组成具有异质化的学习群体;通过不同在线的技术方式,开展线上论坛,实现了异地的、实时的交流与沟通。[①]这是对学习环境的创新重构,也是对学习本质的再思考,不仅蕴含着个体终身学习的理念,而且让更多的人可以无障碍地参与学习,创设了时时能学的自主学习环境,处处可学的泛在学习环境。

(二)教育者创新

教师是教育者的主体。教师在实际教学过程中体现的创新能力,对于促进学习者提升创新能力具有重要的影响。与此同时,外部专家、家庭或社区成员等,也可以承担一定的教学责任,以其独有的生活阅历、工作经验、学习体悟等,为教学带来特有的经验、知识和贡献,从而拓宽了学习者学习的信息来源,加强了学习者对信息的思考与思辨,同时有利于学习者从中发展综合的知识体系。

此外,在不同的学习情境、学习活动中,学生也有可能成为同伴的"老师",在角色转换的体验中加深对于知识的理解,增强信心和学习技能。对于教育者的创新理解,促使有能力、有专业、有经验的家长也成为教育者,家长的参与有助于学习环境的建设和文化社交网络的形成。

(三)内容创新

教学内容是学习的重要客体。在创新学习环境研究与实践中,内容创新的本质在于重新思考到底要教授学习者何种知识、发展其何种能力,而学习环境能为学习者提供什么支持、帮助其树立什么价值观。与传统的教学为增长学生常规性的知识有所不同,在创新学习环境中,更加侧重培养学习者随时随

---

① 陈伦菊,金琦钦,盛群力.设计创新性学习环境:OECD"7+3"学习环境框架及启示[J].开放教育研究,2018,24(5):57.

地学习的能力，自主探究以及解决问题的能力。

OECD创新学习环境研究项目的成果发现，当前学习者需要具备"21世纪能力"，涵盖多种跨学科学习的能力。创新学习环境正可以为学习者提供复杂的学习内容与具体的学习情境。

（四）资源创新

学习环境的资源创新主要体现在两方面：一方面，充分使用电子资源，以"技术丰富型"(tech-rich)的学习环境，及时保存学习成果，对学习全过程予以资源支持，实现教师和学习者之间的持续沟通；另一方面，积极创新设备和基础设施，可以通过海量化和差异化的数字资源，迅速扩展学习环境的学习范围，重新设计基础设施和学习空间。教师可鼓励学生参与学习空间的设计，增强学生的群体意识。无论打造何种学习空间，其核心目的是以学习者为中心，满足学习的需要。①

通过对"教学核心"要素的内容解读，可以知道如何创设具有影响力和推动力的创新学习环境，需要形成具有创新思维和领导力的组织；如何推动"教学核心"的发展，需要在社会性网络中建立合作伙伴关系，在更加广泛的合作环境中，在人力、资源、技术等多方面谋求更紧密的合作，实现学习环境创新。

三、创新学习环境项目的研究主张

（一）对于创新的理解是普遍的和开放的

OECD的创新学习环境研究并不是对个别国家、个别案例进行调查和研讨，而是包含不同领域组织的一种框架。通过收集上百个具体的创新型的学习环境案例，为创新学习环境框架的建立与发展提供直接信息。

在研究过程中，积极寻求创新学习环境的理想特征，并探讨如何通过学习领导力培养这些特征。经过OECD的创新学习环境研究，对于创新的理解是普遍的和开放的。在七大原则的基础上，增加了三个维度，形成"7+3"框架。

---

① 杨莹莹.设计学校创新学习环境的欧洲经验：经合组织创新学习环境项目探究[D].福州：福建师范大学，2021：30.

(二)寻求创新学习环境建构的“元”方法

创新学习环境作为一个概念,是从教育文化的角度提出的。若从“学习生态系统”角度加以解读,学习环境可以分为三个层次,即微观层面、中观层面、元层次的学习环境。创新学习环境项目研究的最终目的是建立一套实质性的国际创新学习环境案例,并将这套案例推广到“元”层次的学习环境中去。[①]

OECD收集了上百个案例,其中涵盖各种各样的环境变革方法,虽然它们的变革背景不大相同,但仍有一些共同的主题。在这些共同之中,抓住某些关键的特征,促进创新学习环境的构建与推广。

(三)推动知识创造研究与学习能力建设

知识创造和调解是许多创新学习环境、发展和维持学习环境的战略的核心特征,同样也是OECD创新学习环境研究项目长期分析的重点。专业的学习能力与知识创造,需要保持齐头并进。

(四)技术有助于支持学习环境的创新

在当今时代,数字通信的规模化发展和技术工具的快速迭代,在支持学习环境创新的战略中占据突出地位。技术有助于克服地域限制,支持学习资源和学习环境的创新。

网络平台的作用也是突出的。优质的教学资源、在线资料的学习与交流,能提高学习者自主学习的灵活性。通过技术手段实现网络资源的标准化,提高了学习品质。

四、创新学习环境的研究转向与实践案例

(一)转向研究创新学习环境

根据经合组织于2013年发布的《创新学习环境》,每个学习环境中包括四个要素,分别是学习者、教育者、学习内容和学习资源,而反思这些核心要素成

---

① 杨莹莹.设计学校创新学习环境的欧洲经验:经合组织创新学习环境项目探究[D].福州:福建师范大学,2021:50.

为创新学习环境的基石。

第一,学习者范围的扩大。学习者是教育活动的对象和主体。在当今社会,教育的对象不再仅仅是青少年,已逐渐扩大到所有的社会成员。新的学习者可采用创新的方式,例如利用网络,将学习者带入虚拟教室,还可以将家长也纳入学习者的范畴。[①]正是因为学习者范围的扩大、学习方式的创新,需要考虑学习者内部更深层次的特征,便于为学习者提供具有针对性的资源,不再单纯地以年龄作为划分依据,而是关注学习者本身,考虑其实际的学习需求。

第二,教育者角色的增多。在学校教育中,教师是教育者的主体。对于教师的研究有很多,主要包括如何设计教师在教育活动中的角色,促进教师个体的专业化分工和发展,创造和谐的师生关系等。研究表明,教师的教学信念决定着他们的教学行为,影响着学生的学习方式和课堂环境,同时也影响着他们对学生的认识和期待。[②]在不同的教育活动和教育情境中,教育者扮演着不同类型的角色,发挥着不同的重要作用。除了教师之外,凡是引导教育活动有序开展的人员,均可以认为是教育者的角色,包括教育研究者、教育管理人员等。

第三,学习内容可获得性的提高。学习内容既包括直接经验,也包括间接经验,学习者可以通过学习知识以求获得理解内容、解决问题的能力。降低学习内容的获得"起点",可以使学习者免于在学习初期遭受挫败,提高学习行为的发生率。尤其是在网络技术、云计算飞速发展的今天,学习内容的可获得性程度显著提高,学习者可以方便、快捷地检索到自己想要学习的内容,开展个性化的学习。

第四,学习资源是构建学习环境的关键要素之一。在经合组织的创新学习环境项目中,将学习环境视作一个整体的生态系统,构建学习环境的基本框架,学习资源是关键要素之一,包括物理环境、学习材料、学习空间、数字资源。其中,物理环境主要是建筑、设备和公共基础等。[③]学习资源不仅是关键要素之一,而且是构建学习环境的基础性要素,使学习环境成为有本之木。

在教育领域中,凡是对教育的发生、发展有价值的资源都是公共资源。在

① OECD. Innovative learning environments[M]. Paris: OECD Publishing, 2013:34.

② 李森,王牧华,张家军.课堂生态论:和谐与创造[M].北京:人民教育出版社,2011:126-127.

③ OECD. Innovative learning environments[M]. Paris: OECD Publishing, 2013:54-55.

信息技术的支持下，可以实现资源的传递和共享，使优质教育资源成为不分地域、不分校际的资源池，提高资源的交互利用率。在创新学习环境项目的基本框架中，除了明确以上四种关键要素之外，还应依据教育理论和组织原则，将关键要素有机联系起来，催化并产生出相互之间的生态效应。①

（二）创新学习环境的实践案例

1.澳大利亚创新学习环境公共研究项目

由澳大利亚联邦政府支持的ILEs项目于2014年开展，至2018年完结，历时4年。该项目通过探索创新学习空间与新型教学法之间的关系，旨在为新时代的学生提供一流的教育环境，利用创新学习空间提升学习者的学习效果。②

第一，将循证设计作为重要理念之一。Hayball作为澳大利亚最大的教育建筑设计事务所，深度参与了政府支持的ILEs项目，将循证设计作为其重要的理念之一。项目之一是为新南威尔士州的德勒米学校（Domremy College）制作校园规划。Hayball以校方想拆除校园中心一个老旧的活动室为契机，强力说服校方将这座一层红砖建筑改造成一个创新学习空间（D型），在投入使用后，开展教育创新试验，并对学生学习影响的实际效果进行评估。

第二，该项目得到了满意的整体评价。为了进一步科学验证创新学习环境与新型教学法、学习效果之间的关系，以创新学习实验室项目作为试点型空间，运用ILEs项目得出的结论，并且对该试点型空间展开了极为细致的评估工作。参与调研评估的对象为使用过创新学习实验室的学生和老师，评估的内容包括创新学习实验室的空间、家具、设备等方面，该项目得到了满意的整体评价。同时，这也对ILEs项目已得出的研究结果有补充与验证的作用。

第三，促进学习者主动进行知识建构的动态环境生成。创新学习空间是学习者进行主动“建构”（construct）知识的动态环境，通过学生主动与周围环境进行感知、交互而形成知识的积累。学习的主动性是促进有效学习的重要因

---

① 王牧华，宋莉.当代学习环境研究的转向及启示[J].课程·教材·教法，2018，38（1）：64.

② 李姝，彭雷.基于循证设计的当代创新学习空间设计原则分析：以澳大利亚创新学习环境公共研究项目为例[J].当代建筑，2021（5）：138.

素，这意味着学习共同体的形成。建构主义学习空间的本质是促进有效学习的空间，以协同学习作为手段，实现学习者与周边人、物的互动应答，促进学习者的理解力发展。教师作为引导者，协助学生加深对知识的理解，并帮助学生形成个人的知识架构。在空间上，创新学习空间展现出了较强的开放性，将固定成排的桌椅形式转变为可进行组合变化的桌椅形式，打造了可发生非正式学习的"学习走廊"，建立开放的"共享中心"等。以支持变化、开放共享的创新学习空间，鼓励学习者在真实的学习情境中加强交流，促进有效学习的发生、学习共同体的形成。

第四，更加关注学习者作为个体"人"的需求。科学技术的发展为我们提供了更有效的方法、更精准的工具，用以关注"人"的需求。目前，创新学习空间已经体现出以学习者为中心、多样化学习空间相互融合、技术设备支持等特点。

新型教学法的探索、学习理论的发展，激发了学习空间的重构与创新，而未来的学习空间应是更加关注个体与人性的、自由与规则并存的、与科学设备紧密相连的创新人才孵化场所，以满足学习者作为"人"的需求，并且实现学习者成为"人才"的目标。

2.爱尔兰高等教育创业与创新实践

在创新学习环境项目的国际影响下，爱尔兰高等教育已经构建了一个秉持以学生为中心的办学理念，坚持以创新为基础的教学原则，注重教学质量的保障体系。这一完备的教育体系，推动了爱尔兰的整体教育高速发展。[①]

第一，以创新创业为抓手的创新教育。从爱尔兰高校基本情况来看，创新创业孵化园是其最显著的特色之一。在这里，学生可以得到国家资金支持，将自身的创新想法转化成产品走上市场。目前，在爱尔兰的高校中已有很多创新孵化的成功案例。

第二，形成灵活而有弹性的教育体制。爱尔兰的教育体系从始至终都强调以学生为中心的办学理念，坚持从学生的实际需要出发，逐步形成了一种灵

① 杨莹莹.设计学校创新学习环境的欧洲经验：经合组织创新学习环境项目探究[D].福州：福建师范大学，2021：61.

活而有弹性的教育体制。不仅打破了普通教育、职业教育、高等教育、终身教育之间的屏障,同时还促进不同类型的教育形式之间产生了密切的联系。因此,高中阶段的学生已经开始思考未来的职业发展和规划。

第三,参加企业的实习实践活动。通常情况下,在学生学习的第三年,需要进入企业参加3到6个月的实习实践活动。针对实习过程中的学习经历、实习总结等撰写实习报告,并且根据报告的基本内容及其实习表现,由实习单位展开相应的考核。通过实习培养技能,调节学生对于未来工作的认知,增强未来的适应能力。

第四,向应用研究领域过渡。爱尔兰高等教育从基础研究领域逐渐到应用研究领域过渡。高校除了自身职能之外,还协同企业发挥联合作用,促进技术转让与政策的制定和实施。在企业内部,打造了相关高校教育与科研平台,促进企业核心内容的创新。

3.美国克拉克蒙台梭利高中创新学习环境的实践

美国克拉克蒙台梭利高中(以下简称"克拉克高中")是一所公立的高中,忠实于蒙台梭利哲学的核心原则,即呼吁体验快乐、好奇心和惊奇。学校通过社区式的学习环境,让学生真实体验社会,理解自身的价值,激励他们在社会中更好地学习和工作。①

第一,提高教师使用创造性方法的能力。高水平的师资是实现高质量教学的必备条件。克拉克高中的所有教师都拥有教育硕士学位。为进一步提高教师的教学水平,所有教师和辅导员都需要成功地学习完520个小时的课程,主要是学习蒙台梭利式的哲学以及如何在课程设计与实施中使用创造性的方法。

第二,利用多功能教室开展以学生为中心的教学。克拉克高中采用的是一种具有社区意识的教室。教室的设置是多功能的,学生可以自由选择单独或者是分组学习。教师会根据学生的需要,利用多功能教室灵活选择适当的教学模式。尤其是,利用定期组织的研讨会培养学生尊重、倾听、洞察和理解

① 杨莹莹.经济合作与发展组织"创新学习环境"研究:以美国克拉克蒙台梭利高中为例[J].林区教学,2020(8):110.

的能力，鼓励学生相互表达自己的观点。

第三，家长参与建立“三角式的教学关系”。在克拉克高中，所有的社区成员，即学生、家长和教师形成的是一种三角式的教学关系。强调教育不仅是学生和教师的任务，同样需要家长的参与。

第四，特殊学生干预教学。针对某些需要特殊干预的学生，克拉克高中还为这些学生提供了特殊的干预式教学。他们和普通学生一样在同样的教室进行学习，但是每一名需要帮助的学生在普通教室内，都能够得到一名干预专家的支持。该专家和社区教师合作，提供给每个学生与个人教育计划相一致的住宿条件和教学计划修改意见。

第五，开展社区式服务学习。社区式服务学习是克拉克高中教学最具特色之处。通过参与社区服务加深学生对世界的了解，增强自信。学生通过为非营利性组织做志愿者，例如动物园、医院、疗养院或者公园，在服务过程中，建立与组织和社会的联系，培养相应的技能或者兴趣，共同发挥相互的作用和影响。

第三节　个性化学习环境

在网络信息技术的推广应用和迅猛发展背景下，互联网与教育不断深度融合，让学习者的学习环境发生了巨大的变化，逐步向个性化方向发展，这也使得学习环境个性化现象越来越突出。越来越多的教育工作者开始关注到个性化学习环境，开展个性化学习环境研究已成趋势，其研究迫在眉睫，意义深远。

相较于传统的班级制、集中化的学习环境，个性化学习环境模糊了正式学习和非正式学习环境的界限，学习者不受空间和时间的限制，同时满足了学习者个性化、迥然相异的需求和兴趣。通过加深对个性化学习环境的内涵解读，以几类基本的个性化学习环境作为依据，探索个性化的学习模式及其运用策略。

一、个性化学习环境的基本内涵

(一)概念解读

个性化学习环境研究始于1988年,赫尔辛基媒体实验室的学习环境研究小组发布了关于"未来学习环境"的第一个版本——基于Web的学习环境,旨在支持以学习者和群体为中心的工作,专注于创造和研发知识的表达。2004年,加拿大的斯蒂芬·道恩斯(Stephen Downes)已经比较准确地描述了个性化学习环境,将其视为一种工具、服务、人和资源的松散集合体,利用网络力量的一种新方式。杨禄蓉(2017)认为,所谓个性化学习环境并非只是关注于课堂上教师的授课方式,而是包括多种学习手段、社区环境和教学服务等一整套个性化学习平台,并且以帮助学习者有足够的资源和动力达成各自的学习目标。[①]而布朗大学继续教育学院在线教育发展办公室主任迪瑞克拉认为,个性化学习环境就是将个人的学习节奏与外部各类资源的供给情况结合起来。[②]以上,将个性化学习环境理解为不同元素的集合、多种学习方式的整合,或者是学习者与资源的供给结合,可见,个性化学习环境具有丰富的内涵释义。

但是,目前人们还未对其确切概念达成共识。本研究认为,个性化学习环境并不一定局限于网络之中,实际上其反映出的一种理念是人对环境的能动性。我们以往总是在别人安排的场所或条件下进行学习,而个性化学习环境的提出使学习者自主设计环境成为可能。基于个性化学习环境中"个性化"的核心特征,我们认为个性化学习环境是以学习者为中心,根据学习者自身的需求和特点,由学习者特征、学习目标、学习策略、学习资源、学习评价这五要素构成的共同体。

(二)构成要素

学习者根据自身的特征设定学习目标,确定学习策略,通过学习资源实现评价反馈,更强调学生在学习过程中的积极性和自我指导的作用。

第一,学习者特征。学习者特征,即通过学习者的学习需求、学习风格及

---

① 杨禄蓉.美国公立中学"个性化学习环境"理念的实践个案研究[J].海外英语,2017(17):223.

② 方兆玉.美国K-12数字课堂:构建个性化学习环境[J].上海教育,2014(2):7.

认知水平等方面来分析学习对象。其中,学习需求是学习者在学习过程中呈现出来的内在不平衡状态,换句话说,是指学习者“当前的学习状态”与“期望达到的学习状态”之间的差距。[①]学习风格是学习者在学习活动中表现出来的一种具有倾向性的、自我偏爱的方式。认知水平是指学习者已有的认知体系或对以往的所学知识的掌握程度。[②]不同学习者的特征不尽相同,只有根据不同学习者的差异化特征构建学习环境,才能在真正意义上实现个性化学习,这也是设定学习目标和确定学习策略的基础。

第二,学习目标。一切学习行为始于学习目标。个性化学习环境构建的起点就是目标管理。根据德鲁克提出的目标管理理论和洛克总结的目标设定SMART原则(Specific明确性、Measurable衡量性、Attainable可实现性、Relevant相关性、Time-bound时限性),结合个性化学习环境下自主学习的特点,目标管理的具体做法包括目标的制订、目标的实施和目标的评价与反馈。[③]在个性化学习环境中,尤其重视学习者自身的学习兴趣与学习期望。

第三,学习策略。学习策略包括进行个性化学习的步骤、方法和途径等。作为个性化学习环境的构成要素之一,它是个性化学习的助推剂。从学习方式的层面来看,自主学习、合作学习、探究式学习等都是个性化学习的方式。在构建个性化学习环境时,不仅应该根据学习者的个性特征,支持多元化的学习方式,还需要考虑学习者的学习场合和支持环境等。

第四,学习资源。学习资源是个性化学习环境中的重要组成部分,它是指可用于学习的一切资源,包括信息、人员、资料、设备和技术等。学习资源一般可分为两类:一是专门设计的学习资源,如教科书、语言实验室等;二是非专门设计的学习资源或可利用的学习资源,如戏剧、博物馆等。在个性化学习环境中,进行资源管理是重中之重。首先应选择正确的学习资源,其次应该分类管理学习资源,最后还需要考虑学习资源的组织形式。

第五,学习评价。学习评价作为学习系统的反馈调节机制,贯穿整个学习

① 赵学孔,龙世荣.网络环境下基于Web的个性化学习环境设计研究[J].广西教育学院学报,2018(3):174.

② 孙国章.基于移动终端的个性化学习环境建构[J].吕梁教育学院学报,2019,36(1):42.

③ 吴宇璐.论个人学习环境(PLE)要素分析[J].江西广播电视大学学报,2011(4):48.

过程,在学习与教学过程中起着重要作用。在个性化学习环境中,更多强调学习者的自我评价。学习者通过自我反思发现问题,调控学习目标和调整学习行为,获得学习成效最大化。①从某种程度上来说,评价过程就是构建个性化学习环境的过程,它反映了学习者的反思和行为。

(三)显著特征

第一,数字化与智能化。由于互联网和信息技术的快速迭代更新,传统的学习环境逐渐向数字化、智能化的方向发展。在"未来教室"中,可以通过利用交互式电子白板、便携式平板电脑等智能设备,让教师、学生和各种教学终端之间无缝交互,教学过程的数据也将被完整记录,来实现数字化、智能化的交互式学习。②

第二,移动化与泛在化。以移动化和泛在化为特点的学习环境打破了学习者传统的学习方式,颠覆了大家对学习的时空观念。伴随着全球学习资源共享,不断出现的虚拟课堂、虚拟学校、现代远程教育等在线学习成为互联网时代的重要学习方式。教师的教和学生的学不再局限在学校或教室,学习者随时随地都可以通过互联网进行交流学习。

第三,自主化与定制化。个性化学习环境是为了学习者可以自行选择学习内容,开展自主学习而服务的。每个学习者都可以根据自身情况制订学习计划、自主选择学习内容和方式。大数据技术能够在充分了解学习者特征和教学内容的基础上,为学习者推荐与其能力相匹配的个性化学习资源,构建适应性的学习内容和方法,助力个性化学习活动的开展。③通过大数据模型的框架,了解学习者作为用户的学习需求、方式以及惯性,以海量数字资源为依托,为定制化学习提供参考依据。

第四,数据化与个性化。获得学生学习风格的数据更有利于掌握学生的学习特点与发展潜能,有利于教师采取适宜的方式促进学生个性和潜能充分发展,以期达到全面和谐发展的学习方式,乃至为学生后续学习确立目标、内容、方式与评价的一致性。

---

① 吴宇璐.论个人学习环境(PLE)要素分析[J].江西广播电视大学学报,2011(4):50.

② 杨宗凯.个性化学习的挑战与应对[J].科学通报,2019,64(5-6):493.

③ 杨宗凯.个性化学习的挑战与应对[J].科学通报,2019,64(5-6):494.

个性化学习是以学生为本，使学生成为学习的中心，学生能在学习过程中积极讨论、完成知识的自我建构。在实施过程中，个性化学习需要做到“五性合一”，即学习目标差异性、学习内容定制性、学习内容选择多样性、学习方式开放性、学习评价激励性的合一。

二、以翻转课堂为典型代表的个性化学习环境

信息网络技术的不断发展能促进实现教育信息化，随着教育改革不断深化，翻转课堂教学模式受到越来越多的学者与教育者关注。并且，当前国内外已有部分院校和教育机构正在研究如何通过翻转课堂教学模式，满足学生的个性化学习需求，通过利用翻转课堂，促进教学质量和教学资源利用率的提高、促进教育机会公平。与此同时，我国正处在课改时期，各学者都在探索如何利用信息与通信技术来实现课程改革，从而为学生提供更开放、更丰富的教学资源，提高资源利用率。

以上作为背景及需求，越来越多的学校开始关注到以学生为中心的翻转课堂教学模式。当前成熟的翻转课堂包括在线课堂、交互平台和以问题为导向的面授课堂在内的三个基本板块。[①]

（一）在线课堂

翻转课堂模式在形成之后，最基本的学习形式是在线课堂，其基础性的教育功能在于灵活地保证学生的学习，既可以将学习的场所转移到不同的地方，也可以便于学生自行完成预先学习，提高课堂讨论问题、解决问题的效率。

学习者先前的学习经验已经成为研究学习行为的重要视角之一。同时，学习者的学习参与也成为改进翻转课堂的过程性证据。依据学生参与理论，将学生的时间和精力视为有限的资源，强调了学生的主体性作用。在线课堂的学习正是鼓励学生更便捷地将更多时间投入学习中，学生参与学习的自主性更强、自由度更高。

---

① 李海艳.个性化学习环境和先前学习经验对翻转课堂学习者满意度的影响[D].武汉：华中师范大学，2020：绪论1.

(二)交互平台

云计算日渐成熟,铸就了当今大数据时代。哈佛、耶鲁等顶尖欧美高校,在探索研究时将网络在线课堂和互联网交互平台相结合,推进了网上课程平台的发展,如edX,Coursera等,在这些平台上可以搜索到丰富的教学视频,促进了翻转课堂的发展。而后,随着社会经济的发展,教育受到越来越多民众的重视,各种民间资本开始大量涌入翻转课堂,并在美国基础教育中广泛开展教学实践。以可汗学院(Khan Academy)为代表的学院,将线上课程和在线交流平台相结合,大大提高了翻转课堂的关注度和教学效率。

在线课程建设正在迅猛发展,在线课程层出不穷,其教学平台在内容、功能、形式等方面日趋多样。由于在线学习的特殊性,在线课程的教学形式和教学交互成为影响在线学习效果的主要因素,因此,在这两方面得到了更多学者的关注,并着力研究。尤其是重视学习交互性的实现,个性化教学的实现依赖于在线教学交互的个性化设计,教学交互是体现在线课堂教学优势的重要因素。

正因为移动学习平台的便捷性、灵活性,所以支持学习者可以不受时空的限制进行个性化学习。对于交互平台的使用,可以通过交互频次、交互深度、交互意愿等方面加以考察,不断改进交互平台对师生互动、生生互动的适用性。目前,大多数研究者比较关注翻转课堂的课前交互性,而对课堂交互性的研究较少。因此,交互平台的学习内容与形式及其适用阶段,需要进一步丰富和拓宽。确保通过个性化的学习模式,帮助学习者沉浸在课前、课中、课后不同阶段的持续学习、交流与反思之中。

(三)以问题为导向的面授课堂

翻转课堂作为一种“线上+线下”的新兴教学模式,借助网络平台为线上的教学媒介,创设个性化的学习环境,学生在学习中产生师生间的面对面交互行为,还能利用平台交互更便捷地获取丰富的知识。与此同时,翻转课堂充分体现了以学生为中心、以学定教的个性化、信息化教学模式,以学习方式的转变促成教学中知识获取传授方式和教与学之间关系的转复,体现出教育教学改革的重要性。

英国教育家罗辛·唐纳利(Roisin Donnelly)2010年以问题为导向的面授课堂为侧重点,研究了翻转课堂中基于问题式学习的交互式教学方法。PBL(Problem-Based Learning,简称PBL)在以问题为导向,充分尊重学习者的学习意愿,以协作学习为基本路径,构建基于问题解决的教学情境,培养学习者的问题解决能力和创造性思维等方面有着明显优势。[①]问题式课堂教学强调学生的主动性和参与性,以培养学生解决问题的能力和思维能力等,成为现代教育备受关注的教学模式。

翻转课堂是一种有效的课程管理方式,其本质是一种将传统课堂与在线教学结合起来的混合教学模式,在赋予学生更多学习自主性的同时,使课堂教学更具问题导向性,体现了当代教育发展民主化与信息化的趋向。在具体的实践中,翻转课堂将传统课堂的"课堂教授+课后作业"转变为"课前视频学习+课堂讨论巩固",实现知识传递、吸收内化至拓展提升的跃迁,强调学习的个性化和知识内化的交互性,通过改变教学程序、技术载体而拓展了学习时空,有助于深化师生交流互动,创新教学理念和内容。[②]

三、个性化学习模式及运用策略

(一)个性化学习模式

第一,基于自适应学习系统的个性化学习模式。挖掘学生个性化学习的潜力,对学生个性化学习进行全面评价并发现问题,从而制订出符合学生个性特点的教学方案,是研究个性化学习过程中必须解决的问题。在科技引领与技术革新的驱动下,素质教育和个性化学习已经成为学习者追求的理想教育样态,其更加注重学生综合素质的提升和个性化的发展。传统的网络教育平台打破了学生学习的时空限制,使学生能够充分利用网络资源,但是在实践中发现,传统的教育平台并没有真正实现学生的个性化学习。[③]

---

① 王和鸾.PBL网络课程的教学交互平台的设计研究[D].金华:浙江师范大学,2013:摘要.

② 张乐,张云霞."翻转课堂"教学模式在高校思政课中的应用研究[J].中国高等教育,2018(1):36.

③ 谢丽芳,杨志社.远程教育学生自适应学习系统的个性化学习环境设计研究[J].课程教育研究,2018(49):1.

当前在线课程考虑到学习者在时间、地点和学习进度上的不同特点，具有一定的自适应学习特点。但是，总体上对于自适应学习的支持尚不够充分。因为在线课程的学习过程中，教师很难了解学生学习的过程以及思考的具体过程；并且，不同的学生面对同样的在线课程、学习资源，因其先前学习经验、知识水平和学习风格影响而有所不同。于是，国内在进行自适应学习系统的研究过程中，认为需要通过分析学习者的个体差异，提供符合不同学习特征、满足不同学习需求的个性化学习支持。因此，基于自适应学习系统的个性学习环境设计，可以为学生提供适合学习心理的课程资源并跟进后续的学习内容，便于记录学生自主学习的过程，完成在线互动学习及自我检测。

第二，基于智适应学习系统的个性化学习模式。智适应学习系统是一个基于学生信息模型和知识库模型的系统，在适应学习者特点、集成学习资源和调整学习过程等功能方面均起到极大作用。并且，完成了向个性化学习方式的基础转变。但是针对自适应学习目前面临的问题，如何更加精确地判断学习者的已有知识基础，同时精准推荐适合学习者的学习路径，智适应学习在人工智能、大数据的支持下应运而生。①

智适应学习系统为个性化学习提供了实践范型，以预测作为起点，结束于学习辅导，构成了一个由“测—学—练—测—辅”五个基本环节组成的系统化学习过程。②通过对学习者进行学习行为采集和学习质量评估，其目的在于为学生智能规划学习路径，以及提供学习支持与服务，同时最大程度地提升学习者的学习效率。

第三，以学生个性化发展为根本目的的强大生态系统。个性化学习的第一圈层，是最核心圈层，即起点是学生的学科核心素养与学习风格；第二圈层是个性化学习顺利、高效开展的工具学科测试与分析平台；第三圈层是基于学习风格类型的个性化学习模式；第四圈层是促进它的评价策略；第五圈层是学科核心素养提升，个性化发展。这五个圈层共同形成一个互融共生的个性化学习生态系统。

---

① 廖菲菲，王成元.基于智适应学习系统的个性化学习环境构建[J].中国信息技术教育，2022(15):91-92.

② 李海峰，王炜.人工智能支持下的智适应学习模式[J].中国电化教育，2018(12):91.

(二)运用策略

第一,基于大数据群体画像构建个性化学习环境。个性化学习环境是网络学习环境的高端形态,是信息化教学时代学习者对网络学习环境的新需求,也是未来教育发展的方向。[①]随着慕课的快速发展,海量冗余课程资源带来的数据泛滥、规范存异等问题,也在严重影响着学习者的积极性和学习效率,高辍学率也成为制约慕课发展的一个重要因素。因此,如何针对学习者的个性特性,为其推送与之能力水平、兴趣爱好相适应的学习资源,构建与之匹配的个性化学习环境就成为研究热点。

个性化学习环境的构建,离不开对学习者类型及特点的准确识别和分类。康琦等人(2020),利用学习者浏览行为数据、学习活跃度数据、阶段测试数据以及社交互动数据等,通过主成分分析和因子分析,提取有效信息,构建了多维度的个性化学习标签体系,通过研究构建了一种集学生线上学习大数据采集、大数据预处理、语义化标签提取、群体画像挖掘等相关技术于一体的学习者群体画像挖掘路径,深度挖掘学习者画像与学习资源间的隐性关联,实现个性化学习环境构建与用户的精准匹配,达到对学生进行个性化的指导、提升学习效果的目的。并且,充分考虑学习者的学习特征和学习能力的变化,对其画像模型不断进行动态修正。

第二,基于对促进个性化学习的要素的解构。信息化已成为教育发展的大势所趋,极大地促进了教育内容、手段与方法的变革,使之成为一种可能。为促进教育教学质量的提高,培养创新型人才,要求教师对与之相适应的教学策略予以利用,让学生借助现代教育技术提供的个性化的新型学习环境,主动对信息进行获取、分析、处理与应用,促进个性化学习相关学习能力与素养的形成。与传统的个性化学习课堂相比,信息技术支撑的课堂将会更有效率。它能将丰富的网络资源引入课堂,调动学生的积极性。通过将信息技术环境下促进个性化学习的要素加以解构,可以从根本上探究个性化学习环境、个性化学习模式的运用策略。首先,帮助学生进行个性化分析,据此进行个性化指导是个性化学习的重要前提;其次,进行元认知提示,并加强个性化学习策略

---

① 康琦,岳鹍.基于大数据群体画像的个性化学习环境构建的研究[J].高教学刊,2020(13):52.

的支持;再次,在学习过程中,引导学习者在信息化环境中的学习交互;最后,基于学生的个体差异,采用多元评价增强自信心。

第三,基于实证研究结果的有效使用。教育信息化的发展对大学信息技术公共课教学产生了重要影响,使其面临着严峻挑战。马秀麟等人(2013),从调研翻转课堂教学模式(FCM)的概念、成功应用入手,尝试把FCM应用于大学信息技术课教学,并基于这一模式构建了有效的学习支持体系,进而将其组织应用于教学实践。[①]他们通过实证调查研究,认为翻转课堂有利于改善"一刀切"的问题,丰富的课外学习内容与自主学习的选择,有利于培养学习者的自主学习能力,对学习者协作、创新能力的培养也具有促进作用。但同时,这对教师提出了更高的教学要求,也对学习者的自主性和自主学习品质提出了较高的要求。

第四,基于个性化学习的多平台整合应用的探索与实践。个性化学习作为新的学习模式,对于教师或者学生而言,都是一次新的挑战。现在已有的网络平台或软件可以为学生的学习提供帮助,东莞中学松山湖学校的教师通过选择合适的平台和软件,优化高中物理网课教学的流程,提升课程效率,更好地为学生的个性化学习服务。教师可以通过集体备课确定教学进度,群力解决教学问题。根据网课学习的实际情况,最大限度地提高学生的学习效率,采用讲、学、练、辅、测为一体的教学模式,将各个平台和软件的资源有机地结合起来。

四、个性化学习环境的实践案例

(一)基于QQ群的个性化学习支持环境以完成"毕业设计"建设

毕业设计是成人高等教育中最后一个环节。目前,大部分远程教育院校的毕业设计工作会经历选题、初稿、终稿三个阶段。往往学生只有通过E-mail或毕业设计的课程空间与指导老师或同学进行交流,在长达约17周的毕业设计时间内,需经过多个协商流程。但是,在较长时间段,仅通过单一路径的协

① 马秀麟,赵国庆,邬彤.大学信息技术公共课翻转课堂教学的实证研究[J].远程教育杂志,2013(1):79.

商方式会造成沟通不畅。

因此,通过QQ群支持的个性化学习环境主要是为学生提供一个方便、易用、有即时反馈的、满足学生个体学习需求的辅助平台。①

第一,多一种移动接入手段。利用QQ群的功能,学生多一种移动接入手段,利用碎片时间无缝接入,随时学习共享空间的文字、音视频等内容。从远程教育的毕业设计的整个过程来看,这是一个自主的个性化学习过程,因此需要有便利的资源共享、充分的师生之间的交流做坚实的支撑。

第二,支持互动交互、资源分享及检索存储。QQ群支持的个性化学习环境支持QQ群交互与一对一交互两种互动方式。QQ群文件功能可以作为一个共享的资源库,教师或学生可以将教学管理平台上课程空间的内容、学院毕业设计的相关要求、公共辅导材料、毕业设计相关的资源等存储到QQ群文件空间内,学生们可以在任何时间访问QQ,并根据需要检索、分享、下载这些资源,便于学生的学习。

(二)基于MOOC的自主个性化学习环境设计

对优化课程教学过程的渴求、高校教学发展的需求以及节约成本和网络技术的推动,催生了MOOC这种个性化的网络学习环境。②由于学习者的知识背景和学习目的具有多样性,因此,以MOOC为基础的个性化学习环境必须让学习者以极具多样化的方式参与学习,满足其个性化的目标和需求,MOOC才能持续稳定地发展,并使其存在的价值最大化。

(三)日本"ICT梦想学校"个性化学习环境实证项目

2010年起,日本总务省开展了旨在构筑中小学校ICT环境的"未来学校"计划。该计划重点关注信息及通信技术教育应用问题。为了配合"未来学校"计划,日本文部科学省于2011年开展了"学习的革新"项目。该项目主要关注

① 于翠波.基于QQ群的个性化学习支持环境的研究[J].北京邮电大学学报(社会科学版),2017,19(1):4.

② 杨乐.基于MOOC的自主个性化学习环境设计策略研究[J].实验技术与管理,2016,33(4):169.

教育的效果、影响以及典型课程内容的开发。①

第一,全国范围建立教育云平台。以平台为基础,支持各种学习和教育实践。并与相关团体合作,在低成本的条件下建立开放资源的云平台,并确定相关标准。同时,还要建立全国范围内的教育云平台,保持低成本以有利于在全国展开,对应多种末端,适应个性化需求,确保情报安全、可操作性、多样化主体参与等。

第二,确立ICT应用教育模式及商务拓展。为了实现ICT梦想学校的理念,需要推广应用ICT的多样化学习和教育模式。其中包括开发活用云平台多种学习和教育模式,开发适用于实际实施这些模式的教材,并向全国推广。初步定为三种模式:一是学校家庭地区合作型;二是活化地区发展,振兴地区型;三是最前沿教育型。并且,以教育领域云平台为基础,推进企业间的合作以及各种团体和学校、EdTech等的融合,扩大商务领域,以此扩大教育影响。

① 赵思邈,李哲,前迫孝宪,等.日本个性化学习环境实证项目"ICT梦想学校"概述及启示[J].中国信息技术教育,2015(18):93.

第五章

未来学习环境的场域拓展

随着互联网信息技术的迅猛发展，人类进入了数字化时代和搜索引擎时代，知识和信息的有效期和更新期大幅缩减。在这种时代背景下，学生立足未来社会所需的批判性思维、创新性思维等高阶能力已然超出了传统学校课堂的培养范畴，仅囿于课堂空间向学生单向度传递知识已无法适应未来社会的高速发展，因此，有必要对未来学习环境的场域拓展进行学理层面的探讨。以自然空间、场馆空间和创客空间为代表的三种新型学习环境能有效弥补传统学习环境的不足，为学生提供更具吸引力、趣味性和具身性的动态学习空间，发挥各自的空间优势，激发和维持学生的高阶智力活动，促使学生的全面发展和个性发展同频共振，助力核心素养目标落地，落实立德树人的教育根本任务。本章将对自然空间、场馆空间和创客空间分别进行阐述，以明晰其各自的内涵、特征、育人价值和构建路径等，以期为进一步拓展教育边界，打造因应未来社会发展的学习环境奠定扎实的理论认知和思想基础。

第一节　自然空间

自然空间作为未来学习环境之一，相较于课堂空间表现出更强的直观性和体验性等特征，能够有效弥补课堂教学环境所存在的短板与局限，为学生提供多样的、更具生活价值的学习机会，丰富学生的生命体验。未来应充分挖掘并释放自然空间的教育优势及潜能，将自然空间内的元素转化为学生的丰富学习资源，进一步实现学习方式和学习环境的多元化，帮助学生获得独特的学习体验，借助自然空间推动学习方式的变革和学习效能的提高。本节将从自然空间的本体诠释、作用和开发策略三个角度，对作为未来学习环境的自然空间进行学理层面的探讨，为更好地实现自然空间的育人价值打下一定的思想基础。

一、自然空间的本体诠释

（一）自然空间的概念

在现有的研究中，“自然空间”通常作为一个哲学概念出现。在唯心主义哲学、唯物主义哲学、历史唯物主义等哲学理论中，都有关于自然空间的论述。而在这些哲学理论中，马克思历史唯物主义理论中关于自然空间概念的论述，对我们将自然空间作为一种学习环境或学习空间进行开发和建设具有启发意义。马克思认为，自然空间是人类存在的基础，它是人类生活于其中的空间，是人类生存和发展的空间。人类作为对象性的自然存在物，身体必须占用和依赖一定的自然空间；此外，为了自身得到生存和发展，人类必须从自然空间中获取所需要的能量、养料以及资料。因此，作为人类活动的空间，自然空间不是一个抽象的概念，而是人类实践活动的空间，是人类赖以生存的场域。教学活动作为人类的一种特殊实践活动，同时作为人类自身的一种发展活动，同样需要从自然空间中获取能量、养料和资料，以支持人类的可持续发展。

虽然自然空间在外延上是无限的，但是在内涵上是有限的，因为它对人类生存和活动而言是有形的空间。马克思认为，自然空间是人类实践活动的场域，离开了这一活动场域，人类的实践活动便无以依附。正是人类的实践活动，才使得自然空间从无限变为有限。一方面，自然空间是人类活动的空间，人类的一切活动都依赖其得以顺利开展；另一方面，人类在进行活动的过程中，又在不断地改变、塑造以及重新建构自己所处的自然空间。人类通过资源开发、城市建设、退耕还林、生态保护等各种实践活动，不断重新塑造自己生存和发展的空间。因此，从自然空间对人类生存和发展活动的作用角度来说，自然空间是一个有形的、不断被塑造和建构的空间。而在教育学中，自然空间这个概念的内涵会更加狭窄，只有这样才使其具备了成为人类学习空间的前提条件。我们认为，在教育学范畴中，自然空间是一个有限的空间，它包括自然界中天然存在的花草虫鱼、飞鸟走兽、矿石宝藏、森林湖海、山岳石林、河流瀑布、海滨公园等物质实体,也包括日出日落、雨雪霜雾等自然景观。这些丰富的自然物质和独特的自然景观共同构成了人类学习活动得以开展的自然空间。因此,我们认为,自然空间是人类得以生存的空间,是人类从中获取学习资源并得以发展的空间,是人类通过学习活动与之互动并不断改变、塑造以及拓展的空间。

2016年11月,教育部等11部门联合发布了《关于推进中小学生研学旅行的意见》(简称《意见》),该《意见》指出,要“引导学生走出校园,在与日常生活不同的环境中拓展视野、丰富知识、了解社会、亲近自然、参与体验”,要“加强研学旅行基地建设”,“突出祖国大好风光”,要“根据小学、初中、高中不同学段的研学旅行目标,有针对性地开发自然类、历史类、地理类、科技类、人文类、体验类等多种类型的活动课程”。①研学旅行的《意见》强调了学校教育要跳出校园空间的局限,向自然空间等校外空间不断拓展。2017年12月,教育部办公厅发布的《关于公布第一批全国中小学生研学实践教育基地、营地名单的通知》,公布了第一批“全国中小学生研学实践教育基地”名单,该名单中就包括了黄山风景区、临汾市黄河壶口瀑布风景名胜区、杭州西溪国家湿地公园、重庆南川金佛山景区、中国科学院西双版纳热带植物园、中国科学院武汉植物园、中国科学院华南植物园、阿拉善沙漠世界地质公园、黑龙江凉水国家级自然保护区、庐山西海风景名胜区、南宁青秀山风景区、黄果树风景名胜区等十几个自然类研学基地,这些自然类的研学基地本质上属于自然空间,这些自然空间中的风景、湿地、植物、瀑布、地质地貌等自然景观或物质实体,是研学旅行得以开展的基础和前提,也是研学旅行教育意义和精髓之所在。

(二)自然空间的源流

自然空间的概念最早可以追溯到自然主义教育思想。中西方的自然主义教育思想虽略有差异,但都倡导要尊重受教育者的自然本性和天性,让他们走进大自然中开展户外活动,通过亲身体验来感知和理解自然物的重要性。在我国,自然主义教育思想源远流长。道家思想认为,一个人的成长要遵循一种

---

① 教育部等11部门.关于推进中小学生研学旅行的意见[EB/OL].(2016-12-02)[2023-07-03].http://www.moe.gov.cn/ srcsite/A06/s3325/201612/t20161219_292354.html.

自然而然的法则，要学会向自然学习。“天地有大美而不言，四时有明法而不议”“山林与，皋壤与，使我欣欣然而乐与！”(《庄子·知北游》)大自然中蕴藏着各种美、法则以及奥秘，只有个人融入其中，才能收获游鱼之乐。

西方的自然主义教育思想最早可追溯至亚里士多德，后经夸美纽斯、卢梭等人的发展而得到正式确立。早在古希腊时期，亚里士多德就首次提出了教育应当“效法自然”的原理。自然主义的教育方式就是将教育场域由封闭的学校空间向开放的、无边界的自然空间拓展，使学校空间与自然空间能够有机地联通，使儿童能够在亲近、观察和体验大自然的过程中学习与自然科学相关的知识。这种自然主义的教育方式既顺应了儿童身心发展的自然规律，也关照了儿童与生俱来的好奇心与探究欲望。

夸美纽斯则是第一位从教育学的高度阐释自然主义教育的思想家，他提出了“教育要适应自然的原则”，并指出其包括两个方面的内涵：一是教育应该模仿自然；二是要依据儿童的天性、年龄、能力进行教育。[①]他还指出，年轻人应该从周围的环境中学习，从与他们有关的事物本身学习：“即那些可以观察的对象，如天、地以及天上、地上的一切事物。”[②]例如，看见鱼在水中游，我们可以学习和模仿鱼前进的自然方式，运用手臂和脚分别替代鱼的胸鳍和尾鳍而学会游泳；也可以在观察空中飞鸟的过程中，发现鸟前进的自然原则或方式，从而为自己装上“翅膀”，使自己也能够飞翔。因此，他主张将旅游与体验作为一种重要的学习方式，使年轻人能够通过旅游体验了解并探索自然本质、规律以及特点。总而言之，夸美纽斯的自然教育思想非常强调让学习者通过直接观察和模仿自然事物来了解自然的本质、规律、原则以及法则，从而使年轻人得到发展和成长。

继夸美纽斯之后，法国思想家卢梭再次强调了教育适应自然的原则，他从天性、环境、教育的角度论证了教育适应自然的必要性。在卢梭看来，人的成长受到三种因素的影响，或是受之于自然，或是受之于人，或是受之于事物。我们的才能和器官的内在发展，是自然的教育；别人教我们如何利用这种教

---

① 刘黎明. 论西方自然主义教育思想的形成、演变及历史贡献[J]. 河北师范大学学报(教育科学版)，2004，6(5)：75-79.

② 夸美纽斯. 大教学论：教学法解析[M]. 任钟印，译. 北京：人民教育出版社，2006：70.

育，是人的教育；我们从影响我们的事物中获得良好的经验，是事物的教育。因此，卢梭的自然主义教育思想非常强调尊重儿童的天性和本性，强调教育要从受教育者的直观性出发，反对死记硬背和生硬灌输式的违背自然法则的教育方式，倡导受教育者要走进大自然、走进社会，通过对自然万物的直接接触、观察和体验来汲取生长发展所需要的养分。

（三）自然空间的特点

1.物质性

自然空间是人类生存发展赖以存在的基础，其基础地位是由其物质特性决定的。人类是需要吃、穿、住、用、行、学习以及娱乐的有机生命体，这个生命体的存在和发展需要汲取大量的能量、养料和资料，而这些都是人类生存于其中的自然空间给予的。自然空间作为人类实践活动的空间，为人类活动提供了坚实的物质基础。学习作为人类的一种特殊实践活动，同样需要以物质资源作为支撑。大自然中的花草树木、飞禽走兽、山河湖海等自古以来就是人类观察、学习、模仿、体验以及创作的对象，正是其物质属性为人类的学习活动提供了源源不断的学习资源和条件。因此，未来学习环境在不断追求智慧化、数字化的同时，也不能忽视或者遗忘人类最初的、最本真的学习环境。我们应该在开发和利用自然空间中的物质资源的同时，大力保护和改善自然生态环境，使人类与自然空间形成一种可持续的互动、发展关系。

2.直观性

自然空间的直观性体现在学习者通过观察、聆听、触摸、体验等多感官活动可以直接获得关于自然空间中的知识和经验。相对于学校空间这种人造空间，自然空间保留了人类原始学习的特征。原始社会的人类通过采集、耕种、狩猎等实践活动获得维持其生存发展的经验，这种学习是借助真实的动物、植物等开展的直观性学习；而在学校这种人造的社会性的教育空间中，学习往往以书本和文字为对象，这种学习将学生从对实物的直接感知中剥离开来，使学生的学习获得的是一些较为抽象和难以理解的间接经验。而自然空间中的学习则是以学习者的多感官体验为基础的，学习者可以通过观察动植物的外形和颜色,可以描画动植物的特征,可以种植植物或饲养动物,可以置身自然之中感受生物的多样性。这种直观性的学习是学校学习难以匹敌的,也是我们倡导将自然空间纳入未来学习环境的重要意愿。

3.教育性

自然空间除了具有物质性、直观性的特点外,还具有教育性特点。作为人类赖以生存和发展的空间,除了为人类提供生存所需的物质和能量之外,自然空间还为人类提供了发展所需要的资源和资料。这些资源与资料最本质的特征就是教育性。以自然空间中的植物为例,学习者可以在观察植物的生长、对比植物的形状和颜色、品尝植物的味道以及开发植物的用途的过程中,学习植物的生长变化规律,把握植物的本质特征,了解植物的食用价值,以及发现植物的经济价值。而这些学习内容,正是学校生物课程、科学课程、劳动课程以及综合实践活动课程学习的内容。因此,自然空间的教育性,使其成为学校空间之外的重要学习环境,也成为未来学习环境空间拓展的重要场域。

二、自然空间的作用

(一)拓展学习空间,为学生创造独特的学习体验

随着核心素养培养目标的提出以及在学校教育教学中的深入落实,人们逐渐发现学校有限的课堂空间难以满足学生核心素养的培养要求。核心素养不是通过传统的讲授和说教就能内化于心、外化于行的,而是需要学生在真实的、亲身参与的、动手操作的以及深度反思的实践活动过程中才能得以生成和生长。因此,核心素养的培养目标要求学校为学生创造真实的、情境性的、动手操作和亲身体验的学习环境,而自然空间就是这样一个完美的学习空间。自然空间中蕴含丰富的教育资源,能够为学生创造亲身参与、体验以及探究反思的学习机会。以美国杰纳西社区特许学校为例,该学校就是一所典型的以社区自然空间为课堂,将学生学习的空间由教室向社区自然空间拓展的特许学校。该学校的课程体系侧重让学生深入探索社区的自然、社会和经济史。学校课程以学习探险课程为特色和核心,该课程的10大设计原则之一就包

括:自然世界——“大自然是我们的老师”。学习探险既是一种富有特色的课程模式,也是一种积极的、以探究为基础的教学法。该课程的开展和实施主要以学校所在社区的自然空间为基础,倡导学生通过探索社区的自然空间加深对社区的责任感和使命感。以该校四年级的“为我造一条河!”学习探险课程模块为例,该课程模块的活动内容是让学生探究与社区相关的自然问题,即他们居住的地区是如何形成的?将来的杰纳西河会是什么样子?这是一个侧重自然领域的内容,课程实施的空间也将在自然空间中展开。在为期12个星期的学习探险中,四年级的学生将沿着杰纳西河的源头和夏洛特的河口进行旅行并调查这些核心问题。他们在这个模块的课程中研究了杰纳西河在河床演变的过程中所书写的“故事”。他们探索了这个地区在整个地质时期都看到了什么。在考察结束时,他们为学生和老师提供了一个动态的资源。协作和“成长心态”在设计和建造创世纪河的比例模型时至关重要,而四年级的学生在实地考察河流的过程中,对河流进行了素描,并将这些素描变成了美丽的丙烯画。他们还从探险经历中获得灵感,创作了音乐。因此,将自然空间纳入学校学习空间,不仅拓展了学生学习的空间,还给予了学生完成学习任务、积累各种学习素材以及提供创造灵感的宝贵学习机会。

(二)丰富学习资源,为学习活动的设计提供支撑

学习资源是学习活动规划、设计、实施的重要因素来源和条件支撑。丰富的学习资源能够为学习活动的创新提供物质和条件支撑。学习活动的设计和实施需要基于一定的资源条件。作为人类生存和发展的最基本空间,自然空间给予了人类大量有教育价值的学习资源。花草树木本身的生长发展规律、外形特征、功能作用、经济价值以及审美价值,可以为学校科学活动和美育活动的设计提供支撑;风、霜、雨、雪、雾、冰雹等自然现象构成的自然景观及其蕴含的自然规律,可以为小学科学和中学地理学习活动设计提供资源素材;森林湖海、河流瀑布、矿石宝藏等自然资源,可以为小学科学活动、中学生物和地理活动设计提供资源素材。构成自然空间的自然景观或物质实体,由于其本身蕴含丰富的教育价值,成为学校教育的重要资料来源以及学习活动设计的重要资源。如何合理地、有效地开发利用这些资源的教育价值,使其服务学校教

学活动,是教育研究关注的重要内容,也是学校教育实践需要探索的实践问题。在国外,对自然资源的开发利用,已经成为一些学校课程教学的特色所在。例如,在纽约博物馆学校的博物馆模块课程中,“地质学”模块课程的学习活动就是以纽约市的自然资源为基础开发设计的。学生将看到纽约市和长岛独特的地质,他们通过参观哈德逊河、中央公园、因伍德山公园等自然景观和自然实物,并了解它们可以教给他们的关于地球的整体知识,如冰河时代、构造板块、全球变暖等。

(三)变革传统学习方式,促进学习方式多元化

学习空间的变革必然引起学生学习方式的变革。在自然空间中,学生的学习将不再是以书本知识为中心的、抽象的、注入式的、被动的学习,而是以实物为中心的体验式、探究式、参与式学习。以小学科学课程的学习为例,传统课堂中的学习基本以老师讲授科学知识与原理,学生聆听知识和记忆知识为主,辅之以实验和操作活动。但是,如果将科学学习的空间由教室空间转变为自然空间,那学习方式将会发生巨大的改变。以美国CHRYSALIS CHARTER SCHOOL(蝶蛹特许学校)为例,从学校名称就可以看出,该学校是一所以科学为重点和特色的学校。“CHRYSALIS”在中文中是“蚕蛹”或“蝶蛹”的意思,在这所学校中,特指的是“蝶蛹”。学校以“蝶蛹”为隐喻,鼓励每位学生能像破茧而出的蝴蝶一样,使自己的内心之光更加明亮。学校鼓励年轻人像科学家一样思考,发现答案,探索周围的世界。通过真实的调查和研究实践,学会获取信息并加深理解。作为一所特许学校,该学校在办学中拥有许多自主权,能够按照学校的理念实施教育教学。作为一所以科学为特色的学校,该学校的科学教学方法是独特和多方面的,它超越了传统的讲座和教科书。他们相信,人的思维会对自然界丰富的、相互关联的模式做出反应,这也是其研究成为其课程核心的原因。他们将自然空间纳入学校教育空间,创设了一系列具有自然特色的科学教育活动。这些学习活动为学生提供了以真实、触觉的方式练习科学思维、推理和技能的机会。每周,学生都会沉浸在大自然中,滋养学习心灵。他们会步行或乘坐公共汽车到沙斯塔县周围的不同地点进行实地研究,其实地研究的内容包括:研究河流和小溪、研究动物迁徙模式和种群、研究生

态系统、识别和计数鸟类、进行太阳能实验、进行植物和昆虫分类、协助恢复生境，以及静静地坐着，观察周围的环境。蝶蛹的学生花了大量的时间在户外，风雨无阻。在每周的实地考察和季节性露营旅行中，学生将会体验各地区丰富的自然生活。通过让学生接触自己家后院的自然世界，他们不仅感到与自然联系在一起，而且与他们的社区联系在一起。正是由于这种以自然为基础的、以实地考察为特色的实践学习方式，让学生逐渐建立起对本地动植物的认识、知识和欣赏。通过这些户外体验，学校可以培养学生一种保护自然环境的愿望，这将帮助学校实现其最初的使命，即使学生成为自然世界的积极管家。

三、自然空间的开发策略

（一）建立以自然教育为核心的研学活动基地

2016年，教育部等11部门发布的《关于推进中小学生研学旅行的意见》（以下简称《意见》）强调，要加强研学旅行基地建设。《意见》指出，各地要根据研学旅行育人目标，依托自然和文化遗产资源、红色教育资源和综合实践基地等，建设一批安全适宜的中小学生研学旅行基地。其中，以森林公园、地质公园、湿地公园、风景区、自然保护区等为代表的自然空间，本身就是极具代表性的自然资源。因此，将这些自然空间打造为研学旅行活动基地，既可以发挥自然空间的资源与教育优势，又可以为研学旅行的开展提供重要的教育载体，并为有针对性地开发自然教育类的研学旅行活动课程提供支撑。具体而言，自然类研学基地的建设需要遵循以下基本原则。

第一，地域性原则。地域性原则强调研学基地的建设要凸显本地自然资源的特色，剔除与周边地区雷同、相似的自然空间或资源，从而打造具有本地特色和有吸引力的教育基地。[①]具体而言，要筛选具有本地特色的教育资源，以此为基础打造基地的亮点和特色。以四川省的兴文石海世界地质公园为例，该基地的特色在于其拥有独特的喀斯特地貌，是天坑理论的发祥地，也是中国发现和研究天坑最早的地方，正是独特的资源优势使其成为四川省的研

① 邱涛.地方性地理研学旅行基地建设研究[J].中学地理教学参考，2017(4)：5.

学旅行基地。

第二，教育性原则。教育性原则是指基地的建设要将其特色资源与国家的教育方针、相关学科课程标准要求以及学校教材进行有机结合，使其能够促进学生的身心发展。《意见》明确指出，“把研学旅行纳入学校教育教学计划，与综合实践活动课程统筹考虑，促进研学旅行和学校课程有机融合”。因此，将自然空间建设为研学基地，需要深入思考如何利用其教育资源服务学校课程教学活动。

第三，实践性原则。实践性原则是指基地的建设要为学生提供亲身体验、动手操作以及实践探究等活动条件。《意见》指出，“研学旅行要因地制宜，呈现地域特色，引导学生走出校园，在与日常生活不同的环境中拓展视野、丰富知识、了解社会、亲近自然、参与体验”。因此，基地的建设要为学生的研究性学习和旅行体验提供各种资源和活动条件，使他们能够在实践中学习和成长。

第四，安全性原则。安全性原则是指基地建设应建立起有效的安全管理制度、完善的安全保障体系以及良好的医疗救助条件。[①]基地要为学生提供安全的学习环境，为学生学习过程中可能出现的意外情况做好预案并配备好各类安全设施设备，保障学生研学旅行活动顺利安全展开。

第五，专业性原则。专业性原则是指基地应该建立一个专业教育团队，配备专业的师资和教研团队，保障研学旅行活动的教育性和有效性。研学旅行是研究性学习和旅行体验相结合的实践教育活动，而不同于单纯的旅游，教育性是活动开展的第一要义。因此，要保障和提升研学活动的教育质量，就需要从师资团队的建设着手，打造一支懂教育教学的专业团队。

（二）深挖自然空间蕴含的教育价值

以森林公园、地质公园、湿地公园、风景区、自然保护区等为代表的自然空间，本身拥有丰富的动物、植物、水文、地形、地质现象、气候类型、气象现象等资源，它们是人类走进自然、接触自然、感悟自然、了解自然、热爱自然的重要媒介，也是人类自然教育活动设计和实施的重要资源。作为未来学习空间场域的拓展，要利用这些自然资源为学校的教育教学活动服务，就必须深挖自然

---

① 邱涛．地方性地理研学旅行基地建设研究[J]．中学地理教学参考，2017(4)：5

空间资源蕴含的多重教育价值。不同类型的自然空间具备不同的教育价值。以国家公园为例，它具有培养学生与野生动植物和谐相处、废弃物处理、环境质量检测和分析、获取自然探险知识技能以及生态保育和管理技能的生态教育价值。又如风景园林，其丰富的资源蕴含着生态科学教育价值、生态审美教育价值以及生态道德教育价值。其中生态科学教育价值体现在，它可以促进学生对自然科学知识、环境保护知识、生态工程技术以及生态文化与法制等科学知识的学习。最后，城市中的社区花园虽然在资源的丰富性方面差于国家公园、森林公园以及自然保护区等自然空间，但是其对青少年仍然具有较为独特的教育价值。例如，它可以为城市青少年提供自然教育的空间和机会，进而培养他们亲近自然、热爱自然、保护自然的自然责任感和情感态度价值观；此外，它也可以为青少年提供亲身参与、改造以及重塑社区自然景观的实践机会，从而帮助他们建立起对社区的认同感和归属感等。①

（三）构建完整的自然类研学旅行课程体系

课程是学校实现教育目标的有效载体，也是推动研学旅行活动在学校有效落地的重要媒介。教育部等11部门发布的《关于推进中小学生研学旅行的意见》指出，要将研学旅行活动“纳入中小学教育教学计划……与综合实践活动课程统筹考虑，避免‘只旅不学’或‘只学不旅’现象”，要根据不同学段的研学旅行目标，有针对性地开发自然类、历史类、地理类、科技类、人文类、体验类等多种类型的活动课程。自然空间本身拥有丰富的教育资源，将其建设为研学旅行活动基地是其开发利用的重要路径。但是，研学旅行基地的建设只是硬件设施的建设，要发挥研学旅行活动的实践育人价值，还需要加强其软件建设，即研学旅行活动课程体系建设。研学旅行活动是研究性学习和旅行有机结合的实践育人方式，因此要求学生在活动过程中实现旅行与教育的双重功能。自然空间及其资源可以为学生创造亲近自然、在研学旅行中感受祖国大好河山的学习机会，而这一切的实现都依赖于研学旅行活动课程的开发和实施。就自然类研学旅行活动课程的开发而言，需要遵循以下基本原则：

---

① 刘悦来，许俊丽，陈静．身边的自然 都市的田园：基于自然教育的上海社区花园实践[J].景观设计，2019(5)：6-11.

第一，实践性原则。一方面，研学旅行活动的基本原则之一就是实践性原则，它要求为学生创设能够亲身参与、体验以及感悟的多感官活动；另一方面，自然教育理念也要求教育要遵循自然的法则，强调让学习者通过直接观察、体验、探究、模仿、动手制作、动脑思考等一系列亲身参与的实践活动，来深入了解和探索自然的本质、规律、原则以及法则。因此，研学旅行活动课程的设计要遵循实践性的原则，目的是为学生创造实践探索的真实学习体验和学习机会。

第二，情境性原则。自然类研学旅行课程是以自然空间及其资源为基础而开发和实施的课程，自然空间本身就是一个天然的、真实的学习情境，因此研学旅行课程需要基于真实的问题情境设计活动，以此来激发学生的学习兴趣和动机。例如，四川省是一个地震灾害频发的地方，为了让学生了解地震发生的原因并降低地震对自身造成的危害，就可以以彭州龙门山国家地质公园、汉旺地震遗址、东河口地震遗址公园等自然空间资源为依托，设计地震主题的系列研学活动，使学生在对地震这一真实情境中的问题进行探究的过程中，学习相关防灾减震的科学知识，进而提升学生的生存适应能力。

第三，主体性原则。自然教育非常强调尊重儿童的天性和本性，强调教育要从受教育者的直观性出发，为学生创造自然发展的机会。因此，自然类研学旅行活动课程的设计，要以学习者为中心，关注学习者的兴趣和发展需要，充分利用自然空间及其资源条件，为学习者创造在与自然、与他人、与自我的互动中，发展自我意识和主体性的独特学习机会，最终促进学生主体性的健全发展。

第二节　场馆空间

场馆空间是通过为学习者提供开放的物理空间和丰富的学习资源，促进学习者终身学习的非正式学习环境。作为未来的新型学习环境，场馆空间能够为学生提供更加多元的学习形式，丰富学习体验。借由场馆空间的天然优势，学生有更多机会在开放、真实的学习情境中开展复杂、多元的智力活动，促进知识的迁移和应用，达成个性和智慧的双重发展。本节将从场馆空间的本质属性、价值意蕴和开发路径三个角度，对场馆空间进行学理层面的探讨，为进一步实现场馆空间的育人价值提供一定的思路。

一、场馆空间的本质属性

（一）场馆空间的内涵

现有研究中，对场馆概念的界定有广义和狭义之分。例如，国际场馆协会就从广义的角度将场馆定义为“面向大众开放且为社会及其发展服务，以教育、研究、欣赏为目的，征集、保护、研究、传播、展出人类及人类环境的物证的非营利性永久性机构”。它不仅包括博物馆、科技馆、天文馆、科学中心、水族馆、美术馆、图书馆等具有封闭结构的场馆，也包括公园、动物园、植物园、人工生态园、历史遗址、自然保护区等露天开放的场所；既包括经国家相关文物机构备案和认证的博物馆，也包括还未被国家文物机构备案和认证的其他“博物馆”。而狭义上的场馆通常特指“被国家文物机构备案和认证的博物馆”。从国际场馆协会对场馆的界定可以得知，“教育”已经位于场馆的所有功能目的之首，这更加强调了场馆作为一种学习空间的重要性。

当前对场馆空间概念的界定，主要存在于体育学中，即将场馆作为一种运动场馆，场馆空间则是一种运动空间。在教育学的研究中，极少对场馆空间的概念进行界定。因此，本书尝试从教育学和博物馆学相结合的角度对场馆空间进行界定。首先，从学习环境的角度来看，场馆空间本质上是一种非正式的学习环境，它没有对学习者的学习时间、学习目标、学习内容、学习结果以及学习评价进行严格的规定和要求，场馆中的学习是一种自由选择学习，因此与学校这种正式学习环境有区别，却与学校环境共同构成了无边界的学习环境。其次，从学习资源的角度来看，场馆空间由种类丰富的场馆资源构成，具体包括实物资源、环境资源、图文资源、人力资源、信息技术资源。[①]这些场馆资源可以为学习者的实物学习、体验学习、情境学习以及探究学习等各种学习方式

① 王牧华，付积.论基于馆校合作的场馆课程资源开发策略[J].全球教育展望，2018，47(4)：43.

提供所需要的资源条件。最后，从场馆的功能目的角度来看，场馆为学前儿童、小学生、中学生、大学生以及中老年等不同年龄的观众群体都提供了平等的学习机会，在构建终身学习社会的时代背景下，场馆的功能目的可以概括为促进学习者终身学习行为和终身学习习惯的养成。综上所述，我们对场馆空间的概念进行以下界定：场馆空间是通过为学习者提供开放的物理空间和丰富的学习资源，旨在促进学习者终身学习的非正式学习环境。

（二）场馆空间的类型

场馆本身就是由不同物质实体构成的物理空间。场馆的数量庞大、种类丰富，根据不同的标准可以划分为不同的类型。

根据国际上对博物馆的传统分类标准，场馆空间可以划分为历史类场馆空间、艺术类场馆空间、科学与技术类场馆空间、综合类场馆空间。历史类场馆空间主要包括历史博物馆、历史遗址、考古遗址、历史名胜、历史名人故居等，例如成都金沙遗址博物馆、广汉三星堆博物馆、成都武侯祠博物馆、西安半坡博物馆等。艺术类场馆空间主要包括以展示绘画、雕刻、装饰艺术、实用艺术、工业艺术等为核心和特色的艺术馆、美术馆、博物馆等，例如故宫博物院、徐悲鸿纪念馆、四川美术馆等。科学与技术类场馆空间主要包括展示动物、植物、矿物、宇宙天体、自然科学、实用科学以及技术科学的各种动物园、植物园、自然博物馆、科技馆、天文馆等，例如中国科技馆、北京天文馆、成都大熊猫繁育研究基地等。综合类场馆空间主要包括展示地方特色的历史、自然、革命史、艺术等方面藏品的综合博物馆，例如中国国家博物馆、湖南博物院、陕西历史博物馆、四川博物院等。

根据场馆是否被国家文物机构备案或认证的标准，可以将场馆空间划分为官方认证场馆空间和民间自建场馆空间。官方认证场馆空间主要包括被国家文物机构备案了或被认证了的各种正式的博物馆，如国家级/省级的博物馆、科技馆。而民间自建场馆空间是还未被国家文物机构备案或认证的，但是具备正式博物馆所具备的教育、展示、研究等功能的场馆，例如学校自建博物馆、私人博物馆等。随着学校课程建设的深入发展以及深化教育教学改革的需要，一些学校通过自筹、自创以及与各类场馆合作的方式，建立了服务于学校课程建设和实施的校园博物馆，这些场馆空间虽然没有被国家文物机构认证，但是却在支持学校课程开发和实施中发挥了重要的教育价值。例如，成都市成师附小华润分校，就与四川科技馆合作建立了校园自然博物馆，从而服务学校课程开发和实施。四川科技馆的工作人员会定期为学校更换博物馆中的展览和展品，学校也以此为基础开展了基于实物的科学教学。

根据学习者在场馆中主要采用的学习方式，可以将场馆空间划分为参观式场馆空间、体验式场馆空间、互动操作式场馆空间。参观式场馆空间是一种传统的场馆空间，主要为学习者提供近距离参观展览、展品的学习机会，主要包括历史类、自然类、艺术类以及综合类博物馆。体验式场馆空间为学习者创造了通过多感官活动来深度体验展览、展品的学习机会，让学习者能够产生身临其境之感，比如具备AR、VR技术的历史遗址博物馆、纪念馆等。互动操作式场馆空间能够为学习者提供人机互动、动手操作以及实验探究的学习机会，让学习者能够在做中学、思中学、探究中学，代表性的场馆空间包括儿童博物馆、科技馆等。

（三）场馆空间的特点

1.实物性

拥有真实的、有形的和珍稀的实物资源是场馆及其教育价值的重要体现。场馆中的实物具有信息的分辨率和密度，比例，真实性，价值四个主要特征：第一，实物感官信息的分辨率和密度主要包括物体的质地、气味、声音、颜色或重量等性质，它们可以为学习者提供宝贵的多感官体验的学习机会；第二个特征是实物的比例，无论实物是大是小，它们都可以为学习者提供一个学习机会，让他们了解自己与物体之间的关系；第三个特征是一个实物融合了历史与文化的联系以及意义的真实性，让学习者可以以实物为中介建构自身的知识意义；第四个特征是实物的价值有助于吸引学习者对实物的感知和体验，进而获得相关的知识信息。因此，实物的物理特性和场馆对这些特性的开发为学习者提供了相关信息和背景，让他们可以通过对实物的亲身体验和操作来了解它们所包含的信息，进而形成自己对实物意义的理解。在场馆学习中，实物是将学生自己的情感、想法、思想和意义聚集在一起的焦点，让学生在对实物意义的调查或探究过程中,将自己的情感、想法、思想与更广泛的情感、感受、思想联系起来,并明白实物的意义和重要性:它们不仅仅是直接的或传递的知识,它们是一种学生可以在深层次的情感、身体和心理层面上拥有的知识。

2.情境性

将学习置于知识产生的特定物理或社会情境之中,让学习者参与真正的文化实践可以提高学习的有效性,可以促进知识在真实情境中的迁移运用。[①]场馆本身是一个由展览展品、交互设备、场馆空间、参观者以及场馆工作人员等各种人、物、空间因素组成的高度情境化的学习环境,这种得天独厚的学习环境使场馆成为开展情境学习的绝佳场所,有助于促进学生创造性地将他们的学科知识应用于场馆以及场馆以外的更广泛的真实情境中。这种基于情境的学习与基于情境应用的学习可以有效克服学校课堂去情境化学习的弊端,帮助学生实现知识的有效迁移和运用。

3.体验性

体验性表现在学习者可以通过多感官的体验活动获得关于场馆实物的具体知识信息。在场馆学习的过程中,实物是学习者感知、情感和感觉聚集的重要载体,实物的物理性质首先会吸引学习者的兴趣和注意力,进而引发他们与物体的多感官互动。实物取代了教师的位置,成为场馆教学的中心媒介,学习者往往通过直接感知场馆中真实的、具体的东西来获得信息和经验。每个人的感知方式各不相同,有些人通过视觉能更有效地感知,有些人通过听觉能更有效地感知,还有一些人则通过触觉能更有效地感知。以科技馆为代表的互动和探索类场馆,经常为参观者创造多感官的互动展览和活动,并邀请他们与各种展品进行互动,以帮助他们从自己的体验中解读和建构意义。学习者可以通过诸如触摸、辨查、倾听、嗅闻、反思等多感官体验活动与展品进行互动,这种多感官参与的活动和展览,可以照顾到学习者的个体差异或学习风格差异,使他们使用尽可能多的智能,进而促进他们多元智能的融合发展。

---

① 高文.情境学习与情境认知[J].教育发展研究,2001(8):32.

二、场馆空间的价值意蕴

场馆拥有丰富的实物资源、真实的环境以及开阔的空间，可以为学生学习提供丰富的学习资源、创设真实的学习情境以及打造开放的学习空间，为学生创造独特的学习机会和深刻的学习经历。

（一）提供丰富的学习资源，创造独特的学习机会

场馆丰富多样的实物资源可以扭转学校资源匮乏的现状，为教学方式的变革提供丰富的学习资源，为学生创造独特的学习机会。学习资源是学习者直接面对的对象，其数量的多寡、质量的好坏对学习者的学习效果有着直接的影响。因此，为学习者提供丰富的、高质量的学习资源可以提升学习活动的效果。场馆资源作为现实世界中已有的可被学习者利用的学习资源，因其丰富的种类、庞大的数量、极高的教育价值，在20世纪早期就已受到了西方场馆教育领域的关注和重视。1975年，美国已有约90%的场馆为学校提供教育活动，70%的场馆的学校教育活动为例行活动。[①]随着场馆与学校互动关系的日益深化，美国场馆与学校（学区）成立了基于馆校合作的博物馆学校。与场馆机构的合作是博物馆学校模式的核心要素，几乎所有的博物馆学校都会与至少一所场馆建立合作关系，以便为学生学习提供丰富的学习资源，为学生创造独特的学习机会，以及最好地适应学校设计的课程。注重利用场馆合作伙伴的优质资源为学生场馆学习提供丰富的学习资源成为博物馆学校模式的核心内容之一。美国佐治亚州的埃文代尔庄园博物馆学校（the Museum School of Avondale Estates），与10余个场馆合作伙伴签订了合作协议，这些场馆机构与学校的课程直接相关，并且与学校的教育模式兼容。学生可以前往佐治亚州自然科学中心学习食肉植物、了解替代能源或参观有机农场；可以参观马丁·路德·金历史遗址场馆，研究佐治亚州的历史；可以到亚特兰大历史中心，了解殖民地生活；可以到昆内特环境与遗产中心学习“天气与气候”。这些场馆为学生提供了与课程主题相关的学习资源，为学生创造了可以经常走出校园进行实地参观和动手探究的学习机会，对变革传统的以讲授为主的教学方式具有重要的作用。

---

① 吴镝.美国博物馆教育与学校教育的对接融合[J].当代教育论坛(综合研究)，2011(5)：125.

(二)创设真实的学习情境,促进知识的获得与迁移

场馆真实的情境可以为学习创设真实的情境,促进学生对知识的获得、理解与迁移运用。知识的学习和运用需要以情境为支撑,情境对知识学习具有重要的作用。知识根植于情境脉络之中,通过参与富有真实生活情境的活动,学习者才能真正掌握知识。而且,在情境中获得的知识能够丰富人的认知结构,成为真正的经验,进而运用到相应的社会情境中。学习者在真实场景中学习的知识和技能更具实用性和迁移性。[①]学校学习的知识脱离了情境,容易导致"惰性知识"的产生,这也是学校知识难以迁移到日常生活情境的原因。因此,为了解决和避免这样的问题,学校需要为学生学习提供与知识相关联的真实情境,促进生活中的真实问题的解决。"情境"通常需要同时具备真实性、实践性和社会性三个特征[②],场馆学习环境则完美地具备了以上三个情境特征,可以为学生学习提供真实的学习情境。首先,场馆情境真实性表现在场馆是以收藏和展示真实的历史文物、标本、模型、动植物等为职能的公共文化机构,是人们真实参观和学习的地方,拥有看得见、听得到、摸得着、感受得到的真实情境,而不是人们想象中或者虚构出的情境。其次,场馆情境实践性表现在场馆是人们进行参观、学习和体验等实践性活动的地方,是人们与展品、展览、交互设备等外部世界的客观对象相互作用从而使学习得以发生的情境。最后,场馆情境社会性表现在场馆是一种包含复杂社会关系的社会化情境,是学习者与同伴、场馆教育工作者、专家以及其他人通过讲解、提问、解释、讨论、交流等形式的交互而逐步实现社会化的实践情境。因此,场馆的情境性特点赋予其重要的课程与教学价值,为学生学习和课程实施提供了真实的情境。

(三)拓宽有限的学习场域,打造开放的学习空间

开发场馆学习空间是学校拓宽学习场域,打造开放学习空间的重要路径。在经济社会与科学技术发展的双重冲击下,实践创新成为各国人才培养的核心目标之一。但传统的以教室为主的学习空间不能给学生提供体验感悟、自主探究和动手操作的学习机会,影响着学生创新思维和创造能力的发展,这已

---

① 艾兴.建构主义课程研究[D].重庆:西南大学,2007:86.

② 张琼,胡炳仙.知识的情境性与情境化课程设计[J].课程·教材·教法,2016,36(6):26-27.

经成为制约今天与未来人才培养的重要障碍。以创客学习、基于问题或项目的学习等为代表的新型学习形态可以有效作用于学生的创新实践能力形成，但受阻于学习空间的建设和开发力度不足，这些学习方式并未在学校教学中广泛扎根并取得预期的效果。[①]因此，重构学习空间已经逐渐成为当前及未来学校教育变革的目标之一。以实践创新为重点的未来学习将是突破传统学习空间的学习，是物理空间和虚拟空间相结合的学习。而从对物理空间的突破来看，学习空间向场馆空间拓展正是学校重构学习空间的一条可行路径。场馆空间广阔性、开放性、真实性、情境性的特点，可以从空间上重构学校的学习空间，使学习空间向场馆、向社区、向社会拓展，为学生基于实践创新的项目式学习提供广阔的体验感悟、自主探究和动手操作的学习空间，让学生从抽象的书本走向真实的世界。美国西奥多·亚历山大博士科学中心学校通过与加州科学中心、南加州大学、自然历史场馆和其他会展公园实体之间的合作关系，建立了一个集课堂学习、场馆实地学习、社区企业和行业以及专业组织实地学习于一体的全面的、综合的学习支持系统，为学生提供了融合正式学习和非正式学习的学习空间，使学校、场馆、社区、大自然高度融合，变革了传统的以学校课堂为主的学习空间，为创新课程实施以及基于项目的场馆学习活动的开展开辟了新的学习空间，为幼儿园到五年级的学生提供严谨和令人兴奋的多学科学习体验，成为美国基础教育的典范。

三、场馆空间的开发路径——构建有效的场馆学习模式

作为一种具有极高教育价值与教育意义的非正式学习空间，场馆空间深受美国大中小学校的青睐，纷纷通过场馆学习的形式将其纳入学校课程教学设计和实践中，成为学校教育教学的重要组件。现以美国博物馆学校的场馆学习模式为例，详细阐述场馆教育如何与美国学校教育有效融合。美国博物馆学校重视场馆学习的有形学习经验、与现实世界的联系及其为学生提供的

① 王素，王晓宁，张永军等.中国未来学校2.0概念框架[N].中国教育报，2018(3).

进行专业实践活动的学习机会[①],在教育实践中形成了以项目为驱动、以主题为中心和以博物馆流程为引导的场馆学习模式,促进了场馆空间教育价值的有效发挥,并提升了学校课程教学的科学性、有效性和特色性。

(一)以项目为驱动

首先,基于项目的场馆学习是一个学生通过参与真实世界的活动,模拟场馆专家研究的过程,解决问题和开发作品的学习过程。美国博物馆学校将基于项目的学习引入场馆学习模式,创造基于项目的场馆学习,旨在通过展览项目的开发驱动学生学习,提升场馆学习的趣味性、有效性和创造性。基于项目的场馆学习体现了积极建构、情境学习以及社会交互三种学习科学的观点:一是学生通过探究周围的世界、与环境交互、观察现象、产生新想法、与他人讨论合作来积极构建知识;二是将学习到的经验运用到更多的情境中去解决问题;三是基于项目的场馆学习是一个教师、学生、场馆专家等成员在共同情境活动中建构和分享知识的社会交互过程,通过讨论、应用和分享活动促进了学习社区的形成。

其次,基于项目的场馆学习是一种以跨学科概念和原理为中心,以展品(展览)制作和展品(展览)展示为目的,借助场馆真实环境、丰富资源和开发空间开展探究活动,并在一定时间内解决一系列真实的、相互关联问题的探究性学习模式。以项目驱动学习是场馆学习模式经常使用的操作策略。美国博物馆学校的学生通过参与扩展的、有意义的、充实的项目学习达到共同核心和学科领域的标准要求。此外,这些项目也是考查学生对各学科标准、概念和技能掌握程度的突破口和方法。基于项目的场馆学习使学生通过应用知识、操作实验、解决问题的方式来学习知识,学生参与的真实情境与场馆专家等的研究情境极为相似。学生参加真实而有意义的问题探讨,这些问题与学生的生活息息相关,学习方式类似场馆专家的研究学习方式。

最后,基于项目的场馆学习主要由内容、活动、情境和结果四大要素构成[②],并表现出以下特点:一是项目学习要从一个需要解决的问题开始。基于

---

① SCHARON C J.Long-Term impacts of a museum school experience on science identity [D].Washington:University of Washington,2016:18.

② 刘景福,钟志贤.基于项目的学习(PBL)模式研究[J].外国教育研究,2002,29(11):18-22.

项目的场馆学习以现实世界和真实情境中出现的备受关注的、多学科知识交叉的问题为驱动，学生需要对问题进行深度探究和思考并提出解决问题的方案；学习项目的问题紧扣场馆展览的主题和特色。二是项目活动具有一定难度和挑战性，需要学生像专家一样运用一系列研究方法（如观察、调查、实验、实地探究）和信息搜索的途径（如互联网、图书馆搜索等）来对现实问题开展探究，以在探究的过程中掌握和运用相关的复杂概念和技能，建构自身的知识结构；活动过程中，教师、学生、场馆专家或教育者、社区成员参加协助性的活动，共同寻找解决问题的方法。三是学生在场馆真实的情境中展开探究。场馆本身实物性、真实性的情境可为学生提供比其他学习模式更加丰富和真实的学习环境，使场馆学习项目更具现实性和挑战性，并促进知识技能的有效迁移和运用。四是学生要创造一套能解决问题的可行产品，作为场馆学习的成果并公开分享。学生需要运用学习中获得的知识或技能对现实世界的问题进行尝试性的解决，提出相应的解决策略或方案，并进行最终展览作品的创作，在展示与解释、交流与讨论中获得对问题的新结论和新发现。如美国杰纳西社区特许学校的实地考察项目——学习探险（Learning Expeditions）关注社区的自然、社会和经济历史问题，利用社区广泛的场馆与专家资源，为学生"就地学习"提供客观条件。学校六年级的学生会研究一个影响他们社区的"热点话题"，并花一年的时间进行深入的实地考察，通过实地参观、分析文物、调查研究、阅读写作、科学探索以及开展实际应用，提出解决这个地方问题的方案和报告，并向城市官员和其他利益相关者介绍他们的发现和建议，以为解决更大的社区问题作出贡献。在每次实地探险结束时，学生们还会运用他们积累的知识和技能创造出一个最终产品。如果可能，最终产品将为外部组织或社区的需要提供服务。最终产品的形式多种多样，包括书籍、演出、公开展览或场馆展览。这种基于项目的场馆学习可以测试学生的体力和学术能力的极限，培养学生分析与解决问题的能力、批判思维能力、合作学习能力以及知识技能的运用能力，让学生在为解决社区问题的实地探险过程中形成强烈的社会责任感和社区责任感，增强其对社区、社会乃至国家的认同感和归属感。

(二)以主题为中心

典型的场馆学习模式以主题为中心设计学习内容和活动,将场馆作为主题学习的权威并在场馆中寻找与学习主题相关的内容。就场馆学习的主题而言,至少表现出三个鲜明特征。一是资源性。场馆学习的主题以丰富的场馆资源为支撑,突显场馆展览或展品的特色,并与其相互关联和呼应。二是意义性。场馆学习主题重点关注和解决现实世界中的个人、社区以及社会问题和需要,强调学生运用所学的各科知识解决各种现实的问题。三是整合性。场馆学习打破人为的学科界限,主张以主题为中心组织跨学科的知识和内容,旨在通过对不同学习专题的探究来达到对主题的真正学习和理解。以美国纽约市博物馆学校的"场馆模块课程"(museum module course)为例,该校的场馆模块课程是由学校教师与场馆专家共同开发、实施和管理的。这种学习模块围绕某一个特定的主题,寻找与主题紧密相关的场馆资源来设计和实施。九到十一年级的模块课程都由四个不同主题的学习模块构成(见表5-1)。如九年级的四个模块分别是生物多样性、世界宗教史、身份和拉美殖民与文化。以九年级场馆模块中的模块三"身份模块"(见表5-2)为例,该学习模块的核心就是通过视觉艺术展览来学习和探索自己的个人身份。学校找到与该学习主题相关的场馆和与之对应的展览、展品进行模块开发,学生会在为期五天的时间里根据课程大纲走进相关的艺术场馆,利用展品完成学习任务和作业,获得对"身份"这一主题的深入认识和理解。

表5-1　场馆模块课程

模块＼年级	九年级	十年级	十一年级
模块一	生物多样性	地质学	美国历史上伟大演说时刻中的行动主义
模块二	世界宗教史	我们世界的几何结构	化学中的职业生涯
模块三	身份	帝国主义	编码
模块四	拉美殖民与文化	日本的过去和现在	大学探索

表5-2　身份模块

时间	场馆	相关内容
星期一	惠特尼场馆	展览导游:安迪·沃霍尔——从A到B再回来
星期二	古根海姆场馆	调查在画廊展出的艺术品 在工作室里,学习如何使用艺术材料来探索一个对他们或他们的社区很重要的问题
星期三	纽约市场馆	参观未来城市实验室:探索纽约未来几代人将面临的挑战和机遇;利用这个互动空间,讨论它如何影响他们作为纽约人的身份,以及他们如何解决这些问题
星期四	国际摄影中心	展览导游:尤金·理查兹——时间的运行
星期五	布鲁克林场馆	展览导游:民族之魂

(三)以博物馆流程为引导

博物馆流程是一种学生围绕某个研究主题开展深入的探究、实验、解释以及展示活动并获得全面发展的场馆特色教学法,其策略是将探究过程嵌入到场馆真实的学习环境中,创造一个基于探究学习的展览开发过程。现以明尼苏达博物馆磁石学校四年级的学习项目“陀螺”(Whirligigs)[①]为例,对博物馆流程的目标、优势与环节进行详细的介绍和阐释。

首先,博物馆流程的目标是以场馆资源、实物以及收藏品为研究工具,让学生在探究和实验两个流程的学习基础上,根据自己所学的内容创造一个面向其他儿童的真实展览项目(场馆)。[②]如明尼苏达博物馆磁石学校四年级的学习项目的目标是学生通过与明尼苏达州科学博物馆的展览开发团队合作,为场馆展览“风能现场”创建一个组件——陀螺。

其次,博物馆流程的优势体现在它通过模拟职业经历来实现学生对知识的深刻理解以及有效的应用,让学生、教师和社区成员参与合作活动来寻找问题的解决方案。具体而言,一是该流程以与场馆真实展览(实物)相关的某个

① FINNERTY K O.Introduction to a museum school: the museum process as pedagogy[J].Journal of museum education,1996,21(1):6-10.

② KALEEN E P.A unifying curriculum for museum-schools [D].Washington: University of Washington,2011:9.

主题为核心，让学生围绕这个主题开展深入的探究、实验、解释以及展示系列学习活动。这种在开发展览的前提下使用的收集、研究、观察、实验、解释和演讲活动会激发学生的创造性和批判性思维，并提供一个跨学科的框架，促进有效的课堂学习。二是该流程完整呈现和复制了场馆专家研究物品和创作展品的过程，它要求学生像场馆中的科学家、考古学家、历史学家等专家一样，在场馆情境中运用与场馆专家类似的研究程序与方法，完成“场馆专家”一般的工作和任务，获得相应的职业认识，并在这一系列的活动中形成和提升自身各学科的知识技能水平。三是博物馆流程强调学生对学习活动的主动权和所有权，教师、场馆专家、社区成员等成为学习活动的支持者、协助者与合作者，共同参与这个协作性的学习活动。因此，该模式本质是一个学生与学校教师、场馆专家、社区成员一起研究和创建场馆展览的活动过程。

最后，博物馆流程包括探究、实验、解释和展示四个主要学习环节，每个环节都有不同的内容和侧重点：第一，在探究环节中，学生需要从场馆真实的物品开始，动用所有的感官探究物品，用新的方式看待事物，进行头脑风暴并明确自己的感受。例如在“风能现场”学习项目的探究环节中，所有学生通过参加科学博物馆的教育推广计划——“天气课程”开始他们对风的研究；老师会引导学生使用富兰克林科学博物馆开发的课程资源以及互联网上可用的资源开始有关风的属性的实验；老师还会通过在设计技术方面开发的一系列课程，进一步为学生准备展览，并让学生们挑战将他们学到的东西应用到他们自己发明的风力发电机的设计中。科学场馆的教育工作者和家长志愿者与学生小组合作进一步完善设计。第二，在实验环节中，学生要不断地提问，多问为什么，怎么样，对场馆的实物进行收集、比较、对比和分类，测试可能的答案等。例如学生会向场馆展览开发团队学习、参观原型商店和设计部门的幕后花絮。他们还将在场馆公共区域进行调查、在实验走廊研究天气的物理特性、在明尼苏达大厅会见展览团队的负责人，他们创作的新风能展品将被安装在这里。在看到与他们自己的展览开发过程的相似之处后，学生们回到学校并在科学场馆艺术家导师的指导下开始为期一周的制作陀螺的高强度工作。而陀螺的设计得益于学生们创造风电机时产生的解决方案。第三，在解释环节，学生需要通过小组合作进行预测，画出思维导图，创建连接，寻找展览的模式等。对于参加“风能现场”组建开发的学生而言，他们会为自己的展品创作标签，并为在学校举行的展览开展解说活动。第四，在展示环节中，学生需要反思展览的信息是否清晰，确定需要使用的工具、媒体和最重要的想法，明确如何吸引观众以及谁是目标观众，以多种形式展示自己对展览的新理解等内容。例如，学生们在科学博物馆的支持下，在互联网上发布了他们的研究项目以便与更多的观众分享项目成果。这些“陀螺”将作为引人注目的交互式风力设备发挥作用，吸引游客在学校展览中以及在博物馆的永久展览中学习更多关于风作为能源的知识信息。

第三节　创客空间

创客空间服务于创客教育活动，是创客教育的主要实践场所，它为学生开展创客学习提供高质量、多元化的空间场域，借助信息技术赋能，目前已实现了虚拟与现实、线上与线下结合的创客空间构建，学生可根据不同的学习目标或内容领域选择创客空间。未来需从技术实践机制、合作共享机制、意识形成机制、自我评价机制四个机制入手[①]，共同构设适合学生个性和创造力发展的创客空间，挖掘创客空间对创新性人才培养的独特资源及优势，有效拓展教育边界，助力核心素养目标落地。本节将对创客空间的内涵、特点、建设路径、运用策略进行阐述，旨在进一步探索未来学习环境场域拓展。

一、创客空间的内涵与特点

（一）创客空间的内涵

“创客”来源于英文“Maker”，意指具有创新精神，并且致力于把创意转化为现实的人，创客倾向于通过与同伴的交流与合作，不断发现问题，解构问题，

① 王牧华，商润泽.创客教育促进初中生核心素养发展作用机制的实证研究[J].全球教育展望，2019（10）：46.

勇于创新，以产出具有个体或社会价值的成果。创客空间是指创客者们在共享开放的场域内借助计算机、3D打印机等技术或非技术工具将个体的理念、思维、创意等进行深度交流，借以实现成果的转化的实践与交流空间[①]，可以将其视为开放的实验室、工作室，因而创客空间又被称为“MakerSpace”，常见的英文表述还有“Hack-space”“Hacklab”等。创客空间理念最初起源于欧美的车库文化，由于车库具有相对密闭性，因而时常被住户当作廉价、便捷的制造加工场，车库文化的形成为培养大众创新精神提供了摇篮。这种发生在车库里，由个体自组织的小规模创造活动原本只是以兴趣驱动制作出便利生活的工具，随着现代信息技术的高速发展，这种自组织活动逐渐演变为大规模开展的系统化产品制作活动，形成了今天的创客空间。世界上第一个真正意义上的创客空间出现在20世纪80年代的德国，被称为“the Chaos Computer Club”，中文译为混沌电脑俱乐部，它也是学界公认的创客空间发展史上的里程碑。2010年，为帮助更多的创客将创意付诸实践，国内首批创客空间应运而生，为创意项目提供多方面的支持，例如国内第一个创客空间——上海的“新车间”，为国内创客空间的创办提供了具有可操作性的模式，以此为开端，创客运动开始在国内呈现迅猛的发展势头；又如位于深圳的“柴火创客空间”，各种思想和创意在此碰撞融合，成为了深圳创客的创意会所，这些都是当下较为知名的创客空间。随着创客文化与教育事业的有机融合，创客教育开始走进社会大众的视野，教育领域也出现了一批创客空间且产生了广泛的影响，例如温州市高级中学DF创客空间、深圳市第二高级中学创客空间等[②]，有效提高了学生的动手操作能力、创新能力和社会交往能力，加快了核心素养培育。创客空间不光在中小学崭露头角，一些高校近年来也对其展开了一定的探索与实践，例如清华大学于2013年成立的清华大学学生创客空间，旨在搭建创意分享空间，提高学生的动手实践能力。又如常州大学积极联合政企，合力构建高端创新平台和特色化的大数据创客空间等，这些国内外对于创客空间的探索和发展，对于我们把握创客空间的内涵和价值，拓展教育场域以优化学生未来的学习具

---

① 石乃月，马迪倩，穆祥望.“双一流”视角下国内高校图书馆创客空间建设发展探析[J].图书馆工作与研究，2018(3)：11.

② 祝智庭，雒亮，朱思奇.创客教育：驶向创新教育彼岸的破冰船[J].创新人才教育，2016(1)：35-36.

有一定的参考价值。

目前学界对创客空间还未形成一个统一定义，不同学者基于自己的理解提出了不同的主张。例如，陶蕾认为创客空间是为创客们提供创意外化、交换灵感以及实现产品的线上线下融合、创新和交友融合的平台。[①]美国旧金山噪声桥(Noisebridge)创客空间创始人米奇·奥特曼(Mitch Altman)认为创客空间本质上是人们可以通过创客行为实现自己的创意，对热爱的事物进行不断探索，并能获得社区成员支持的实体空间。杨刚则认为创客空间相当于实体实验室，创客们可以在实验室中将各自的经验和创意进行分享，进而创造新成果和新产品。[②]张春兰等人则倾向于美国学者安德森对创客空间的定义，其认为创客空间是指配备了创客所需设备和资源的开放性工作场所，创客在创客空间中完成其产品。[③]学者王德宇等人指出创客空间的内涵因不同地域的差异而有所不同，创客空间应是热衷于DIY的群体借助信息技术的优势，在互联网上将自己学习和创意成果公之于众，吸引更多的“创客”，随之形成一个社交群体，也即创客空间的样态雏形。[④]《创客杂志》中将创客空间描述为“创客活动、聚会和合作的场所，一个真实存在的物理场所，是开放交流实验室的工作室、机械加工室”。[⑤]

根据创客空间的不同使用路径及功能属性，可以将其划分为三种类型，即营利性创客空间、公益性创客空间和学校教育性创客空间。[⑥]营利性创客空间主要是以商业为主导，以营利为目的的创客场所，比如2006年成立于美国硅谷的著名创客空间Tech Shop，运用对会员收取的会员费用建设场所、购买设备，并为会员提供创造活动所需要的教学及设备资源。公益性创客空间是指政府或者公益机构组织领导的、不以营利为目的的，旨在为大众提供创新创造活动的场所空间和资源，增加群众的创新机会，提升创新的国民普及度的场

① 陶蕾.图书馆创客空间建设研究[J].图书情报工作,2013,57(14):73.

② 杨刚.创客教育:我国创新教育发展的新路径[J].中国电化教育,2016(3):9.

③ 张春兰,李子运.创客空间支持的深度学习设计[J].现代教育技术,2015,25(1):25.

④ 王德宇,杨建新,李双寿.国内创客空间运行模式浅析[J].现代教育技术,2015,25(5):34.

⑤ 雒亮,祝智庭.创客空间2.0:基于O2O架构的设计研究[J].开放教育研究,2015,21(4):35.

⑥ 黄文彬,王冰璐,步一,等.国内外创客空间研究进展:基于文献计量的分析[J].图书馆建设,2017(6):7.

所。国内外的公益性创客空间多建立在图书馆的基础之上,既给公众接触前沿设计的机会,利用图书馆的社区推动力宣传创客文化,又能推动图书馆定位和功能的改革,实现图书馆的多元价值发展。如美国红极一时的创客空间Noisebridge是(米奇·奥特曼)所创立的一家公益性质的创客空间,倡导学习、教育、分享的理念,没有特定的管理规则和会员收费制度,并取得了美国税收法的保护,再一次扩大了其教育价值和社会意义。学校教育性创客空间是指由学校或校内机构组织和指导的,旨在为在校师生的创新创造行为提供支持、传播创新理念的场所。学校所主导的创客空间通常强调项目学习,对于提升学生的合作能力和解决问题的能力有较大的帮助,能够使学生在合作中获得更好的自己。学校式的创客空间在我国非常常见。比如比较知名的清华创客空间,温州中学、昆阳二小等学校的创客空间等,在其组织的创客活动中主要通过跨学科、跨学界的实践活动,培养学生的综合思维和创新精神。

综合创客空间的众多定义,可以发现虽然不同学者对其文本性定义不尽相同,但对于创客空间的基本观点是一致的,在创客空间的基本理念和内涵上不谋而合,基于此,我们将创客空间定义为:一个由创造者群体自发形成的,共同承担运营经费,为了完成特定的创造活动、分享创意和经验而成立的空间场域。

(二)创客空间的特点

美国研究者克里斯·安德森认为创客空间是配备创客所需设备、资源且供其完成产品的开放性工作场所,作为创客运动实践的重要场域,创客空间有助于发挥创客的创新和实践能力。为了进一步把握创客空间的育人价值,建构契合未来社会发展的学生学习环境,我们有必要明晰创客空间的多重特征和属性,通过归纳和梳理可以发现创客空间至少具备以下四种特点:开放性、多元性、共享性、具身性。

开放性。创客空间相比密闭和固定的传统学习环境具有更强的开放性,它对各类创客始终秉持包容和开放的态度,因而越来越多的创客开始涌入创客空间,并被无条件接纳,开放性成为创客空间的首要特征。例如著名的访问空间(Access Space),曾为失业者、酗酒者甚至有过服刑经历的社会边缘性人士提供一定数量的培训课程，帮助他们实现再就业或创业。①

首先，作为未来的新型学习环境，创客空间随时接受来自各个年级和学科的学习者，空间内并不会设置特定的学习要求或目标，一切学习实践活动皆以学生的兴趣和需求为中心而展开②，很好地体现了学生中心和学习兴趣导向。其次，由于创客空间对创客来源没有过于苛刻和烦琐的要求，因而空间内实现了创客身份来源的多样化，这种多样化能够促发多元思想碰撞和融合，打破传统学习环境中的诸多壁垒，发挥开放性优势，为有着不同人生经历、文化背景和认知风格的创客随时交换创意和想法提供机会，在相互认证和批判中，饱具前瞻性和建设性的新想法得以生成，优化空间的实践绩效和学习成果。再次，由于创客空间具有开放性，资源分配将会更加趋于公平，从教育领域出发，实现了教育资源配置体系的优化，每一个学生皆有机会进入创客空间接触和使用先进的设备，将创意和想法转化为“公共实体”。值得一提的是，不同学科和专业的创客共同参与实践，将自身才能投入某项产品制作或真实问题的解决，有利于增进学科专业间的融合，即实现跨界整合，由此观之，创客空间的强开放性可以助力复合型人才的培养。

创意是创客从事学习和实践活动的智慧结晶，是思维流向、社会情感、认知结构的集中表征。在创客空间中，每一位创客都是集参与者和创造者身份于一体的复合存在，因而深知创意对创造者本身的意义和价值，也理解创意的外化意味着庞大的工程量，随之形成每一位创客及每一个成果被尊重和被学习的状态，更充分尊重每一个创意及其未来发展的可能性。正是创客间的惺惺相惜及由此构建的空间文化，造就了创客空间的开放性。同样，开放包容的特性也有助于创意生成和提质扩容，提高创客教育绩效，推动空间的高质量发展，带来学生未来的高质量学习。

多元性。多元性是创客空间的重要特征之一，集中体现在空间类别的多元和空间形态的多元。从空间类别来看，依照不同创客群体和领域，创客空间可被划分为营利性、公益性和高校教育性三种类别。类别上的多元性首先能

---

① 赵君，刘钰婧，王静．国外创客空间发展的经验与启示[J]．创新与创业教育，2019，10(1)：103.

② 祝智庭，孙妍妍．创客教育：信息技术使能的创新教育实践场[J]．中国电化教育，2015(1)：15.

够同时满足商业人士对于经济的要求、社会对于服务的要求和高校对于教育的要求，实现目的层面或服务群体层面的多元化；其次也可以满足兴趣和经济化效益的共同需求，创客空间帮助创客将创意物化，把主观想法转化为客观实在，体现了其自身的价值，并且极大地尊重并激发创客的创造兴趣，还原创造的本质，且已形成的各类创意产品很可能通过商业化运作给创客本身带来巨大的经济效益，创造主体可以通过申请专利及后续的批量生产等途径，将自己的创意转化为一项经济来源。因而在多元化的创客空间中，创造活动既能够满足个体的经济需求，也能形成更多的就业机会，从一定程度上推动社会的良性发展，实现"万众创新""大众创业"。

从空间形态来看，借助信息技术赋能，创客空间已不拘泥于单一的线下实体形态，而是逐渐走向虚实融合，实现了线上线下结合、正式与非正式结合的多元形态。创客空间虽然在教育理念和模式上同传统的学习环境不尽相同，但从操作层面来看，两者不免存在一定的共通之处。例如传统学习环境的主阵地——教室，往往囿于固定和单一的线下场所，碍于教室、学校甚至区域间存在的时间和空间限制，很难达成各个区域学习环境的融通，切断了更大范围的教育资源共享和协同作业之可能，这种瓶颈在实体创客空间中也多有体现，创客只有亲临创客空间，才能开展实践和创造活动，且空间的容纳人数有限，更多的创客由于时间和空间限制无法实现广泛的协作与交流。简言之，普遍实行单一实体空间支撑全部的学习活动，效率较低，不能满足学习者对创客教育实践质量越来越高的要求。[①]这种矛盾归根结底源于空间形态的单一性，需要顺应信息化时代发展潮流，借助基于互联网的信息技术为创客空间赋能，例如物联网、区块链以及近来横空出世的ChatGPT等现代信息化产物，进一步优化空间结构，打造空间形态的多元性，在维持实体空间对应实践的核心功能基础上，搭建为实践提供服务支撑的虚拟空间，打造虚实结合的升级版创客空间，辅助创客更好地开展创客活动，提高实践绩效。

虚拟融合现实的多元空间形态首先能够帮助学生在学习时间、空间和方式上发生变革，借助信息技术的赋能，将同步学习和异步学习、正式和非正式

---

① 雒亮，祝智庭.创客空间2.0：基于O2O架构的设计研究[J].开放教育研究，2015，21(4)：39.

学习结合起来，在更大的区域范围内构建学习和创造共同体。其次，实体空间和虚拟空间能在整个创客活动链中各自发挥其积极的效用。例如，实体空间面向项目的实践工作，虚拟空间则围绕实体空间中的项目实践提供各项支持服务，这样有效拓展了大众对于创客空间的认知，将实体创客空间解放以承担更多的实践工作，形成虚拟与实体空间的互补互构，二者双向耦合以提高实践绩效。

共享性。创客通过协作、对话等交互性活动实现创意和产品生成，一切实践活动都离不开创客间彼此的互动，空间内的所有技术和非技术工具属于全体创客。同样，通过协同作业所形成的一切产品和空间文化也生成于集体，从这个角度出发，创客空间是创客群体共建和共享的。

创客空间的共享性根本上源自于合作和互动的过程，是合作性的价值外延。首先，创客空间是一个开放、多元的空间场，任何产品的生成和问题的解决都需要集体智慧的凝结，这改变了创客单打独斗、各自为战的状态。创客空间是个体自主行动和群体协同合作的统一，且更加重视创客间的主体间性，根据社会建构主义理论，个体的知识结构形成于个体和周遭环境的交互作用中，个体认知网络的社会化联结也将构建更大的社会认知网络，不同创客在空间内持续地互动和协作，以形成社会认知网络，由此，创客共同体内的所有资源和有益成果属于所有创客，此乃共享性的集中体现。其次，共享性可以提高空间内的实践绩效。共同体在创客空间内业已形成，那么新加入的创客若要快速融入其中，必然要熟悉并接受已有的空间文化，通过合法性边缘参与，逐步进入到共同体内部以接触核心任务，促进创客彼此有益经验和原创成果的学习和交流，各种想法和成果相互迭代，提高创客活动效能，并在此基础上实现更大且更加优质的创造。

由于创客空间的共享性特征，所有物质和非物质成果属于所有创客，因而创客间休戚与共，排他性竞争逐渐被摒弃，取而代之的是互惠型合作，创客共沉浮共进退，以合作共享促进个体的发展，实现自我的优化，并建立一种新型的民主关系，客观上促进了民主和谐型社会的建构。

具身性。具身理论强调个体的认知是自身与周遭环境持续交互的结果，智慧与个性的发展得益于实践活动的参与，这是一种囊括了身体行为、思维和态度的多重参与，通过具身参与对认知结构进行改组和改造，为进一步创新提供准备，创造了主观条件。

未来的学习空间必然以学用结合和学以致用为基本导向，学生（创客）在创客空间内的具身学习突破了传统学习环境中先学后用的桎梏，解构了传统的知识观、学生观和学习观，为学生提供丰富的机会去体悟知识的诞生和应用过程。知识的获取不再依赖于接受式学习，而是在创意物化和问题解决的过程中获得，学生成为了知识的创造者，以往课堂中外在的、静态的和客观的知识，转化为学生内在的、动态的和主观的认知结构网络，学习和实践从分离状态走向一体化，学和用紧密结合在一起。借助创客空间中的先进设备和技术优势，例如智慧黑板、雕刻机、3D打印机、数控机床和多种多样的桌面设备、移动终端等，学生可以愈加自由地展示自己的创意，施展自己的才华。这种状态下获得的知识，显然被赋予了更丰富和深刻的实用价值，有利于未来学生对知识和技能的迁移和应用。

创客空间的具身性有效弥补了传统学习环境的不足，打破了常规的教学和学习模式。所有创造性的项目和活动都需要创客的主动参与，创客小组的成员通过讨论、功能性分工、动手操作等环节形成最终的产品，因而创客空间内的学习并不是机械训练和简单模仿，而是蕴含了具身学习、参与学习和实践学习的意味，帮助学生对世界产生深层次、多维度的认知，在知识间建立深度关联，进阶式创造和深度学习得以发生。显然，创客空间作为未来学习场域的拓展，带给学生的是非常规的学习空间和深刻的学习方式变革，在空间内开展的一系列诸如创造性问题解决、创造性思考、创造性表现和创造性交往等，皆是以创造为根本价值与属性的真实活动，通过学生的具身体验，在创造中优化思维，在思维发展中提升创造性。

二、创客空间的建设路径

（一）基于技术的实践机制

创客空间的建设应充分考虑技术和实践的有机结合，从技术实践机制出发，帮助学生提高实践能力和技术素养。创客空间是面向未来的技术时代产物，重在培养学生的创新思维和实践能力，在促进学生更有效地开展创造性活动和投入问题解决上，技术扮演了不可替代的角色。我们认为技术的核心和本质是提供功能执行某一类任务，也就是我们今天所说的“赋能”。[①]学生在创客空间中利用丰富的技术手段开展创造性实践活动，不断地将创意物化，实现个人智慧和能力的发展。从技术实践机制出发建设创客空间有利于学生将技术和实践相统一，以技术驱动实践，形成技术中的实践和实践中的技术，即技术—实践空间机制，因此，在创客空间的建设中需嵌入丰富的技术元素，合理利用技术赋能，将技术作为创客空间建设的重要依托。例如针对大部分中小学而言，校园创客空间的建设要突出3D创意设计，利用3D打印等技术帮助学生将自己的想法和创意付诸实践，并借助互联网优势，搭建线上更广泛的展示和交流的平台，提升学生的创新精神和实践能力，奠定终身发展之基础。学生在借助技术手段展开的创新性实践活动中不断生成高阶思维，逐渐成为高品质的问题解决者和实践者。

（二）基于合作的共享机制

学生在创客空间中开展创造性实践活动，实质上也是民主合作和共享的过程，合作和共享贯穿学习和实践的全过程。创客本质上是一群具有较强实践能力和创新意识的同伴、专家、教师组成的学习共同体，创客的学习过程主要发生在创客之间的竞争、认同和合作过程中，是一种基于集体智慧的学习。[②]创客活动的复杂性和所遇实际问题的劣构性决定了学生很难依靠自身完成整个学习和活动过程，因此自主、合作、探究成为创客空间学习的主基调，这意味着学生必须形成良好的合作和共享意识，在合作共享机制中更加高效地投入创客学习。作为面向未来的学习环境，创客空间应支持学习者的信息共享和经验交流，开放的交流与共享不能囿于传统的实体空间中，因此可以在空间建设中借助信息技术的优势，打造虚实结合的空间来拓宽交流和分享的区域，实现跨时空、跨领域的资源整合。创客空间建设有必要从物理建制和心

---

① 万昆，任友群．技术赋能：教育信息化2.0时代基础教育信息化转型发展方向［J］．电化教育研究，2020(6)：100.

② 徐颖，朱弘扬．师范院校创客教育生态系统构建研究［J］．中国教育信息化，2018(12)：16.

理建制两个层面考虑如何促使学生更好地进行合作与共享，在空间内随时投入合作，形成合作共享的空间氛围，利用众创性活动方式帮助学生形成学习共同体，在创客学习过程中通力合作、集思广益，学习结束时积极主动共享成果，实现个体间的智慧碰撞与交融。

（三）基于意识的形成机制

创客空间赋能学生发展需要以多元的创客学习活动为基本载体，高质量的创客空间不仅要有利于学生完成活动和任务，更重要的是促使其各类意识的形成，意识是触发学生能力从而高效解决问题的关键。校园创客空间的建设要充分彰显学习者的中心地位，通过合理的空间结构规划和心理资源配置，例如空间的规模、规则、安全度和舒适度等，帮助学习者生成主体意识，更好地开展高质量的创客活动，落实创客空间的空间育人价值。创客空间的建设需要为多元化、特色化的创客学习活动提供充足条件和充分准备，尽可能贴合学生的学习过程，只有持续浸润在智慧激荡的创客学习中，学生才有可能形成诸如创造意识、问题解决意识、理性思考意识和积极进取意识等意识，这些意识正是培养高阶思维和核心素养的关键，教师利用创客空间的优势，借助技术和非技术手段设计创客课程，针对性地作用于学生各类意识的形成和发展，帮助学生更加高效地投入未来的学习和工作当中。

三、创客空间的运用策略

（一）助力拔尖创新人才培养

第一，以创客空间追求拔尖创新人才培养理念的创新。创客教育的基本主张是寻求学习过程向创造过程转化，帮助学生摆脱接受式、单向度的学习方式，将创造作为基本学习形态和基本价值追求，在创造中学习、在学习中创造，达成学习和创造互为一体，即学习—创造的人才培养模式，最终将创造能力转化为高质量成果或问题解决方案等。以创客空间助力拔尖创新人才培养，其根本机制在于驱动人才培养过程中四个观的转变。首先，创客教育的人才培养目的观从知识获得转变为知识创造，此视域下学生的角色不再是知识的接受者和占有者，而是知识的生产者和创造者；其次，人才培养的过程观从离身学习发展为具身学习，人才培养始终在过程中并为了过程，过程是一切事物的基本状态，人才培养过程更是动态变化的连续体，学生的具身学习和真实体验便是人才培养的本体过程；再次，人才培养的环境观从教室扩展到创客空间，环境观的改变意味着人才培养的观念、方法、程序、手段等都将发生结构化的转变；最后，人才培养的评价观从分数走向人。创客教育使创新能力培养从抽象走向具体，从复杂走向简单，从个体走向群体协作，从学校走向日常生活，借助创客空间开展的创客教育更多地关注个体完整的发展，促使学生更加丰富、深度的学习投入，尤其突出创新思维和创新品质的形成，有效助力拔尖创新人才的培养。

第二，以创客空间致力于拔尖创新人才教育形态的改革。创客教育并非一种具体的方法或手段，而是一种新的教育形态。有效开展创客教育不是单纯的技术性问题，它必须建立在多种成熟的教育理念之上，综合采用诸如体验教育、项目教学法、创新教育、DIY 等教育形态。创客教育克服了传统教育的单一性和局限性，不再将口头讲授和机械训练奉为圭臬，而是最大化程度追求具身性和多样化，融合了体验教育、项目教学法、创新教育以及 DIY 理念当中的一些教育形态，形成了创客教育的新教育形态。首先，创客教育强调了体验教育中的深度参与，继承了在实践中学习的思想，将学生的切实经验作为成长和发展的来源及动力，通过深度参与转知成智，转知成识；其次，创客教育的框架和项目学习法相似，都以一个特定的学习任务为中心，使学生能在分组协作完成任务的过程中完成学习，在创造性氛围中自主地投入合作、探究、构建、反思活动，在创造性学习活动中达成自我的超越和文化的觉醒，塑造学生解决问题的能力；再次，创客教育继承了创新教育的理念，坚持创新导向，将创新作为基本的价值追求，借助创客空间的环境优势，采取多元化的教育形态，以培养学生的创新意识、创新思维以及创新能力为目标。此外，创客教育还包含了体验教育、项目教学法、创新教育的共性，即以学生为中心，强调并培养学生的自主学习能力，不断增强其元认知，帮助其持续的自我发展和自我教育。而 DIY 理念也融合在创客教育之中，即培养学生的动手创建、精益求精、尚工重器的“工匠精神”。在已有教育思想和理念之上，创客教育融入一个新的因素——

信息技术的促进作用。作为新兴的教育形态,创客教育更加依赖于技术,更需要也有必要借助现代信息技术为其赋能,在数字化背景下更好地挖掘并释放学生的创造潜能。创客空间是面向未来的学习环境,依托其开展的创客教育亦是面向未来的教育形态,学生的数字和技术素养必定要在数字和技术的实践中方能形成,有效培养拔尖创新人才要重视信息技术在创客教育中的深度应用。

第三,以创客空间探索拔尖创新人才培养方式的变革。创客空间是以用户为中心、以社会实践为平台、以协同创新和开放创新为特点的新型创新平台和模式,其培养方式体现出以学生为中心、以创造为方式、与实践相结合的特点。因此,创客教育着力于转变学生的学习观念与学习方式,将学生从灌输和传递式的教育中解放出来,以促进其适应"基于创造的学习",支持学生投身于基于创造的学习过程,深度参与基于合作与探究的文化实践活动,让学生能够重视创造、乐于创造、善于创造,从观念和实践上将创造作为一种新的学习方式甚至是生活方式,过创造的生活。创客教育的培养方式以建构主义为指导,注重引导学生学习方式的转变,主张学生从既定事实的被动接受走向知识的自主建构,通过与客观世界、社会他者和自我的对话与互动,进一步体悟知识的社会意义、文化意义、实践意义和精神意义,因而强调采用项目学习、基于问题学习和自主学习,主张学生在创造中学习,充分发挥学生学习的主体性、主动性和创造性,帮助学生生成主人翁意识,促进其自我意识的觉醒。基于创造的学习是一种"有魔法效果的、可以创造奇迹的学习方式"。基于创造的学习往往是自发的和主动的,而不是接受的和被动的。创造的过程是学生由好奇心驱使,独立或协同地发现问题、分析问题并利用多种工具与资源创造产品解决问题的过程,是学生基于自驱动、综合多学科的知识寻找问题解决最佳路径的过程。在基于创造的学习过程中,作为创客的学生可以深度参与设计、创造、建设、开发与发现过程,不断经历失败却又努力再次尝试直至完成创造过程;教师通过观察学生的创造过程,更充分、科学地认识到真正具备创造与创新能力的人才应具有哪些核心技能、思想与智慧,在此基础上进一步思考并生成创新型人才的画像,加强自我检视,对教育环节和步骤进行优化,超越和克服现存的局限与短板,更加智慧地结合学生的特点进行针对性的引导和培养,加速创新人才的培养。

简言之，以创客空间为依托，积极探索创客教育的深入开展是当前拔尖创新人才培养模式改革的新命题，也是深化高等教育领域综合改革的新突破。

(二)赋能基础教育高质量课程体系建设

随着"创客"一词在2015年政府工作报告中出现，社会开始逐渐意识到创新能力能够通过创客教育得到有效培育，中小学创客教育开始快速发展。① 2022年4月发布的义务教育课程方案和课程标准进一步强调了中小学开展综合实践活动课程的重要性，旨在通过做中学的方式弥合知识和应用间的落差，培养创新型人才。创客空间恰恰强调学生的实践操作和具身体验，推动新课标的实施，赋能高质量课程体系建设，助力高阶素养形成。中小学创设创客空间，开发多样化创客课程以促进学生发展核心素养在国内已经有了较为深入的理论和实践探索。

第一，在中小学建设创客空间以促进创客课程的实施，优化学校课程体系，丰富学生的课程体验。在空间的设计和安排上要充分契合学生的学习规律和心理发展规律，注重学生的体验感，打破传统学习环境设计理念，突破先学后用的常规思维，重视学生的实践能力和创新思维，助力科技教育的普及，为学生的实践活动提供充分的物质和环境保障，营造学以致用、学用结合的学习空间，让学生在综合实践课程中挖掘知识的价值，探索知识的应用，在同他人的合作与交流中不断完成任务、解决问题，达成认知和情意的双重发展，为未来的学习明晰方向和奠定基础，成为终身学习者和思考者，助力终身学习型社会的建构。

第二，作为未来实施中小学综合实践活动课程的关键场域，为学生的实践活动开展提供丰富的技术和资源支持。综合实践活动是文本学习的实践化和综合化，能够有效提高学生的动手操作能力和社会交往能力等。学生为更好地开展实践活动，将创意和想法付诸实践，就必须借助一定的工具和技术支持，例如投影仪、多功能讲台、无线网络、3D打印机、雕刻机、数控机床等，学生

① 王牧华，商润泽.创客教育促进初中生核心素养发展作用机制的实证研究[J].全球教育展望，2019，48(10)：44.

自由选择，充分挖掘和释放创客空间的技术和资源价值，实现随处可写、随时可做、人人创造的学习和实践样态。教师通过精心策划将空间内的丰富资源、先进技术等融入课程，充分挖掘和释放空间资源价值，借助互联网优势构建非正式学习场域以拓宽教育边界，为学生提供创造的机会，促使学生在问题解决过程中学会学习和思考，同时提高实践能力和科学精神①，进一步提高综合实践活动课程的学习效能，加速核心素养目标的落地。

第三，利用创客空间开发并实施综合实践活动课程，和传统学科课程形成功能性互补。借助空间的环境优势，综合实践活动完全可以不拘泥于某种形态，采取多样化的综合实践活动课程，例如STEAM课程、项目化学习等，将科学、技术、工程、艺术和数学等素养纳入课程体系。当学习以挑战性任务和真实问题驱动时，学生的探索欲和求知欲会得到有效激发，对各门学科知识和技能进行综合化的迁移应用，有助于其形成跨学科视角和跨学科素养，创客课程实施的中心思想是灵活设计和有机整合，体现创客内涵，发展高阶认知思维，突围现有教育范式，实现知识的结构化整合和头脑风暴，是对传统学习环境中书面式学习的有益补充，通过综合实践活动将想法转化为现实，打造"互联网+"时代下的新型学习者。

① 王牧华，商润泽．创客教育促进初中生核心素养形成路径的实证研究[J]．中国电化教育，2019(3)：93.

第六章

未来学习环境的建构策略

终身学习是面向未来的策略思考，在全球发展的历史回溯中可得以验证。建构未来学习环境，需讲求科学化策略。正因为学习环境研究在本质上是为了促进学习，因此，可以将链接非正式学习环境、融汇整合学习环境、生成互动学习环境作为建构未来学习环境的重要途径。

第一节　链接非正式学习环境

立足当下，终身学习取向的教育理念和教育政策，同样符合当前教育发展的现实需求和改革进程。为了回应终身学习的诉求，促使学习形式的开放化和多元化，提升学习手段的信息化和综合化，开发和利用学习环境的智能化和网络化，需要关注非正式学习，需要构建非正式学习环境。原因在于，非正式学习是终身学习的一部分，与此同时，它也是正式学习的有效补充，具有不容忽视的重要作用。虽然非正式学习有别于传统的学校教育中的正式学习，但正式与非正式学习环境并不是割裂的、完全独立的两个部分，二者之间存在着联系、连接的可能，也存在着未来相遇、结合的必然。因此，在未来学习环境的建构策略中，有必要突出"链接"，建立正式与非正式学习环境之间的深度有机关联。

链接非正式学习环境的重要途径在于分析和探讨非正式学习的倡导、意涵及特征，并且结合非正式学习环境的研究发展与应用案例等探讨其建构策略。

一、非正式学习的倡导

(一)符合终身学习时代的发展要求

终身学习作为21世纪的生存概念,经过科学探索和持续研究,在全球范围内具有丰富的内涵和不同的理解与表述。化繁为简,从时间维度上看,终身学习贯穿于人的一生,全面参与人们学习的全过程。可见,终身学习既是一种学习方式,也是一种学习理念,还是一种学习领域。终身学习的发生,绝不仅仅局限于学校、家庭等基本场所,它具有广阔的发展空间和多元的发展领域,终身学习的方式和终身教育理念,能帮助人们适应社会工作、帮助学习者适应未来的学习环境。

终身学习与终身教育紧密地交织在一起,本质上均是为了促进人的全面发展,因此二者在目的上具有内在一致性,也均指向未来。现代终身教育的兴起和推进,主要来自于联合国教科文组织以及其中涌现出的一批著名成人教育学专家所作出的积极贡献。[①]不仅如此,在联合国教科文组织的大力推介下,终身教育作为教育改革与发展的重要指导思想,对社会建设领域同样具有重要指导意义,于是,具有政策性的终身教育开始在部分国家和地区启动,给20世纪六七十年代的教育、文化、社会等领域带来全新的变革力量。终身学习则可以视为实现终身教育、建设学习型社会的关键。由此,终身教育成为世界教育变革与发展的整体趋势。

21世纪是终身学习的时代。在终身学习、终身教育的理念倡导下,为了适应学习型社会的建设与发展,为了符合现代职业的新要求,学习者需要随时随地进行学习,并且学习者渴望通过学习不断提升自身的能力和素养,主动地参与、积极地践行终身学习理念,于是,非正式学习无处不在。

(二)信息技术支持非正式学习的未来发展

学习科学以各种场域下的学习为研究对象,从美国教育研究协会2009年的相关主题讨论中,可以看出,非正式学习的领域逐渐受到教育研究者重视。

---

① 朱敏,高志敏.终身教育、终身学习与学习型社会的全球发展回溯与未来思考[J].开放教育研究,2014,20(1):50.

目前,国外这些方面的研究主要集中在各类场馆、活动中心、非正式工作环境中,意在探索非正式学习环境中的学习是如何发生的,以及非正式学习如何与学校教育进行衔接。

在2009年的美国教育研究协会年会议题中,包括学习科学、非正式学习环境、移动学习等十几个议题。其中,“学习环境”专题所涉及的议题是非常丰富的,包括“正式与非正式学习环境研究”“技术对新生代学生的影响”等。可见,研究者不仅关注到了非正式学习环境,也重视了信息技术在未来学习环境发展中的重要支持作用,并且,积极关注到了与学习领域相关的技术、教学、认知等,将理论、研究与开发等内容进行了整合。

随着互联网信息技术的更新,关于学习领域的一切都在革新,并且学习的形式和意义随之更加丰富。技术革新成为催动学习环境研究变革的重要因素。因此,为了满足学习者的多元需求,需要不断拓展更多的学习途径和学习方式。其中的学习者,并非局限于各级各类学校里的学生,也不受限于通常意义上的学龄,任何需要学习、有学习意愿的人都是学习者,学习成为伴随着人们一生的行为。正如OECD《全民终身学习》(*Lifelong Learning for All*)报告中所提倡的“全民终身学习”的新理念。其中,丰富和拓展学习途径,以实现终身学习是紧跟时代的首要大事,可以依赖于信息技术的革新力量,将技术作为支持性中介,将教与学和知识、情感、认知等因素相联。

至此,非正式学习在满足学习者需求的过程中,已经由一种单纯的补充性学习(Complementary Learning),逐渐转变为人们生活学习的一种重要方式存在。[①]时代发展呼唤非正式学习。信息时代的技术支持是不可忽视的重要因素,为非正式学习环境的创设提供了更加广阔的空间。

(三)非正式学习得到国内外的广泛重视

非正式学习源于20世纪40年代末联合国教科文组织进行的非正式教育。它与由学习机构发起的、基于课堂的、组织严密的正式学习概念相对应。[②]人们的学习方式随着时间推移和技术革新,变得更加多元化。虽然,非正式学习

---

① 杨欣,于勇.非正式学习研究现状综述[J].现代教育技术,2010,20(11):14.

② 曹国庆.非正式学习视角下的语文教学导引[J].江苏教育,2015(3):8.

是常见的，但是难以与偶发性学习等相关学习区别，因此它是不易觉察的，也是不易辨别的。为此，需要梳理有关非正式学习的国内外研究，寻找非正式学习得到广泛重视的原因，探索未来非正式学习发展的样态。

终身学习的理念能够得到国际社会的重视，离不开OECD的政策引领和实践倡导。从回归教育到终身学习，关注和分析OECD关于终身学习策略的演变，有助于汲取在国际层面中有关终身学习的政策经验。众所周知，在终身教育浪潮之下，一系列与终身学习相关的政策随之推出。其中，OECD于1973年颁布了《回归教育：终身学习的策略》(*Recurrent Education: A Strategy for Lifelong Learning*)，这是一份重要的政策性文献。1996年，OECD发布《全民终身学习》(*Lifelong Learning for All*)报告，提出“全民终身学习”的新理念，这是OECD推广终身学习的重要里程碑。[①]可见，在终身学习策略制订因素的动态影响下，内容上仍然表现出一定程度的恒定性，并且，终身学习策略的内涵和途径，都在进一步丰富化和多样化，终身学习理念的影响力更加广泛。不难发现，终身学习的内容一直在与时俱进、万象更新，适应于当下及未来的教育改革与发展，但其基本目的仍然一直贯穿于终身学习演变的全过程，旨在促进人的全面发展。

传统的学习科学基本上是以正式学习作为研究对象的。[②]随着学习科学相关的跨领域研究兴起，人们越来越重视非正式学习。追根究底，非正式学习能够得到研究者的广泛重视是有多重因素的。其中一个重要的原因就是，非正式学习的形式更加多样、方式更加灵活，学习的内容更易迁移到实际工作和学习中。

国内的非正式学习研究起步较晚。研究表明，有学者基于运用分析、社会化网络分析等可视化方法，梳理了我国非正式学习领域的研究现状及发展趋势。[③]通过关键词聚合分析，根据统计厘析出的研究主题可知，多为技术支持下的非正式学习实践与评价、学习环境建设、学习资源开发等方面的内容。可

---

① 李薇.从回归教育到全民终身学习：论OECD终身学习策略的演变[J].比较教育研究，2013(5):35.

② 赵蒙成.“非正式学习”论纲[J].比较教育研究，2008(10):51.

③ 周进，安涛.近二十年我国非正式学习研究现状与发展趋势：基于知识图谱的可视化分析[J].中国成人教育，2017(17):9.

见，在终身学习的背景之下，非正式学习研究日益重要。在未来学习环境构建的过程中，可以通过加强非正式学习资源与环境建设、促进非正式学习方式多元发展、扩大非正式学习的应用领域和范围等策略，实现链接非正式学习环境的目的。

二、非正式学习的多重意涵

非正式学习的研究在西方国家早已迅猛发展。根据查阅的文献资料，对于非正式学习的基本概念，已有诸多学者以不同理解或者方式加以定义和表述，同时，也有许多文章立足于比较研究的视野，在与学校环境中正式学习的对比中界定了非正式学习。在本研究的章节中，重在解读非正式学习作为终身学习类型之一的多重意涵。从多角度解读非正式学习，意在提升对非正式学习的深度理解，旨在有效推进非正式学习的发生。

（一）非正式学习作为一种有效的学习方式

非正式学习作为一种普遍存在于学习者日常活动中的有效学习方式，正逐渐成为国内外学习科学领域的前沿研究热点。①非正式学习作为终身学习的一种类型，主要表现为由学习者自身发起的学习行为和能够自我调适的学习模式。非正式学习因其特有的优势和灵活的学习形式，为个体提供了必要的、多样的学习机会。于是，非正式学习环境研究成功闯进了研究者的视野，非正式学习环境的教育功能逐渐受到国内外学者的重视。

非正式学习应区别于偶发性学习。研究表明，非正式学习通常是一种有意识的但缺乏严密组织结构的学习活动，而偶发性学习是一种隐性的或无意识的学习活动。②经过后续研究，研究者还罗列了一系列与非正式学习相关的概念，如顺道学习、经验学习、自我指导学习等，与非正式学习有许多不同的地方。

① 季娇，伍新春，青紫馨．非正式学习：学习科学研究的生长点[J]．北京师范大学学报(社会科学版)，2017(1)：74.

② 曾李红，高志敏．非正式学习与偶发性学习初探：基于马席克与瓦特金斯的研究[J]．成人教育，2006(3)：3.

非正式学习在个人能力提升和社会变迁与发展中具有重要的意义，并且成为学习者学习的重要手段。为了更加深入地了解非正式学习的现状，国内已有许多研究对学习者关于非正式学习的意识、方法、策略、能力和效果展开调查。但是，有的调查结果显示，大学生对非正式学习及其重要性认识不足，非正式学习经常出现目的不明确、整体学习效果不好等现象。[①]因此，如何促使非正式学习成为真正有效的学习方式，是亟须研究和探索的重要问题。与此同时，非正式学习环境的构建和应用，也是支持非正式学习发生、提升非正式学习效果的重要途径。

（二）非正式学习代表着一种学习情境

通常，提及学习，人们会立刻联想到正规的学校教育。谈及非正式学习，往往代表着一种有别于学校教育的学习情境，于是，非正式学习经常发生于多种类型的学习情境之中。在现代学习中，非正式学习的教育功能已经不容忽视。

非正式学习日益得到研究者的重视。例如，场馆学习就是非正式学习环境的典型应用。在场馆环境中，学习是通过个体与环境、个体与展品以及个体间的交互进行的。[②]可见，非正式学习与正规的学校教育在学习情境上具有明显的区别，关于学习的发生机制也不相同。非正式学习作为学校教育的重要补充，能够在一定程度上拓展学习空间、丰富学习情境。

在情境中学习，学习者可以通过具身认知主动建构具有个人意义的学习经验。场馆中的实物通常不能单独发挥教育功效，需要与场馆学习环境的场景结合，与情境一道，共同向学习者传递有用的信息，促进场馆中的非正式学习发生。

（三）非正式学习体现了一种学习理念

在信息技术发展和学习理念变革的背景下，对学习环境等方面的研究愈发受到关注。其中非正式学习环境以其灵活的学习形式、海量的学习资源、独

---

① 柴阳丽.Web2.0环境下大学生非正式学习现状调查与对策研究[J].电化教育研究，2011(12):64-65.

② 鲍贤清.场馆中的学习环境设计[J].远程教育杂志，2011(2):84.

特的优势,逐渐成为教育领域研究的热点。①

学校教育的正规学习往往带有一定的强制性,外在驱动学习者通过正式学习完成学习任务。而非正式学习所展现出的自我导向是一种非常先进的学习理念。同时,学习者经过自我导向的非正式学习,容易通过学习行为建立自我满足感,从而形成富有内驱力的良性学习循环。

三、非正式学习环境的研究发展

(一)传统学校学习环境注重对学习过程的影响

在正式学习环境的研究中,一般从"学校"和"课堂"这两个层面展开,主要围绕的是现实学习环境。在学校层面,主要是对大学阶段进行研究;在课堂层面,集中在中小学阶段。其中,在大学阶段,影响学生的主要是以学校气氛为主的学校环境。学校环境是指在学校层面上对课堂生态产生影响的因素和条件,主要指学校的物质条件、规章制度以及学校的精神文化等。②学校气氛融于精神环境,影响心理环境,所表现出的是对学习者身心整体上的一种浸润,影响着学习者的学习方式和性格品质。在中小学阶段,课堂环境对学生的影响更加直接、更加具体。在课堂环境的设计中,多采用建构主义的观点,重视学习环境的创设,促使由"教"的学习向"学"的学习方向进行转变,作用于学生核心素养的培育过程。通过比较学习环境对学习方式、学业成就的解释率,可以看出学习环境对学习方式的影响更大,也就是说,学习环境主要影响的是学习过程,而非学习结果。③而在课程改革的教育背景下,不仅要关注学习的结果,更要注重学习的过程,塑造更良好的学校环境文化,以强有力的精神力量鼓舞人、感染人。随着时间的发展和研究的深入,学习环境与教师之间在教学结构关系中的地位发生了根本性的变化,学习环境由间接的、潜在的、支援者

---

① 李志河,师芳.非正式学习环境下的场馆学习环境设计与构建[J].远程教育杂志,2016(6):95.

② 李森,王牧华,张家军.课堂生态论:和谐与创造[M].人民教育出版社,2011:113.

③ 于海琴,李晨,石海梅.学习环境对大学生学习方式、学业成就的影响:基于本科拔尖创新人才培养的实证研究[J].高等教育研究,2013,34(8):69.

地位上升为直接与间接、显在与潜在相互结合的地位。[①]可见,学习环境已成为制约从"教"的学习向"学"的学习发生观念转变的重要因素,因而成为促成学习方式、学习观念革新的关键。

(二)泛在学习环境关注学习的个性化

作为学校教育中正式学习的形式补充和内容拓展,非正式学习长期处于"边缘化"地位。随着知识经济的深入发展、"互联网+"时代技术与教育的深度融合,终身学习理念的躬耕践行与学习型社会的高质量建设,非正式学习的教育价值日益受到认可和重视。非正式学习已经成为个性化学习、适性学习的时代性话题,更是未来教育、未来学校、未来课堂发展的需要。

正式与非正式学习环境并不是完全被割裂的。非正式学习主要是由学习者自我发起、自我调控、自我负责的学习,更多的是应用在社会化、隐性知识的学习。正式与非正式科学教育的结合是以"科学在社会之中"的形式,这是全球教育前沿的场景。[②]如今,越来越多的学习者参与可以自主控制学习的时间、地点、路径和进度的在线学习,同时在传统的实体学校进行学习,这种现象被称为混合式学习。[③]混合式学习是对学校教育在时间维度、内容广度和空间跨度方面的有效补充,利用云计算技术将大量的网络教育资源汇聚整合,支持以目标驱动、学习中心的个性化学习,提供高效自主的个性化资源与服务。

无处不在、时刻沟通的学习方式被称为泛在学习,是由马克·威瑟提出的泛在计算概念经过转化而来的。在这个概念转化的过程中,体现出泛在学习活动的4A(Anyone,Anytime,Anywhere,Anydevice),学习者的主体性和个性将会得到充分的发挥。因其是以人为中心、以学习任务为焦点的学习,具有永久性、可获取性、即时性、交互性、情境性的主要特点。在泛在学习环境下,学习是一种自然或自发的行为。学习者可以根据自己的具体学习任务和目标,随

---

① 熊梅.试论21世纪基础学校学习环境改善的新视点:从教的学习向学的学习观念的转变[J].教育发展研究,2001(1):5.

② PLAKITSI K. Teaching science in science museums and science centers [C]//Activity theory in formal and informal science education. Rotterdam: Sense Publishers,2013:27-56.

③ 霍恩,斯特克.混合式学习:用颠覆式创新推动教育革命[M].聂风华,许铁英,译.北京:机械工业出版社,2015:53.

时随地获取具有个性化的学习资源,学习成为一种自身导向的过程。在未来的普适计算环境下,泛在学习不仅将会成为主流学习方式,也是无缝学习的重要方向。

(三)正式与非正式学习环境的结合并进

在以往的研究中,对于正式学习环境中的学校、课堂层面,均有了较为全面和深刻的理解,并且针对如何改善现实学习环境、如何转变教与学的方式、如何提高学习者的学习效率等问题,提出了许多富有成效的对策,取得了一些研究成果和一定的研究进展。

当前的学习环境研究已经关注到了非正式学习环境对学习者的影响。具体表现在:除了关注正式学习环境之外,还非常注重对非正式学习环境的研究;除了力求丰富非正式学习环境的内容和形式之外,还寻求将正式与非正式学习环境二者有机整合起来。目前的场馆教育是发挥公共场所的教育作用,实现对学校教育主体的增补;混合式学习就是依赖在线教育,完成对现实学习资源的丰富;泛在学习就是基于信息技术的发展,达到对现实学习环境进行空间的拓展。非正式学习环境的塑造有利于促使其与正式学习环境结合并进。

(四)设计泛在学习资源建设的生态化模型

泛在学习是未来学习的理想模式,也是下一代数字化学习的重要发展方向,而有计划、有结构、有层次的资源建设是泛在学习的基础和保障。同时,生态学理论在数字化学习领域的广泛应用,为泛在学习环境下的学习生态研究提供了基础和依据。①关于泛在学习环境的研究,大多数关注的是技术环境和系统设计与构建,缺少对系统层面的环境设计,尤其是借鉴生态学理论对和谐、可持续发展的泛在学习生态环境的设计。因此,在学习环境的设计中,应更加注重教育生态,使学习在和谐、有序的环境中发生。

泛在学习的发生依赖学习环境的创设,因其最大的特点就是泛在性和情境感知。北师大的现代教育技术研究所连续几年对泛在学习环境进行了相关研究,分别构建资源设计与共享、学习资源信息模型和学习资源进化模型。资

---

① 杨现民,余胜泉.生态学视角下的泛在学习环境设计[J].教育研究,2013(3):99.

源建设成为泛在学习研究的重点。同时,在生态学理论的影响下,模型建立时更多地考虑到各因素之间的关联,以更大地发挥泛在学习环境的积极作用。设计泛在学习资源建设的生态化模型,有利于应用和推广其研究成果,提高资源利用率和转化率,使其在不同学科的学习资源建设中发挥最大效益。

四、非正式学习环境的应用案例

(一)促进科学学习发生的非正式学习环境应用场景

为了对发生科学学习的非正式环境有更好的理解,参考美国国家研究理事会出版的报告《非正式环境中的科学学习:人,场地,追求》中的三种分类,主要包括日常生活环境的学习、经过设计的环境、基于项目的学习。[①]

第一,日常生活环境的学习。日常生活环境中的学习涵盖了贯其一生的经历,这些学习经历往往是由学习者自行挑选的,并且融合在家庭教育、社区教育和各种文化中,参与日常学习的人们并没有意识到在学习,而是把它们视为生活中的一部分。

第二,经过设计的环境中的学习。经过设计的环境中的学习主要是场馆学习,涵盖博物馆、科学环境中心、科技馆等。在这些环境中,工艺品、媒体、标语等都引导着学习者的体验,其中的展品、资源、工具等都在丰富和拓展学习内容。学习者可以根据兴趣自己决定学习的环境与内容。通常,学习者的参与是短期的、零散的,在个体或者同伴之间,或者在家长的指导下都可以发生学习。

第三,基于项目的学习。基于项目的学习主要包括课后项目、暑期项目、俱乐部或者博物馆的项目等。这些项目中的活动主要关注知识内容和技能的掌握,同时体现了综合素养、实践能力、问题的解决等的重要作用。通常,学习者是根据兴趣和需要选择参与的项目,一般情况下是得到专人指导或者能得到机会进行交流合作。

因此,可以参考以上三种类型的非正式学习环境,将其作为科学学习发生

① 汤雪平.非正式环境中的科学学习研究:以场馆学习为例[D].上海:华东师范大学,2012:21.

的有效场景。同时思考,以上三种类型的非正式学习环境对于其他学科的学习支持和素养培育。

(二)丰富校园非正式学习环境的应用功能

第一,校园内非正式学习场所的基本功能类型。通过调研上海市10所学校的非正式学习空间,并对其主要的功能进行分析,可以发现校园内非正式学习场所基本包括存储空间、展示空间、实践操作空间、资料搜索空间、协作学习空间、个人学习空间等,以不同的功能复合构成不同主题的工作室、技术室、活动室、实验室等。比如,复旦中学的心理社团活动室是作为非正式学习环境的空间应用,心理社团活动室作为学生社团活动场所,成员从活动中学习到大量心理学知识、心理学实验方法,作为非正式学习空间,起到了辅助学习的功能。

第二,校园内非正式学习环境的应用评价维度。根据陈向东等人提出的PSST学习空间开发框架,从教育、社会、技术、空间四个角度评价复旦中学的心理活动室。①可以发现,这些非正式学习环境基本上可以满足研讨型活动,但是仍有不足,可以改进。

因此,对于校园非正式学习环境的应用评价,可以从教育、社会、技术、空间四个维度加以分析和改进。

(三)为促进学生全面发展构建“全学习”环境

“全学习”生态系统,来源于北京育英学校密云分校多年的办学实践经验,以及基于当前社会大背景下的文化思考。学校从课堂、课程、环境、文化等多个角度对“全学习”生态系统进行了深度探索和实践。以21世纪人才核心素养的培养为目标,以北京育英学校密云分校的“全学习”生态系统为引导,从交往、实践、文化三个角度出发,探索学校“全学习”环境的构建。在此基础上,有机结合学校课程与文化理念,促进学校全空间、全学科、全维度育人,实现学生全面发展。②

第一,充分利用学校的公共空间作为学习交流的平台。随着前沿空间建

---

① 陆蓉蓉.校园非正式学习空间研究[D].上海:华东师范大学,2013:58.

② 李志欣.开启“全学习”生态系统 促进学生的全面发展[J].江西教育,2019(14):26-27.

设理念的革新，不仅学校建筑的外部形态趋向多元和个性化，建筑内部也越来越注重公共空间的打造。敞开的门厅、通透的架空层、宽阔的走廊、贯通的阶梯，都让学生在教室之外有了更多学习阅读和交流交往的可能，由此实现沟通与合作素养的培养。

第二，以不同学科为主题打造集成式的创新中心。仔细研读新课标，我们发现，未来的学校教育更加注重实践能力的塑造，且实践也不再局限于劳动实践，而是渗透在各个专业学科中，如艺术实践、科创实践、地理实践、生活实践等。这对于设计的启示是将学校专业课程与相应空间进行集成化和复合化设计，使其成为支撑学校课程开展与活动举办的实践场所。利用学校现有空间，实现功能延伸，为学生提供更多实践活动的机会。

（四）微视频、手机等用于支持非正式学习环境建设

随着社会节奏的加快，微视频广泛渗透在生活的各个方面，“微时代”已经到来，教育领域亦受到“微时代”的影响。微视频作为一种重要的学习资源，通常是指不超过20分钟，内容广泛、形式多样的视频短片。与传统教学资源相比具有显著优势：时间短而内容精，占用内存小，便于上传、下载；满足个性化需求，学生可有效利用碎片化时间，自主掌握学习进度，具有时间和空间的灵活性；具有强交互性，依托虚拟平台可以进行单向、双向甚至多向的互动交流。但微视频在实践运用中也存在着诸如质量参差不齐、缺乏感染力以及知识零碎不成体系等问题。

第一，当前微视频因其突出特点被广泛应用于非正式学习中。其中，典型实践是在翻转课堂、微课中的使用。例如，重庆市聚奎中学作为全国首批实践翻转课堂的学校之一，以平板电脑和“校园云”服务平台为依托进行了翻转课堂实验，将美国翻转课堂模式与本校情况相结合，探索出了属于自己的教学模式。在翻转课堂中，微视频学习资源主要运用于课前自学阶段，其质量直接影响到翻转课堂的教学效果。课前，教师把导学案和录制的教学视频材料等上传到“校园云”平台，学生使用平板下载学习资源，进行课前基础知识学习。同时，学生需要在平台完成自学测评并获得及时的反馈①，教师也可以据此了解

① 张秀晖，徐茜，陈银英.微课在现代化课堂教学中的有效应用[M].长春：吉林人民出版社，2020：73.

学生的学习情况，调整教学进程、难度，或者制订个别辅导计划。这样的教学模式不仅提高了学习效率，还适应了不同水平和兴趣学生的学习需求，学生可以根据自己的学习速度和掌握水平调整学习进程，选择学习内容。

第二，微视频还需要进一步优化以更好地助力翻转课堂。首先，提升学习微视频的质，高质量的微视频直接导向课堂学习的效果，提升微视频的质是助力课堂效果的直接手段。可以通过打造官方的微视频平台，建立专业的视频审核团队，以保障视频的高质量。其次，以点到面，形成结构化学习单元。微视频的显著优势是其短小精干的体量，但也正是因此使得学生的学习碎片化、零散化，为了使学生通过微视频掌握的知识形成框架，更好地促进其认知发展，就需要由点到线、由线到面，以知识的逻辑结构将零碎的视频串联起来，保证学生知识体系的完整性。最后，设置有效的监测机制。只有保证了学生在课下观看视频的效果，才能使学生在课堂上进行深入思考，否则只会适得其反，因此，一套科学的、有效的监测机制是利用微视频助力翻转课堂的外在保障。

第三，移动技术的普遍应用催生了适应时代需求的微学习。技术的更新与应用使得信息获取更加便捷，处理更加实时、高效，在此基础上的微资源包括视频、音频、小游戏、百科词条等呈现形式多样化的学习资源。学生可以通过手机、平板电脑等移动设备不受时间、空间的限制随时随地利用空闲的时间进行学习，能根据自身情况选择感兴趣的内容，灵活调整学习的进度，集便捷性、个性化、多样性以及互动性多种特征。同时，在手机微资源的支持下，学习者之间的交流互动也变得更容易、更及时、更顺畅，促进有效交互。例如，江苏省中小学上线了配套相关教材的语音学习系统，有移动端APP和微信公众号两种模式，为学生提供便捷的多媒体声像学习资源以及交互式学习服务，使学生能够在移动设备的支持下进行个性化学习，为传统学习提供有效补充。

（五）远程非正式学习环境下的社区教育资源建设

为适应当前知识快速更新以及终身学习的需求，在远程在线教育技术支持下的社区教育作为一种非正式教育，成为学习者更新知识的重要渠道，不仅可以弥补和扩展正式学习，满足学习者获得多样化、个性化的学习需求，还可以为不同背景、不同层次的学习者提供一个交互的平台，使其在多样化的互动形式中获得充分的发展。

社区教育的资源建设具有基础性、实用性、多元性等特征，既需要系统的学习资源和规范的保障机制，又需要因地制宜，善用当地教育特色，创设满足当地民众需求的非正式学习平台，使得社区教育获得稳定、良性发展。

因此，完备有效的社区教育资源就成为社区教育的前提和基础。例如，上海市松江区为发挥社区教育资源的作用，满足社区居民日益高涨的学习热情，设置了多个社区教育机构，并针对网络构建、教育课程开发、教育资源整合、教学途径拓展等方面进行了探讨，为居民提供适需、适切的教育服务提出了建设性的意见：首先，建立互利共赢的资源互惠模式，联合民办教育机构、培训机构，建立资源共享运行机制；其次，利用好当地的文化血脉和精神财富，选取了富有历史文化气息的学习点位，形成了一条寻根历史的线路，使历史文化资源成为良好的学习资源；最后，鼓励充分挖掘地域内有特色、有能力、有意愿的学习点，推动街镇社区教育资源建设，满足市民日益增长的学习需求。

第二节　融汇整合学习环境

随着技术重塑学习环境形态，以及教与学的范式转变，人们逐渐认识到，未来学习环境不只是教育信息化，或者依靠技术革新的产品应用在传统学校架构上的叠加，而是以技术工具的深度融合与应用，推动深层次的教育理念革新。已有研究者提出，将培养学生的创造性、抗压性、责任感等变革性素养与全球公民技能、创新创意技能、技术技能、人际交往等关键技能置于未来教育的核心[①]，因此，未来学校的构建必须将核心素养置于统领地位。而未来的学习环境构建，需要对课程资源进行整合，其中包括学科自身的整合、跨学科的整合、社会资源的整合，以及线上线下资源的整合。从本质上而言，就是知识

① 张娜，唐科莉．以“幸福”为核心：来自国际组织的教改风向标—基于《2030学习罗盘》与“教育4.0全球框架”的分析[J]．中小学管理，2020(11)：29.

的整合、教与学的方式整合、学习资源的整合、学习情境的整合。

归根结底，通过技术、人员、资源、区域等路径，实现整合学习环境的建设。面对未来的学习者，以线上线下混合的学习方式整合，以馆校合作、馆校社协同的资源整合，提供更高质量的学习服务、更综合化的学习支持、更泛在的学习机会与环境，从而实现更高效便捷的学习。

一、促进线上与线下混合式学习

（一）开放共享的理念推动物理环境的融合

开放和共享是一种新型的思维方式，也是当今社会的一种行动趋势，它重在强调资源的共享与开放，目标在于达到更好的效果和更高的效率。这不仅是理念引领，更是一种发展路径。尤其是通过学习环境的开放共享，可以吸引各领域、各年龄层的学习者投入到终身学习、终身发展之中。

物理环境的形态是多样的，为正式学习和非正式学习提供支持，例如基于传统教室集体授课的正式学习，以及在图书馆、科技馆、博物馆等开展的非正式学习。通过物理环境的改造与重塑，实现对不同学习方式的支持。但是，随着信息技术在教学环境中的应用与融合，由物理空间阻隔产生的学习方式间的界限越来越“模糊”，学习空间呈现出智能化倾向，学习者在课堂中也可以进行非正式学习，突破了空间对学习方式的限制①，推动物理环境的进一步整合。

开放共享的理念，促使社会各界展开合作，利用物理空间为依托，共同策划学习活动、共享学习资源和物理空间，丰富课堂学习的内容，以提高资源的利用率与转化率。

（二）技术赋能的应用支持虚实场景的融合

学习环境是开展学习活动的基础空间。目前，线上学习与线下学习相结合的混合式学习已经促成由单一的现实或网络学习空间向融合式学习空间转变。技术的嵌入与应用，为物理空间与信息空间的融合提供可能，利用互联网

---

① 杨现民，李怡斐，王东丽，等.智能时代学习空间的融合样态与融合路径[J].中国远程教育，2020(1):47.

优势实现互联互通。通过虚实融合的学习环境构建,支持线上、线下的混合式学习。并且,通过构建一体化的网络学习空间,保证学习者学习进程、学习链条的完整性。

智能化信息技术的应用实现物理空间与虚拟空间的融合,云平台和云资源应运而生。其中,云资源的开放和共享的特征突破了时空、资源等多方面的限制,实现了教学资源的网络化、泛在化。同时,云课堂依托智能化和网络化的信息技术,将互联网、云平台及个人智能终端与课堂深度融合,构建虚实融合的智慧教学环境,以支持开放共享、双向互动的网络学习形式。

以技术支持构建的虚实融合学习环境,更加关注人与学习环境的共生和互动。在混合式学习生态的情境中,以相互协作的学习方式体现交互的过程,共享意义建构的过程。

(三)整合学习环境支持混合式学习的发生

整合学习环境通过支持多种教与学要素在不同学习空间中流转,创设虚拟和现实充分融合的学习环境,以线上、线下相结合的混合式学习,促进个体的正式与非正式学习。①

首先,将线上目标与线下目标相融合,既有利于学习资源的整合,又有利于学习活动过程的整合。其次,学习内容与学习活动的融合,既能保证依据教学目标和学习内容序列有效地展开链条式的学习,也能让学习者根据需要自行选取学习内容开展学习活动,增强学习者的自主性。最后,结合整合学习环境的特点,利用线上、线下方式对学习效果展开过程性评估、总结性评估,评价融合可以改善混合式学习的方式、内容、进程。

在智能时代,学习场景的互联互通,学习行为的泛在发生,使得线上、线下混合式学习成为必然。人与设备高度融合,使易获得的学习资源海量增长。

① 杨现民,李怡斐,王东丽,等.智能时代学习空间的融合样态与融合路径[J].中国远程教育,2020(1):50.

二、加强馆校合作、馆校社协同的资源整合

(一)以馆校合作实现学习环境联通及学习资源整合

第一,馆校双方合作互通。

馆校合作是场馆与学校为实现共同的教育目的,以协作配合、相互效力、责任共担而开展的一种教学活动。从本体论上,馆校的合作关系又是一种教育关系。[①]因此,在馆校联合的教育行动中,可以从目标、价值、实践、政策的逻辑角度,进一步探求馆位与校位的内在合作根源,在内源上不断夯实合作基础。馆校合作的基本范畴可以视为场馆与学校双方以发挥教育功能为指向的交集。馆位与校位是通过借鉴生态位的概念,意指在馆校合作中馆方和校方的时空位置和功能关系。

馆校合作的外在形式是馆位与校位的联合行动方式,其深层目标是构建共商、共享的现代教育共同体。通过馆校共同关注指向学习者的学习,凝聚向心力;共同愿景发展教育社会服务功能,提升导引力;共同学习教育专业研究,促进发展力;共同满足场馆资源课程化需求,修炼课程力。以此,将馆校合作作为优化学校教育课程结构的重要方式,促进教师基于课程产品的专业发展能力,提升学校最真实的生产力;将馆校合作作为发展教育服务社会的创新路径,促成场馆资源课程化,实现场馆学习资源的社会共享。

随着场馆普及与发展,与学校合作成为发挥这一非正式学习环境优势的重要策略。在共同促进学生核心素养发展和问题解决能力等方面,馆校合作是一条切实可行的路径。[②]2016年11月,教育部等11部门联合印发了《关于推进中小学生研学旅行的意见》,在教育界和文博界引起了广泛关注。自此馆校合作不再拘泥于简单形式,研学旅行加深了学校和场馆的互相理解、互相认可,推进了馆校优势互补。并且在“双减”政策支持下,针对中小学高质量课后服务的迫切需求,各地纷纷发布馆校合作政策作为积极响应,推动了场馆教育资源和学校教育需求的有机衔接;通过开发场馆系列课程与场馆教育资源应

① 王乐.馆校合作研究:基于中英比较的视角[D].武汉:华中师范大学,2015:8.

② 赵慧勤,张天云.基于学生核心素养发展的馆校合作策略研究[J].中国电化教育,2019(3):64.

用，不断拓展场馆教育途径和方式，有效提升场馆研学活动质量。

通过馆校合作，一方面，以学校教育的专业性带动场馆学习，另一方面，以场馆资源的丰富性反哺学校学习，因此二者之间存在结构性的有机衔接。并且，二者之间可以实现以“学习”为联结的互动。

第二，馆校学习环境联通。

环境育人是学校育人工作的一项重要内容。良好的学习环境对于个体而言，具有积极的影响力。具身学习强调了环境在认知过程中的重要作用。学习环境研究不仅凸显学习的本质，同时体现了对学习全过程的支持。场馆学习环境作为与传统课堂有区别的新型教育空间，通过基于场馆实物的学习，注重场馆学习情境的具身化创设，探索场馆实践育人模式的创新，将场馆学习与学校课程内容、真实的生活场景和问题等有效联结。

学习环境是教与学过程中必须依赖的时空条件。当下学习环境的教育力、学习环境设计及其影响因素，以及未来学习环境的设计与创变的论题，成为近年来有关学习环境研究的重要关注点。纵观国内外的教育研究与文献，教育始终是围绕“人”的“学”而进行的，从人本主义、认知主义、建构主义，再到关联主义、联通主义，都是以“让人如何学”为根本出发点的。[①]将以“教”为主的学习观念转向了以“教”为引导、以“学”为主体。在场馆学习环境的研究设计和未来创变中，既要明确凸显学的本质，也要以场馆学习者的学习需求为中心进行升级与改造。

学习环境与学习者之间存在双向建构。因此，可以充分利用学习者与学习环境之间的双向关联，以促进学校环境与场馆环境的联结重构。基于馆校合作的场馆学习环境构建，其目的在于促进教与学方式的转变，其本质在于促进学习者的学习，显性表现是通过创设生动可感的场馆学习环境，激发学习动机和学习行为的发生。学习者可以在真实的场馆学习中，感受环境、认知和情感的作用。

第三，馆校学习资源整合。

自终身学习、学习型社会等概念出现，家庭以及各类场馆已然成为发挥教

---

① 田阳，纪河.基于教育场域的网络学习环境探究[J].中国电化教育，2019(4)：38.

育功能的新领域。有研究者提出以学校、家庭、场馆(School-Family-Museum，SFM)为典型场域的三方协同创新路径。[①]因此，随着学习方式和学习形态的变革，学校环境、家庭环境和场馆环境之间存在着巧妙的联结重构关系。尤其是在教育部印发的《中小学综合实践活动课程指导纲要》中，在综合实践活动方式中加入了“博物馆参观”。通过鼓励场馆和学校在实践活动课程层面展开积极合作，也在行动上促成学校环境与场馆环境的资源整合。在区域层面力图构建区域研学新样态，带动区域资源的联动聚合，为学习环境构建提供大量的区域性、本土化学习资源。

国外场馆教育课程资源开发研究历史较长，且较为成熟。在研究早期，就已经将场馆教育视作一种课程资源，对其进行教育功能与价值的开发。并且，在研究过程中，对场馆教育理论不断进行丰富和变革。其中，对场馆教育课程资源进行开发和利用，对开发主体进行分析，探究影响场馆教育资源开发的因素，取得了一定的新进展，对国内场馆教育课程资源开发能够提供借鉴。目前，新媒体技术给场馆建设和场馆学习带来了前所未有的机遇与挑战，综合性和数字化已经成为当今国内外各类场馆的发展战略。[②]

国内场馆教育课程资源开发正处于初步发展的阶段，因各个地区的场馆资源深深根植于不同地域的历史文化，存在着明显的地区性特色，并且因为开发主体的支持能力高低和力度大小不同，对于社会资源和学校资源的整合程度差异较大。在国家相关政策的推动下，场馆教育近年来成为新的研究主题。其中，场馆学习课程资源开发主要活跃于国家级和省级博物馆，主要与社会资源、学校资源结合，寻求智慧发展的途径。并且，场馆主要发挥其公共服务职能，场馆主导的课程开发项目较少，场馆对于主动承担学校教育功能的意识较弱，多处于较为被动的状态。因此，对于场馆教育课程资源的开发，应当发挥地域性特色，促进学生对于地域文化和历史传统的理解，将地域之间的差异和不平衡转化为开发优势，促使资源模式的多元化。

---

① 徐晶晶，黄荣怀，杨澜，等.智慧学习环境下学校、家庭、场馆协同教育联动机制研究[J].电化教育研究，2018，39(8)：27.

② 张美霞.新媒体技术支持下的场馆建设与场馆学习：以现代教育技术博物馆为例[J].中国电化教育，2017(2)：20.

（二）以馆校社协同实现学习环境联通及学习资源整合

第一，将学校学习与场馆学习纳入同一个项目学习框架。

经由对博物馆教育功能的历史探索和文献追踪，呈现出从博物馆教育到场馆学习转向的基本脉络。①为阐明转向背后的深层逻辑，需要回归场馆学习的本质探究，深度探讨“场馆中人是如何学习的”这一核心课题。将“学习”作为出发点和根本目的，聚焦“学习”本身，探索推进学校学习与场馆学习的高效协同，将学校学习和场馆学习纳入同一个项目学习框架。并且，围绕具体事件或实际问题，基于场馆学习的主要特征，建立有效的学习机制和生态互动。

场馆学习与学校学习之间存在密切的关联。在同一个项目学习框架中，学校学习是场馆学习起点的前移。首先，将学校学习作为场馆学习的前置性学习，为场馆学习的知识基础、学习兴趣和学习动机等方面提供学习准备。其次，在学校课堂学习中形成课堂学习共同体，同时为场馆学习积累问题解决的能力和开展研究性学习的素养。借助前置学习，从关注如何“教”转向关注如何“学”，通过创设有效教学的学习环境，促成深度学习的发生。最后，通过反思性的学习，总结场馆学习历程，整合场馆学习经验，促成有价值的新问。借助反思性学习，从关注外向性的学习转向探究学习者内向性的学习，整合场馆学习过程中的感受与经验。

变革学习方式是凸显学生主体性的必然要求。场馆学习中真实的学习行为、有效的学习机会、有意义的学习经历和卓越的学习体验，促成了项目学习的真实落地。在实践上，弥补了学校学习空间的不足，以学习方式和学习形态的变革，增强学校学习的效果；在理论上，对场馆学习和场馆课程的认识更清晰，对项目学习和问题学习的理解更深刻。因此，项目学习既是一种有效的教学策略，又是一种新型的课程形态。在场馆学习中，得到了充分的应用和实践。在学习内容方面，项目学习既是基于学科的，又是超越学科的。场馆所涵盖的资源是丰富的，将场馆资源课程化之后，所覆盖的学科并不是单一的，而是多元的、综合性的。

---

① 王婷，郑旭东. 场馆学习的历史、现实与未来：研究焦点与发展动态述评[J]. 现代教育技术，2015，25(12)：7.

第二，馆校联合不同场域共建适宜学习发生的生态圈。

运用生态学的视角，可以很好地分析当前学习发展和学习环境变革的有关问题。一个完整的生态系统，具有整体性、开放性、动态平衡性、自组织和可持续进化等特征。[①]基于对场馆学习机制的深层理解，以生态学为依据，将不同范畴、不同圈层的教育场域与不同的资源主体相结合，突出以学习者为中心，构建指向以学习为核心的优质学习生态场域。将场馆学习和学校学习纳入同一个生态系统，关注二者之间的协同互促，并且从生态系统的内部，促进观念、技能与环境的统一。

第三，馆校与中小学、高校的畅联互通。

通过馆校合作为主，结合课程理论与高校专家指导，进行场馆资源开发和课程化，以讲解原理、启发兴趣为目的，打造基于展品、对标学科课程标准的场馆课程。场馆与学校、高校的畅联互通，使场馆与中小学校深入对接，并在课程准备、课程实施方面，展开了积极思考和合作推进。因此，在馆校合作的参与主体中，可以主动引入高校等第三方，为馆校合作注入专业性的理论智慧，实现“场馆（Museum）、学校（School）、高校（University）”（M—S—U）的畅联互通；在馆校合作内容中，实现场馆环境学习化、场馆资源课程化，将场馆与学校课程、教育活动、学科内容有机串联，真正将场馆学习作为学校正式学习和非正式学习的创新性衔接渠道，将场馆学习环境构建作为场馆学习的系统性支撑和有力保障。

第四，以馆校合作为基础加强区域性的整体合作。

馆校合作是场馆拓展自身服务职能的过程。随着现代场馆的诞生，其公共属性使其教育责任在近一个世纪以来越发凸显。为此，在馆校合作中，应积极发挥场馆的资源优势和区域优势，努力拓展场馆的社会功能。将场馆置于创新公共文化服务体系之中，提升场馆创新发展的能力与潜力，以区域性整体合作的联盟发展，通过优质资源的区域性排列组合形成创新动能，进而带动实现场馆创新与发展。与传统的馆校合作不同，区域内部合作形式是一种新型馆校合作形式。在一定程度上弥补了“学区”作为直接的教育职能部门，未能

---

① 杨现民，余胜泉．生态学视角下的泛在学习环境设计[J]．教育研究，2013(3):99.

有效参与馆校合作的遗憾。①例如，美国纽约的“城市优势”（Urban Advantage）项目，整合了区域内多种教育机构的合作（如中小学、大学等），并且引起了家长的关注，将家庭也纳入了区域性馆校合作之中，充分实现区域性资源的有效利用。②可见，区域性整体合作是更加包容的馆校合作形式，将馆校合作的双边机会拓展至区域范畴，得到了社会、高校、社区、企业和中小学的合作联动，并且，得到了家长的认可和来自家庭的支持。

三、整合学习环境的研究发展

（一）完善以学习者为中心的学习环境

近十年来，以学习者为中心的学习环境日趋成熟。通常，以学习者为中心的环境类型主要有基于问题的学习，学习者自主参与，由促进者提供必要的学习支架，以便开发出可行的解决方案；另一种是以学习共同体的形式，通过每个人都参与、建立和谐的伙伴关系，共同创造相互协作的学 习环境。斯蒂克勒（Stickler）和汉佩尔（Hampel）描述了基于社会建构主义理论的赛博德语（Cyber Deutsch）协作语言学习环境。③在这种通过各种工具彼此交互的学习环境中，学习者以交流和联系的方式来学习语言，提高了学习效果，同时学习者之间也建立了和谐的协作关系。

（二）关注和提升学习者的学习体验

根据大卫·库伯的体验学习理论，学习的本质意味着它在人类社会的各个水平上发挥着作用，体验学习过程是泛在的，从个体到群体、到组织、到整个社会，体现了学习者的学习风格及其个体与环境交互的整体、动态的本质。④体验学习不只适用于学校教育范围，同样适用于生活的全部领域，既包括随时随

① 宋娴，孙阳．西方馆校合作：演进、现状及启示[J]．全球教育展望，2013，42(12)：108.

② 鲍贤清，杨艳艳．课堂、家庭与博物馆学习环境的整合：纽约“城市优势项目”分析与启示[J]．全球教育展望，2013，42(1)：63.

③ 乔纳森，兰德．学习环境的理论基础[M]．2版．徐世猛，李洁，周小勇，译．上海：华东师范大学出版社，2015：16.

④ 张剑平，等．虚实融合环境下的适应性学习研究[M]．杭州：浙江大学出版社，2014：22.

地发生的直接学习,也包括根据体验而获得间接经验的积累。因此,体验学习理论意味着对于学习的研究已经从正式学习向非正式学习进行过渡,使正式学习环境与非正式学习环境以学习者为中心产生联结和整合。

(三)创设真实的学习情境

“素养”体现为在新的动态情境中迁移和使用知识与技能解决复杂问题的能力,这种能力的发展由经验驱动,受情境影响。学习和认知都是情境化的。[①]针对学龄阶段的学习者,根据其身心发展阶段的规律,创设真实的、丰富可感的学习情境,调动儿童的感、知觉联动作用,有利于促进其认知能力的发展。神经科学的有关研究也表明,真实的情境有利于学习的发生和迁移。

(四)积极构建具有兼容特征的共同体中心

当我们开始主动地设计学习环境,那就意味着势必要进行一些与以往不同的改变。改变也会有力度上的差异,有时只是针对已经出现的问题进行小修小补,或者查漏补缺,有时则是观念上的革新或颠覆。“学习环境设计”中的基本视点之一是共同体中心,它将教室同学校、社区联结起来,扩大了教室的空间,贯通了课堂内外、学校内外、社区内外及其教育资源。[②]共同体中心也因其具有巨大的潜力,而成为有重要意义的研究视点。在教师群体中,可以形成学习共同体,组建优秀的教师团队或者是教师智囊团,以促进教师间的相互学习,谋求共同进步和发展。

四、整合学习环境的应用案例

(一)整合线上线下资源支持学习的全过程

在教育信息化的背景下,优质教育资源蓬勃发展,《教育信息化“十三五”规划》明确指出,要全面提升教育信息化基础支撑能力,大力推进“网络学习空间人人通”,促进网络学习空间应用普及化,扩大网络学习空间应用覆盖面。

---

① 张紫屏.论素养本位学习观[J].全球教育展望,2016,45(3):10.

② 钟启泉.学习环境设计:框架与课题[J].教育研究,2015(1):117.

同时,《教育信息化2.0行动计划》指出数字资源服务普及行动将从完善数字教育资源公共服务体系、优化“平台+教育”服务模式与能力、实施教育大资源共享计划三个方面进行。网络学习空间资源既强调相通(人人相通),在网络的支持下信息能够在不同主体间流畅传递;又强调个性化,网络空间的多样性强调不同主体的学习活动内容应该适应主体的特征,促进个性化发展。

苏州工业园区作为国家级“智慧教育大数据应用示范区”,园内中小学已实现数字化教学资源全覆盖,依托教育资源公共服务平台,教师和学生开通了个人空间[①],加强了网络互动学习平台建设,不断深化信息技术与教育教学融合的教育数字化转型的推进工作。在网络互动平台的建设中,运用手机端、平板端和PC端的多终端,建设教师网络空间及学生网络空间两种模式,包括资源中心、课程中心、试题中心、直播中心、问答中心、作业中心、自主评测等多功能,几乎覆盖了教学的全过程,在高水平上实现学习资源的人人共享。

(二)重庆科技馆与中小学的馆校合作课程资源开发实例

第一,场馆开发设计“家庭类课程”,开展亲子教育活动。在“新馆效应”之后,如何吸引观众、如何提高人流量、如何提供科普服务等问题,亟须得到回应和解答,重庆科技馆也与其他各地场馆一样,面临类似的难题。为此,重庆科技馆以主题活动的形式,开发和开展一系列的“家庭类课程”,为6~12岁儿童设计趣味性强的亲子活动。[②]重庆科技馆开展“家庭类课程”亲子主题活动后,周末的人流量得到充足的保证,吸引本地观众来馆参观和参与活动。但是,考虑到家庭类课程覆盖面较小,并且作为场馆而言,平时周末的人流量本身较多,于是,重庆科技馆一直在思索如何增加工作日的参观人流量。

第二,场馆依托科技进校园活动,寻求馆校合作。在《关于开展“科技馆活动进校园”工作的通知》(科协发青字〔2006〕35号)的推进过程中,充分发挥科普场馆作为校外活动场所的科学育人功能,提升青少年科学素质,为科技馆提供了新的工作思路,即加强馆校合作,集结科技馆与中小学各自的优势,积极

① 杨萍,姚宇翔,姜孝春.网络互动学习平台的资源共享机制及其优化策略[J].基础教育研究,2021(15):47.

② 宋莉.场馆课程资源开发的馆校合作研究[D].重庆:西南大学,2018:31.

沟通、资源共享，搭建活动平台。但是，由于学校教学目标与场馆科普活动目标之间的差异，很难激发中小学校参与馆校合作的动力。

第三，场馆学习环境积极与学校课程内容相整合。重庆科技馆在开发“馆校结合”项目时，根据馆方的布局结构、设施内容，注重扬长避短，仔细研究中小学课程教材和课程标准，以中小学的课标内容为主要依托，有选择性、有针对性地提供服务产品。在馆校合作综合实践活动课程中，课程内容由双方协定、调整，馆方提供活动安排和流程，可见，最大程度上解决了中小学校的后顾之忧，吸引学校参与馆校结合活动。

第四，馆校结合开发场馆课程资源并运行项目。于 2015 年秋季，正式启动馆校结合试点，重庆人和街小学、巴蜀中学等 11 所学校与重庆科技馆签约，成为首批试点单位。其中，近 4000 名师生走进科技馆，开展了 37 个主题活动近 200 次，并以课程设计为重点，集中力量、分类整理开馆六年的优秀教育活动，以班级为单位，形成《馆校结合综合实践活动指南》。可见，重庆科技馆在馆校合作中付出的努力得到了认可，教育价值得到彰显。在总结首期试点工作的基础上，加大课程开发力度和科技辅导员培训力度，进行了馆校结合综合实践活动项目二期试点，此举受到中小学校的热烈欢迎，于是科技馆扩大试点规模，签约了 17 所试点校。自此，重庆科技馆的馆校结合综合实践活动项目基本成形，并初具规模。

重庆科技馆的馆校结合综合实践活动项目，从 2015 年开始筹备，在 2017 年春季学期，已历经四期项目，在馆方的不懈努力下，促使服务范围逐步扩大，服务质量迅速提高。因此，馆校结合综合实践活动吸引了中小学参与，并且参与试点的学校每学期都持续申请参与项目体验，这也体现了学校对馆校合作项目的认可和重视程度。换个角度，以往参与的试点校持续申请参与项目体验，对于科技馆来说，是难能可贵的机会，同样也是一次挑战，如何提升科技馆的服务质量，如何合作开发场馆课程资源，如何合作设计更适切于中小学校不同年级学生的综合实践活动课程，如何吸引和调动已多次到馆参与活动项目的学生兴趣等，都是馆校合作“升级”中需要回应的问题。

第三节　生成互动学习环境

当前,互动已然成为课堂的核心,有效的互动能为学习者提供理解、协作以及共同解决问题的机会,发展学习者能力,提升学习效能。在未来的学习环境中,互动依然是学习活动的主旋律。为了适应学生学习的复杂性和个性化,面向未来的学习环境需要的是一个具有开放性和支持性特征的,能够满足学习者个性化需求的虚实结合的交互式智慧空间。与传统的互动形式相比,未来的学习环境由静态化的物理支持场景转变为满足学生需求的动态化交互环境,它强调个体与学习环境的时时互动,关注以人为本的个性化发展,有效促进学生的成长发展。

随着互联网的普及和信息技术在教育领域的普遍应用,互动打破了现实场景的局限,使学习环境延伸至虚拟空间,资源技术支持下的学习者与学习环境的虚实融合互动形式将成为未来学习环境的趋势。下面将从构建互动学习生态系统、基于不同场景的互动类型、个体学习与外界的互动关联、学习资源建设策略与应用案例等方面加以说明。

一、构建互动学习生态系统

生态学理论在教育领域的运用为未来学习环境的构建研究打下了理论基础,即从生态学视角出发,要求以整体化、系统化的视角去看待学习环境,精准地分析并把握生态要素及其动态关系,从动态化和生态化角度建构未来的互动学习生态系统。面向未来的学习生态系统应该是由学习者与环境共同营造的,在双方交流互动中形成的一个相互协调、动态平衡和持续进化的有机整体。在这个生态系统中,学习者整合、运用系统中的学习资源,汲取营养,学习环境感知并满足学生的学习需求,二者在有效交互中相互影响、相互促进,形成一个持续优化的动态化整体。

(一)从系统化角度,将学习环境视为动态的有机生态系统

学习环境本身就是一个动态的概念,生态学的相关研究把学习生态系统看成是由若干彼此密切联系的要素构成的,每个要素都处于持续的动态变化

中，同时要素间的相互关系使得其中一个部分的变化可能会引起整个系统的重组或优化。[①]因此，可以将学习生态系统视为一个有生命的有机体，系统通过内部各要素及其相互之间的动态交互达到动态化平衡。

未来的学习生态系统的要素大致可以分为学习共同体和生态环境两个部分，二者都处于动态变化之中。首先，学习环境是动态化的，未来学习资源必须是开放的、内容持续更新的，由传统的静止的、固化的"无机物"转变为有进化和发展特征的生命有机体[②]，允许学习者在学习活动中互动生成、协同编辑、优化更新。学习者既是资源的接收者，也是资源的生产者，在交流互动过程中产生大量的生成性资源，优化资源环境。

其次，作为关键的学习共同体更具有动态性。学习者与教学者都处于持续的发展中，学习者通过吸纳知识，提升认知，培养能力，同时教学者也在与学生的互动中，通过反思教学过程提升教学素养，发展教学能力。当前，教育观念的重心已然从教育者转移到学习者，因此互动环境主要强调学习者的学习环境，学习生态系统必须以学习者为中心，在动态交互中强调促进学习者的生存和发展。

同时学习者与学习资源之间的动态化交互也是构成生态系统动态平衡的基本要素，二者的动态化状态不是孤立存在的，学习活动是在学习主体和学习环境相互作用的基础上产生的。学习者知识的形成和能力的提升需要依托环境提供的知识养分，环境中资源的更新也需要学习者的参与，二者在相互汲取中达到动态平衡。

（二）从整体化角度，综合考虑学习环境系统中的生态要素

生态化强调生态系统中各要素之间的相互作用，通过个体与环境的交互作用相互促进，获得持续、有效的发展。在此过程中，不仅重视环境对个体发展的促进作用，还强调从个体对环境的反馈回路，通过个体运用自身学习成果对环境进行反馈，提供额外的信息，使生态系统在二者的交互、反馈循环中获得优化，强调交互的积极性、有效性和持续性。

---

① 余胜泉，赵兴龙．基于信息生态观的区域教育信息化推进[J]．中国电化教育，2009(8)：35.

② 杨现民，余胜泉．生态学视角下的泛在学习环境设计[J]．教育研究，2013(3)：103.

首先,学习生态系统的互动应是积极正向的,系统中的诸要素之间相依生存,通过良性互动促进系统的发展和繁荣。未来学习环境作为学习者提升个人价值和获得发展的场所,包含着多样化的学习者和学习资源,应当充分体现以人为本的观念,使系统中的各要素都服务于学习者身心发展的主旨,学习者可以从这些富足的知识养料中获取足够的营养,促进个体以及群体能力和素质的提升。同时,不同性别和年龄、不同领域、不同知识背景的学习者也会通过互动参与到资源的建设中来,在交互中创造新的学习资源,丰富资源的类别,带动学习环境的优化,对学习环境产生积极的影响。①

其次,学习生态系统的互动同时要具有有效性,保证互动的效果和效率。为了保证互动的有效性,需要根据学生个性化需求构建优化的学习生态环境,利用智能技术检测学生的个性化学习需求,及时进行重组、整合、更新学习资源,用优化的学习环境保障学习者能够积极主动地参与学习活动,在充分交流和互动中提升互动的效果和效率。

最后,持续性也是互动学习生态系统的特征之一,在系统中的互动不是短暂瞬时的,而是持续进化和发展的。从生态学的视角看待学习环境,赋予其动态发展的能力,生态系统中交互双方各自不断优化和发展,同时二者在动态的关系中相互促进也推动着整个生态系统的持续进化。这种持续进化的特征保证了学习交互的适用性,更加适应学习者非正式学习、终身学习等多样化的需求。

生态学视角为未来互动学习生态系统的建构提供了策略指引。要发挥好学习环境的功能,首先,要树立整体观念,综合考虑系统中的各项要素,优化整合,构建统一的学习生态系统。其次,要摒弃静态化思想,从生态学的动态化视角去看待学习生态系统,将学习资源看作是持续进化、发展的有机体,在动态变化中协调环境各要素之间的关系,积极促进学习资源的优化更新。最后,交互是学习生态系统的关键,在整个系统中,任意两者都不断地进行着交互活动,特别是学习者与学习资源的互动,因此需要构建优化的、智慧的互动学习环境,助力个体的成长发展和系统的持续进化。

---

① 杨现民,余胜泉.生态学视角下的泛在学习环境设计[J].教育研究,2013(3):103.

二、基于不同场景的互动类型

目前正处于一个快速变化更迭的时代，随着人工智能、虚拟现实（VR）、大数据等新一代信息技术在教育领域的广泛运用，交互白板、电子书包、线上学习资源平台等大量出现在学生课堂，学习形式和互动形式正经历着深刻的变革。基于学习场景以及学习形式，可以将互动划分为线下在真实课堂环境中的现实互动和运用互联网或虚拟现实、增强现实技术的虚拟互动，以及将二者相结合的虚实融合互动类型，极大地丰富了学习交互的类型。

（一）基于现实学习情境的互动

师生和生生之间的人际互动是传统课堂互动主要关注的。随着教育观念的转变，其形式也产生了变革，“以人为本”的观念使得学习者愈来愈成为课堂的主体，教学互动愈来愈向着促进学生自主发展偏移。在未来的互动学习环境中，师生、生生间的人际互动依然占有重要地位，但随着交互白板、电子书包、活动桌椅、智能环境控制系统、及时反馈系统等涌入课堂，在未来的学习环境中，人与环境、人与资源、人与技术间的良性交互越来越占据重要地位。学习环境要从以往单纯承接学生学习活动的固定的物理空间转变为参与、促进学生学习活动的人性化、智能化的交互环境。

首先，人与物理环境的互动，构建舒适学习环境。作为体现以人为本、关注主体需求的未来空间，其物理空间应与人产生良好的交互，如：能够根据不同时段和季节的环境变化，智能调节教室的照明和温度情况，保障学生处于舒适的学习状态；通过电声设备为学生创设一个悦耳动听的听觉环境，保障学生的听觉健康；可调节的桌椅和灵活的布局能适用于不同学习者身体特征和学习形式的多样化需求等。未来智能化的学习环境将通过扩声系统、显示系统、物理布局等多方协作打造舒适健康的学习环境。

其次，个体与学习资源的互动，促进学习者的理解和掌握。未来环境中的资源应该具有可操作性、可重组性的特征，使学习者在学习过程中能对资源进行注解和操作，便于学习者的理解，形成与资源的良好互动。学习者也可以根据不同的信息加工习惯对资源进行重组、整合，甚至是构建生成新的学习资源。

最后，人与技术的互动，体现以人为本的理念。技术作为学生学习的促进手段，应该紧紧围绕着有利于促进学生能力的提升和全面发展。未来课堂与传统课堂相比，除了传统的师生、桌椅构成外，融进了先进的物联网、人工智能和大数据技术，并在学习活动中扮演着愈发重要的角色。人与技术的互动最主要的形式是学习者与互动媒体设备的交互，如电子白板、互动投影等，要积极发挥技术的支持作用，助力学习者知识和技能的习得，促进其身心和谐发展。

（二）基于技术支持情境的互动

借助互联网、大数据技术的广泛应用，人类的信息空间极速扩大，曾经以客观形式存在于物理世界的知识逐渐以多种形态存储于虚拟空间。①虚拟空间又叫“数字空间”或“信息空间”，主要是基于互联网技术和多媒体技术，在数字化信息化环境中进行学习活动的形式，作为现实世界的补充和优化，虚拟空间逐渐成为了学习环境的重要组成部分。

线上虚拟学习空间以其更强的联系性、丰富的学习资源和跨越时空的交互，丰富了互动学习的内容和形式。虚拟学习空间突破了互动的时空限制，使师生、生生间跨时空的同步交互、异步交互得以实现。当前中小学为学习者提供了包括在线学习平台、云端课程管理系统、电子教材、教学音频等数字化学习资源，学生可利用这些学习资源随时随地学习，突破师生在场交互的局限，灵活掌控学习时间、自主把握学习进度，满足学生的个性化学习需求。

同时虚拟空间还提供了海量的线上学习资源，极大地丰富了学习者互动的对象和内容，给学习者提供了大量交流互动的机会。其中数字化学习资源是网络虚拟学习空间的核心，如视频、电子教材、文献资料、PPT课件、线上互动交流等为媒介的学习资源。“国家教育资源公共服务平台”汇集了全国范围内小学中学全年级、全学科、不同版本的大量的优质学习资源，同时设有“班级集体空间”“主题资源空间”“名师空间”以及师生个人空间等多形式的学习空间，使学生可以在个人空间中管理自己的学习资源、参与不同班级的学习，并

① 杨彦军，张佳慧．沉浸式虚实融合环境中具身学习活动设计框架[J]．现代远程教育研究，2021，33(4)：64．

与他人进行交互。因此,国家教育资源公共服务平台既是资源存储与获取的平台,又是学习者互动交流的空间,为学习者提供了一个开放的、个性化的网络互动平台。①

(三)基于虚实融合情境的互动

现实互动能为学习者提供真实的体验,虚拟互动能够打破学习时空的限制,二者都各自有其优势和局限,未来的趋势必然是将二者优势互补,构建虚实融合的互动学习环境。虚实融合的学习环境主要是将现实情境中的真实互动与基于互联网和虚拟现实技术的虚拟学习空间融合的混合学习形式,使学习者能在虚拟情境中获取真实体验,借助虚拟手段解决现实问题,以其更加逼真的体验、丰富的资源和有效的交互,有效保障学习效果。

未来的虚实融合的学习环境与传统的学习环境存在诸多差异。在学习情境方面,虚实融合的学习环境利用传感设备和虚拟现实技术,营造出可真实感知的学习情境,以真实的感知体验促进知识建构;在学习资源方面,构建个性化学习空间,利用人工智能技术对学习过程数据进行分析并形成学习者画像,构建个性化的学习环境和资源空间,提供满足需求的个性化学习资料;在学习互动方面,以促进有效互动为核心,将现实互动和虚拟互动的优势融合,采用面对面互动和线上虚拟互动相结合的方式,实现人与人、物与物以及人与物的互联互通,促成深度学习互动的发生。

例如,当前现代信息技术催生的场景式学习,即通过数字化技术将正式的场景通过网络终端呈现在学习者面前,为学习者提供远程互动以及虚实融合的学习场景。②场景式学习通过利用物联网、虚拟现实、虚拟仿真、增强现实、全息等技术建构的远程和仿真环境,促进了虚实融合新环境的构建。这种新的学习形式能让学习者在非在场学习环境中获得不亚于在场的沉浸感,获得真实直观的体验,化间接经验为直接经验,促进学习活动走向深度,同时也满足了学习者创新创造的需要。

---

① 张进良,贺相春,赵健.交互与知识生成学习空间(学习空间V2.0)与学校教育变革:网络学习空间内涵与学校教育发展研究之四[J].电化教育研究,2017(6):62.

② 李莎莎,龙宝新.研究生虚拟学习氛围的运行机制和营建策略[J].研究生教育研究,2023(2):19.

三、关注个体学习与外界的互动关联

通过技术的支持,学习环境在情境创设、资源推送、互动形式等方面顺应学生个性化需求和认知规律,适时提供学习支架,增强学习者对外部世界的意义建构。人—机互动和人—人互动作为两个最主要的形式分别构筑起了个体与外界环境和外界资源的桥梁,促进了学习活动的发生。

(一)"人—机"互动将个体与外界环境相联系

随着智能技术的发展,未来学习活动必然是在技术支持下开展的,计算机逐渐成为学习者与环境互动、认识世界的重要工具,发挥着重要的中介作用。在学习过程中,教学者与学习者都不可避免地与计算机发生互动,人机交互也成为互动的重要组成部分。人机交互学习可以看作是学习者借助计算机技术以多种方式与环境互动、认识世界,通过人工智能技术改变学习环境,增强个体与客观世界的联系。

第一,具身认知理论的推动,有助于教学活动的身体转向。

具身认知的概念自20世纪80年代中期日益盛行,摒弃了传统的把学习视为简单的信息接受、加工过程的离身观点,主张认知活动是通过大脑、身体与环境的相互作用形成的,强调认知的具身性、情境性,迎合了当前及未来教育的时代诉求,有助于促进教学活动的身体转向。

具身认知强调"心身统一",主张通过外在知觉促进意识发展,发挥感官体验的重要性①,在其理论的支持下,人机互动的相关研究也愈发重视交互的具身性,与其说是人与机器的互动,不如说是大脑—身体—机器之间的三重交互,身心是不可分离的。②以VR和AR技术为例,搭建一个拟真的交互学习场景,通过技术延伸人的感官知觉,将感知世界和知识建构紧密地融合在一起,学习者身临其境参与到知识的产生与建构过程中,提升学习过程中的感官体验,在直观体验的交互中有效地完成自身与外界的信息交流,形成学习者个体与外界环境的深度融合。

---

① 杨彦军,张佳慧.沉浸式虚实融合环境中具身学习活动设计框架[J].现代远程教育研究,2021,33(4):66.

② 艾兴,赵瑞雪.人机协同视域下的智能学习:逻辑起点与表征形态[J].远程教育杂志,2020(1):73.

例如,当前基于具身认知理念的全息技术在教育领域广泛应用,为未来学习环境提供了一个可视化、交互性强、虚实融合的学习场域。通过全息技术模拟现实世界的具体事物,全方位地刺激学习者的各种感官,增加学生的外在知觉,使其获得具身学习体验,以弥补现实环境和身体条件学习的不足。当前,全息技术作为促进教育变革的利器,在教学运用中需要发挥好促进功能,利用智能技术创设拟真的环境、提供真实的感官体验,助力身体转向,同时要避免因过度虚拟化、工具化与片面性导致的“离身状态”。

第二,迁移观在学习场景中的延伸与应用。

近年来,迁移学习引起了广泛的关注和研究,建构主义的迁移观特别强调应用和情境在学习迁移中的作用,认为知识因应用的需要而产生,在应用中被确切的理解;[①]此外真实、丰富的情境直接影响着学习迁移的发生。因此,情境的创设越贴近外部世界的真实环境,应用形式越多样,学习者对知识的理解就变得越深刻,也就越能灵活地迁移运用。

智能技术的革新将学习情境逐步延伸到虚实融合的空间,利用技术的支持,可以为学习者提供更加丰富多样、真实有效的情境,激发学习迁移的发生。首先,可以采用虚实结合的方式,将学习者置于虚拟的应用问题情境中,以应用的需求激发学习者的学习动机,调动内在支持要素有效促进知识的理解与建构。例如,虚实融合背景下的问题式学习(Problem Based Learning,PBL)强调以问题为核心,通过虚拟仿真情境将学生置于复杂的、有意义的问题情境中,激发学生学习的主动性和积极性,同时还能有效促进人机实时互动。[②]其次,知识是情境化的,具体知识的掌握要依赖具体的学习情境,因此,要利用好丰富多样的学习资源、身临其境的数字场景,模拟接近于真实的学习场景,贴近学习者的现实生活,以真实的问题激发学生解决问题的意愿。同时,学习者能够获得真实的感受和体验,以此拉近与外界环境的距离,有利于学习者在交互中加深对知识的理解,促进迁移。

第三,结合学习科学的视角,促进学习环境研究凸显其本质。

---

① 刘儒德.论建构主义学习迁移观[J].北京师范大学学报(人文社会科学版),2001(4):107.

② 陈丽虹,周莉,吴清泉,等.PBL教学模式效果评价及思考[J].中国远程教育,2013(1):70.

智能技术不仅能够延伸人的感官，构建学习情境促进知识迁移，还能通过打破系统间的单一形态，为学习提供多样化途径，影响学习的发生机制。[①]学习科学不仅关注知识的本质和学习的实质，还关注在理论指导下的技术应用。知识作为客观世界的主观构建，深层次的认知理解需要学习者依据已有的生活经验与外界交互，并进行积极主动的建构。学习科学领域的具身认知、生成认知、延展认知以及情境认知等都强调人的学习活动与环境的交互意义，人机协同技术的运用推动了教育领域的变革，使认知活动和学习形式产生了明显的变化。

人机互动时代，计算机强大的信息收集和存储功能彻底将人从繁杂机械的识记工作中解放出来，使得人们在发挥操控、决策、评估作用时，创造性地利用身体，促进认知的进阶。[②]首先，计算机技术可以为知识的理解提供脚手架，通过在不同学习情境中为学习者提供协助性支持，包括指导训练、构建任务、提供建议等，使学习活动的思维过程可视化、直观化，使认知过程清晰可控，促进学习者的知识建构。[③]其次，人机协同模式促进学习形式的变革，针对数字化环境中成长起来的学习者，更需要把握学习情境中的复杂性，强调学习者的个性化学习。未来学习环境中需要发挥计算机的匹配和针对功能，通过学习过程中各要素的变革，以人的发展为导向，充分激发学习者的内在潜能。例如，美国课程论专家派纳（William F. Pinar）提出的“存在经验课程”强调情境化的学习经验，认为个体是具体的、活生生的、独特和完整的，实质是个体内在经验与外在环境相互作用的经验改造和意义建构。[④]

（二）“人—人”互动将个体与资源环境相联系

互动的另一个部分是人与人之间的互动，“人—人”互动的方式将处于不同生存空间、不同知识背景下的个体联系起来，使学习者有了一个自我表达、讨论和对话的空间，通过人与人交互达成了个体间学习资源的互鉴。当前，学

---

① 郭炯，郝建江.人工智能环境下的学习发生机制[J].现代远程教育研究，2019，31(5)：34.

② 艾兴，赵瑞雪.人机协同视域下的智能学习：逻辑起点与表征形态[J].远程教育杂志，2020(1)：71.

③ 任英杰，徐晓东.学习科学：研究的重要问题及其方法论[J].远程教育杂志，2012(1)：32.

④ 汪霞.建构课程的新理念：派纳课程思想研究[J].全球教育展望，2003(8)：41.

习共同体、成员协作等人际互动形式打破了同一空间的局限性，增加了学习者间相互联系和交流的途径，使得空间距离不再成为彼此互动的阻碍①，以人人互动的形式获得更多的资源连接和人际连接。

第一，形成不同形式、不同领域的学习共同体。

现代学习理论在促进个性化和多样化学习的同时，也强调团队协作，注重学习共同体的建设，智能技术在未来学习环境中的运用也丰富了学习共同体的形式，使越来越多的学习者更习惯于协作学习。学习共同体主要是指由学习者与助学者共同构成的团体，具有共同的目标，在一定支撑环境中共享学习资源，进行相互对话、交流和沟通，共同完成一定的学习任务，通过共同活动形成相互影响、相互促进的人际联系。②

在网络技术的支持下，学习共同体可分为现实学习共同体和虚拟学习共同体。传统的现实互动强调参与者到场的现实互动，需要提供充足的、可利用的学习资源，对学习进度进行监督，并实时提供必要的指导；而网络的广泛应用使虚拟交互具有时空的灵活性和对象的广泛性，使不同时空和地域的学习者相遇，他们不仅可跨越时间进行交流，满足了随时进行互动的需求，同时还提供了跨地域甚至跨国别交流的机会，沟通了全国甚至全世界范围内不同行业、不同专业的学习者，形成了基于互联网的广泛的学习共同体。

从本质上来看，学习共同体是学习者进行知识建构的社会性交互协作的方式之一，这种互动形式可以促进学习者的认知发展，学习者通过共同体内部的互动，完成个体意义的建构，但学习共同体的建构并不是学习个体的简单堆叠，要让学习者就一定的学习任务开展有效的交互，因此需要一定的学习策略和信息技术手段的支持。首先，需要学习者的主动建构，学习者要能够根据自身学习特征，在团体中发挥积极作用，创设一个包容、协作、共赢的学习氛围，使每一位成员都能在团体中发挥所长，在完成学习任务中获得集体的归属感。其次，应该依托互联网技术创设智能化的学习环境，利用大数据技术为学习者推荐个性化学习资源，挖掘集体智慧，促进有效互动。

---

① 王牧华，宋莉.当代学习环境研究的转向及启示[J].课程·教材·教法，2018，38(1)：64.

② 薛焕玉.对学习共同体理论与实践的初探[J].中国地质大学学报(社会科学版)，2007(1)：1-2.

第二，加强人员之间的在线协作。

在人人互动的类型中，人员协作也是一个重要的互动形式，强调通过小组或团队的组织形式促进学生学习活动，学习者以任务或项目为驱动组成团队，通过参与、配合与自我组织，团队内人员在聊天、探索、实验、质疑等形式中进行交流，主动性和积极性得到激发，互动性得到强化。

未来虚实融合的互动学习环境整合多种技术和智能设备，搭建线上协作平台，克服传统课堂协作学习的地域和时间限制，扩大协作学习的机会，加强人员之间的联系。与传统互动形式相比，在线协作学习具有学习活动的一些显著特征。首先，在线协作具有广阔的空间和海量的资源。通过互联网软件应用，学生可以在任何时间、任何地点进行协作交互，具有时间和空间上的灵活性，同时线上平台最大的优势是便捷地汇集、储存了海量的教学资料，为协作学习提供资源保障。其次，及时的反馈系统。智能化协作空间采用实时反馈系统，为学习者提供实时交互和及时反馈的条件，实现互联互通。线上平台会全程记录每个小组的学习情况，进行数据分析，实时获得每位学习者的具体学业情况和学习进度，及时进行协助和指导，保障协作效果。线下、线上协作互动各有其优劣，要将二者结合起来，形成虚拟和现实结合、线上线下同步的多维的互动的学习模式。

四、互动学习环境的建设策略与应用案例

学习资源在学习者的学习活动中占据重要地位，学习者与学习资源互动的有效性保障了学习活动的顺利进行，同时互动学习环境的构建有赖于学习资源的建设，优化的学习资源有助于提升学习环境的效能。在未来互动学习环境下的学习资源应具备情境化和交互化两大特征。

（一）建设互动学习环境的有效策略

第一，联通现实与虚拟，增强互动学习环境的情境体验。

情境在当前学习中的重要性毋庸置疑，帮助学习者建立起已有经验和知识之间的联系，学习内容理解、深度学习、有效互动都要求学习情境的构建。情境认知理论强调，学习者要置于知识产生的特定情境中，通过积极参与具体

情境中的社会实践来达成获取知识、建构意义并解决问题的学习目标。[①]同时,具身认知理论也强调情境性,学习者在具身学习过程中需要通过置身于情境感知、体验情境中的信息,只是被动接受教学媒介传递的信息,脱离真实情境和学生经验,不利于学生的理解和掌握。

在教育部印发的《义务教育课程方案(2022年版)》中,多次提及真实情境的创设,要求利用情境促进学习方式和教学方式的变革以及课程的实施,强调情境在学习资源中的重要地位。在《义务教育语文课程标准(2022年版)》中,“情境”成为一个高频词,要求教师善用场景模拟、媒体再现、游戏设计等方式,活用课内外无时不有、无处不在的语文学习资源,根据学生学业水平、认知规律、个体差异,抓住学生的兴趣点,创设服务于现实生活的真实情境,让学生从被动接受转变为主动思考,提升综合实践能力。[②]

未来虚实融合的互动学习环境联通了现实空间和虚拟空间,教育技术的发展为更加有效的学习情境的创设提供了支持,给学生带来多形式的情境体验,为认知发展提供由具体到抽象的演变契机。为了创设真实有效的情境,更好地服务学生的学习活动,首先,要保证情境的真实性,真实性是保证有效学习的条件之一,只有接近真实社会的学习情境,将学习活动置于学生经验的社会和自然情境之中,学习活动才会被赋予真实的意义,才有助于促进学生的思考,提升学习效果。在虚实融合环境中,丰富的资源和多样化的媒体工具更能创设拟真化的学习情境,让学习者在贴近现实的真实任务情境中构建知识。其次,善于利用身边的一切事物搭建起学习任务与学生已有经验之间的桥梁,促进学习活动的发生,资源不仅包括传统的书本和学习资料,还包括虚拟环境中的数字学习资源,同时还可以借助已有的条件开展多样化的学习活动,例如:可以利用教师在课堂上通过语言、文字、图片等构建的间接经验情境;可以通过实地观察、实验探究、项目实践等形式参与的直接经验情境;还可以利用虚拟空间的全息投影、线上学习平台等方式进行补充优化,为学生提供拟真化的体验,更好地贴近学生的现实生活经验。最后,在大量的学习资源和多样化

① 阎乃胜.深度学习视野下的课堂情境[J].教育发展研究,2013(12):77.

② 王永,苟利.从建模走向艺术小学语文教研组建设校本策略[M].成都:四川大学出版社,2022:239.

的技术工具中需要有选择性，资源没有优劣之分，需要针对具体的学习目标、学习内容和师生情况选择适当的空间和资源，综合考虑不同学习资源的优缺点、操作难易程度等因素，以创建良好的互动学习情境，更好地调动相关经验促进学习者认知发展。

第二，利用环境要素，提升互动学习环境的交互效率。

互动是未来学习环境的核心，未来学习环境的设计需要充分体现和围绕这一核心展开，在先进技术的支持下，除了教学者、学习者外，还包括诸多的信息技术、学习资源、终端设备等，这些都是构成互动的重要部分，需要充分发挥这些要素的作用，利用其优势构建富有未来特征的学习环境。

未来课堂作为学习者开展学习活动和获得发展的场所，其互动性应该实现以下功能。首先，智能化的内容推送。满足学习者个性化需求是未来互动的主要特征，借助大数据、人工智能技术全面地收集、记录、分析学生的学习数据，智能把握不同学习者的学习需求，精准投送相关学习资源，提升互动的效率。其次，满足多样化互动形式。未来学习环境与传统课堂相比，除了关注人与人之间的互动外，还需要涉及学习者与环境、资源、技术以及技术与技术等多主体、多维度的互动，未来学习环境需要通过技术的支持保证不同形式互动的有效进行。最后，利用互动促进学生学习，以人为本是当前教育理念的核心，未来学习环境中的互动活动也必然围绕这一思想展开，更多地关注如何更好地帮助学生有效学习，要求资源和环境建设都贯彻以人为本的理念，将学生的学习置于教育活动的中心，利用互动促进学生成长发展。

为了保障未来学习环境的交互作用，需要发挥好人工智能、大数据、云计算等技术的辅助功能。一是利用人工智能技术，精准推送学习内容。首先充分利用智能设备时时感知学习者的需求，利用网络监控设备收集学习数据并上传至计算平台，运用大数据技术将信息进行整合、挖掘、分析，在资源空间中进行检索、选择、计算，找到满足需求的内容并推送到各种学习终端设备上，实现个性化资源推送。二是以学习者为中心，构建个人学习互动空间。要转变观念，将学习者置于学习活动的中心，给学习者提供高度的自主性，使其能够根据自身需要调动环境中的各种资源，组建个性化的个人空间，为个人学习活动服务。三是提供完备的制度保障，保障互动有效进行。学习活动的有序进行离不开一套标准的规章制度，特别是面对丰富的数字资源和多样的现代化技术，需要明确学生的行为规范、学习的评价机制、环境的维护规则等，只有科学系统的运行机制才能保障互动学习环境的良性发展，支持学生的有效学习。

（二）互动学习环境的应用案例

构建智能化、互动式的未来学习环境是世界教育研究的共同追求。当前一些教育实践已经展露出未来学习环境的倾向，构建了带有未来特征的学习环境，强调学习环境的灵活交互性以及人工智能技术支持下的精准推送。

第一，支持灵活操作的交互学习环境。

在物理布局方面，未来的智能互动学习环境是一个包含多种先进媒体技术的可灵活操作的物理空间，包括灵活的空间布局、可调节的桌椅、多屏的显示系统等，环境内的一切设施都能够根据学习的形式、学习者的需求进行灵活调整，使学习环境更好地为师生所用，促进交互的生成。例如，新加坡南洋理工大学的“未来学校”建设，利用智能技术将教室环境打造成为一个智慧的互动空间，校内的两大学习中心The Hive和The ARC共拥有116间智慧教室，摒弃了传统的固定的教室布局，取而代之的是灵活的可根据需要自由调节的圆形座椅、LED屏幕和电子白板等智能交互设备以及阳台、花园、露天走廊等开放空间，使课堂的组织形式更为灵活。智慧教室以智能的、开放的物理环境营造了舒适的互动学习生态[①]，给学生提供一种轻松舒适、可随时随地进行自主学习或讨论的场所，学习者可根据自己的需要选择合适的学习形式和空间，使得学习环境的意义不仅仅是学习的空间，更像是给学习者提供聚在一起进行思想碰撞和跨学科交流的机会，实现学习者与学习环境的深度互动。

除了正式的学校学习，场馆学习作为一种非正式学习形式也为学习者提供了灵活的互动体验。当前科普场馆的展览形式在传统的陈列式静态展览的基础上，发展出了演示、体验的互动形式，能通过计算机技术呈现的直观画面和虚拟现实技术提供的真实感受，激发学习者的好奇心，增进知识的理解。索尼探梦科技馆作为一个新型的博物馆，设有需亲自动手操作的“实验梦工房”，

---

① 张振刚，程琳媛.高等教育数字化转型的动因、实践与启示：以新加坡南洋理工大学为例[J].科技管理研究，2023(16)：101.

在这里青少年不仅可以参观和体验造纸活动、水净化实验、投石机的搭建，以直观的形式感受科学的魅力，还可以利用馆内提供的材料自己动手用3D打印笔制作日晷部件、拆装机器人以及制作太阳能电池，在操作体验的互动形式中促进认知的发展。[①]索尼探梦科技馆以科学技术打造了一个具有丰富学习资源、可供学习者直观体验和自由探索的互动学习环境，青少年可以随意地选择、使用已有资源，在动手操作的直观体验中促进对知识的理解。

第二，基于数字化技术的智慧学习环境。

当前，人工智能技术的精准推送有利于构建学习者个性化的学习空间，借助大数据技术可以识别学习者状态，感知学习者的兴趣、习惯和需求，在资源推送、路径选择与个性化反馈等教学服务上顺应学生的认知发展规律和多样化需求，提供精准推送的教育服务，同时也能使教师在获得及时的反馈后有针对性地对学习活动进行调节。许多高校图书馆通过大数据及人工智能技术致力于实现图书的智能推荐，致力于通过人工智能收集并分析用户入馆后的活动数据，包括区域停留时间、图书借阅记录、电子书检索记录等，生成读者的个性化阅读图示，再按需精准推送图书，同时还汇集具有相似阅读兴趣的用户，形成读者社区，搭建人际交流互动的桥梁。[②]如美国康奈尔大学图书馆开发的My Library系统，就具有自动识别用户兴趣、智能化过滤信息和推送信息等功能，它可以利用人工智能通过信息搜集、识别分析以及精准推送三个环节为用户提供个性化学习空间和资源环境。[③]

除了基于大数据精准推送功能的高校图书馆环境，还有在中小学内运用智能设备和教学平台打造的智能课堂环境，全程把控学习者的学习状况，为学习者提供合适的资料与指导，高效地服务于学习者。例如基于希沃教育云服务的希沃易课堂，运用希沃易课堂系统、线上教学平台、学习平板形成了覆盖课前、课中、课后的互动学习环境，支持跨平台的多屏互动、上传和下载、动态数据统计分析等多功能。希沃易课堂依托齐全的软硬件设备、数据中心，支持在线学习、自我学习、分层学习、实时互动等多样化的学习需求，能够根据不同

① 王晶莹.STEM学习环境论[M].上海:上海教育出版社，2020:210.

② 储节旺，陈梦蕾.人工智能驱动图书馆变革[J].大学图书馆学报，2019(4):10.

③ 邹凯，汪全莉.智能搜索引擎与数字图书馆个性化服务[J].情报科学，2004，22(7):875.

学科、不同场景、不同内容开展不同的学习活动。借助希沃系统的高效反馈功能，实现全员参与、实时互动、多形式评价的各种探究活动，促进互动生成；同时，系统还能整合数据进行学情分析，协助教师精准推送分层学习资料，根据学习记录和薄弱点匹配习题，推送特色学习资料，形成个性化的学习空间。①

① 人工智能为儿童项目组．人工智能为儿童：面向儿童群体的人工智能应用调研报告[M]．北京：中国商务出版社，2021：99-101．

参考文献

一、著作

[1]贝尔,列文斯坦,绍斯,等.非正式环境下的科学学习:人、场所与活动[M].赵健,王茹,译.北京:科学普及出版社,2015.

[2]布拉德.0-8岁儿童学习环境创设[M].陈妃燕,彭楚芸译.南京:南京师范大学出版社, 2014.

[3]布兰思福特,等.人是如何学习的:大脑、心理、经验及学校:扩展版[M].程可拉,孙亚玲,王旭卿,译.上海 :华东师范大学出版社,2013.

[4]蔡铁权,钱旭鸯,陈丽华.教学设计:基于学习环境的教和学[M].杭州:浙江教育出版社,2010.

[5]曹玉萍,骆晓荣,王晓鹤.网络环境下大学生外语自主学习研究[M].长春:吉林摄影出版社,2016.

[6]陈金华.智慧学习环境构造[M].北京:国防工业出版社,2013.

[7]戴文青.学习环境的规划与运用[M].南京:南京师范大学出版社,2005.

[8]范春林.课堂环境与自主学习[M].北京:国家行政学院出版社,2013.

[9]方海光.教育大数据:迈向共建、共享、开放、个性的未来教育[M].北京:机械工业出版社,2016.

[10]冯振艳,张玲,张世红.小环境大智慧 :《3-6岁儿童学习与发展指南》引领下的幼儿园环境创设[M].赤峰:内蒙古科学技术出版社,2015.

[11]高申春.人性辉煌之路 :班杜拉的社会学习理论[M].武汉:湖北教育出版社,2000.

[12]顾富民.信息化环境下学生学习素养研究[M].成都:电子科技大学出

版社,2018.

[13]哈姆斯,克利福德,克莱尔.幼儿学习环境评量表[M].赵振国,周品,周欣,等.上海:华东师范大学出版社,2015.

[14]哈姆斯,克莱尔,克利福德.婴儿学习环境评量表 修订本[M].汪光珩,周欣,译.上海:华东师范大学出版社,2015.

[15]韩宝华,王欣,白桂蓉,等.环境化学学习指导书[M].北京:中央广播电视大学出版社,1993.

[16]何克抗,李文光.教育技术学[M].北京:北京师范大学出版社,2002.

[17]何一清.信息加工和学习视角下管理者环境扫描与认知变革研究[M].南京:江苏人民出版社,2019.

[18]侯洁.个人学习环境建模与应用研究[M].天津:天津科学技术出版社, 2015.

[19]霍恩,斯特克.混合式学习:21世纪学习的革命[M].混合式学习翻译小组,译.北京:机械工业出版社,2016.

[20]梁莉.网络环境下大学生英语自主学习能力探究[M].武汉:武汉大学出版社,2018.

[21]林慧敏,万代红.信息化环境下的有效学习[M].北京:北京师范大学出版社,2012.

[22]林秀瑜.泛在学习环境下微课的学习模式与策略[M].广州:中山大学出版社,2019.

[23]刘德建,黄荣怀.城市智慧学习环境研究与测评:宜居与创新的视角[M].北京:人民邮电出版社,2016.

[24]刘东浩.美国的学习环境:一位留美中学生的笔记[M].北京:五洲传播出版社,2013.

[25]刘立云.泛在学习环境下混合式学习模式研究[M].长春:吉林大学出版社,2017.

[26]卢丹.批判性思维导向的混合学习环境设计与应用研究:以大学实用英语写作课为例[M].长春:东北师范大学出版社,2019.

[27]陆根书,程光旭,杨兆芳.大学课堂学习环境论:课堂学习环境与大学

生学习及发展关系的实证分析[M].西安:西安交通大学出版社,2010.

[28]罗冰.基于移动学习环境下的外语教学研究[M].哈尔滨:黑龙江人民出版社,2019.

[29]马冯.数据密集型计算环境下贝叶斯网的学习推理及应用[M].成都:西南交通大学出版社,2016.

[30]马志强.从相互依赖到协同认知:信息化环境下的协作学习研究[M].北京:中国社会科学出版社,2019.

[31]纳尔逊.以儿童为中心的学习环境的设计与实施:室外课堂[M].丁道勇,徐逸桐,王馨玥,译.北京:教育科学出版社,2017.

[32]奈尔.重新设计一所好学校:简单、合理、多样化地解构和重塑现有学习空间和学校环境[M].林文静,译.北京:中国青年出版社,2019.

[33]潘丽芳.技术支持的教师学习环境构建与实践[M].上海:上海教育出版社,2019.

[34]普莱文.从备课开始的100个课堂活动设计:创造积极课堂环境和学习乐趣的教师工具包[M].邓亚琼,译.北京:中国青年出版社.2019.

[35]乔纳森,兰德.学习环境的理论基础[M].2版.徐世猛,李洁,周小勇,译.上海:华东师范大学出版社,2015.

[36]乔纳森.学会解决问题:支持问题解决的学习环境设计手册[M].刘名卓,金慧,陈维超,译.上海:华东师范大学出版社,2015.

[37]区建峰.新型学习环境下的教育装备创新案例研究与实践[M].武汉:武汉出版社,2014.

[38]日本学习研究社.环境创设与制作创意宝典2:学习与探索篇[M].刘奕,译.北京:中国青年出版社,2010.

[39]孙勉志.汉语环境与英语学习[M].上海:上海外语教育出版社,2001.

[40]孙锐.变革环境下企业创新人才培养研究:组织学习的视角[M].北京:经济科学出版社,2011.

[41]唐秋明.个人学习环境构建:高中语文学习障碍点突破的新途径[M].上海:上海社会科学院出版社,2020.

[42]唐小为.从互动走向互动:为了科学探究的社会性课堂学习环境研究

[M].重庆:西南师范大学出版社,2016.

[43]童慧.混合学习环境中协作知识建构策略研究[M].北京:电子工业出版社,2017.

[44]王利华.基于学习共同体的高校外语课堂生态环境研究[M].郑州:河南大学出版社,2018.

[45]王运武,于长虹.智慧校园:实现智慧教育的必由之路[M].北京:电子工业出版社,2016.

[46]魏晶.外语学习者计算机网络生态环境优化研究[M].青岛:中国海洋大学出版社,2018.

[47]吴建平,侯振虎.环境与生态心理学[M].合肥:安徽人民出版社,2011.

[48]吴丽珍.基于幼儿学习与发展的教育环境创设:幼儿园室内外环境创设[M].福州:福建教育出版社,2015.

[49]吴颖惠,李芒,侯兰.基于互联网教育环境的深度学习[M].北京:人民邮电出版社,2017.

[50]西尔瓦,斯冉杰-布拉奇福德.幼儿学习环境评量表:课程增订本[M].李娟,肖湘宁,译.上海:华东师范大学出版社,2015.

[51]肖旭.社会心理学[M].成都:电子科技大学出版社,2013.

[52]杨进中.虚实融合的研究性学习环境构建研究[M].北京:人民出版社,2018.

[53]杨文阳.数字化学习环境构建:信息技术有效支撑在线学习的理论与实践[M].北京:中国石化出版社,2019.

[54]杨院.大学生学习方式实证研究:基于学习观与课堂学习环境的探讨[M].北京:教育科学出版社,2014.

[55]姚艺.幼儿园学习环境创设与实施:基于全环境支持系统的实践[M].上海:华东师范大学出版社,2019.

[56]应彩云.在墙面环境中学习[M].上海:上海社会科学院出版社,2007.

[57]俞国良,等.环境心理学[M].北京:人民教育出版社,2000.

[58]郁晓华.个人学习环境中的自主学习:转变与实现[M].天津:南开大

学出版社,2013.

[59]张剑平,等.虚实融合环境下的非正式学习研究[M].杭州:浙江大学出版社.2018.

[60]赵亦兰.指向普通高中学生"成功体验"的三类学习环境建设的实践研究[M].上海:上海教育出版社,2018.

[61]郑葳.学习共同体:文化生态学习环境的理想架构[M].北京:教育科学出版社, 2007.

[62]郑雨欣,贾龙宇,邓培林.宿舍环境对大学生学习的影响研究[M].成都:西南财经大学出版社,2014.

[63]周淑惠.幼儿园学习环境规划[M].北京:北京联合出版公司,2018.

[64]周跃良.中小学虚拟学习环境设计与应用[M].北京:人民教育出版社, 2006.

[65]邹维兴.班级环境对中学生学习心理的影响研究[M].成都:西南交通大学出版社,2018.

二、期刊论文

[1]包国光,王子彦.后现代主义科学观评析[J].自然辩证法研究,1998,14(10).

[2]鲍贤清,杨艳艳.课堂、家庭与博物馆学习环境的整合:纽约"城市优势项目"分析与启示[J].全球教育展望,2013(1).

[3]曹培杰.未来学校变革:国际经验与案例研究[J].电化教育研究,2018(11).

[4]曹培杰.未来学校的变革路径:"互联网+教育"的定位与持续发展[J].教育研究,2016(10).

[5]曹培杰.智慧教育:人工智能时代的教育变革[J].教育研究,2018(8).

[6]陈君涛,马艳花,展金梅,等.智慧教室建设:理念、策略与瓶颈分析[J].信息系统工程,2023(2).

[7]陈伦菊,金琦钦,盛群力.设计创新性学习环境:OECD"7+3"学习环境

框架及启示[J].开放教育研究,2018,24(5).

[8]陈琦,张建伟.信息时代的整合性学习模型:信息技术整合于教学的生态观诠释[J].北京大学教育评论,2003,1(3).

[9]陈向东,许山杉,王青,等.从课堂到草坪:校园学习空间连续体的建构[J].中国电化教育,2010(11).

[10]邓莉,彭正梅.通向21世纪技能的学习环境设计:美国《21世纪学习环境路线图》述评[J].开放教育研究,2016,22(5).

[11]丁玉祥.智慧教育环境下有效备课的组织与实施[J].数字教育,2022(4).

[12]董超.如何就场馆学习培养学生的家国情怀:以五下语文"大单元教学"的研究为例[J].教育进展,2022,12(11).

[13]约翰逊,等.《2015年地平线报告(基础教育版)》解读[J].人民教育,2015(17).

[14]杜卫.论审美素养及其培养[J].教育研究,2014(11).

[15]范春林,董奇.课堂环境研究的现状、意义及趋势[J].比较教育研究,2005(8).

[16]方兆玉.美国K-12数字课堂:构建个性化学习环境[J].上海教育,2014(2).

[17]付积,王牧华.论中小学场馆学习的价值意蕴与实践策略[J].课程·教材·教法,2021,41(2).

[18]高文.情境学习与情境认知[J].教育发展研究,2001(8).

[19]郭元祥,伍远岳.学习的实践属性及其意义向度[J].教育研究,2016(2).

[20]何克抗.论创客教育与创新教育[J].教育研究,2016(4).

[21]何一茹.区域型学生学习空间设计研究[J].教育信息技术,2015(12).

[22]贺宏伟,郑榕玲.智慧学习环境下高校课堂有效教学策略研究[J].闽南师范大学学报(哲学社会科学版),2022(2).

[23]贺平,武法提.论学习环境设计的理论基础[J].现代教育技术,2006(6).

[24]胡永斌，张定文，黄荣怀，等.国际教育信息化现状[J].教育研究与评论(小学教育教学)，2015(3).

[25]胡永斌，黄荣怀.智慧学习环境的学习体验：定义、要素与量表开发[J].电化教育研究，2016(12).

[26]黄红涛，孟红娟，左明章，等.混合现实环境中具身交互如何促进科学概念理解[J].现代远程教育研究，2018(6).

[27]黄荣怀，杨俊锋，胡永斌.从数字学习环境到智慧学习环境：学习环境的变革与趋势[J].开放教育研究，2012，18(1).

[28]黄文彬，王冰璐，步一，等.国内外创客空间研究进展：基于文献计量的分析[J].图书馆建设，2017(6).

[29]江丰光，孙铭泽.国内外学习空间的再设计与案例分析[J].中国电化教育，2016(2).

[30]蒋永贵.论深度学习真实发生的表征及其课堂教学实现策略[J].上海教育科研，2021(10).

[31]康琦，岳鹍.基于大数据群体画像的个性化学习环境构建的研究[J].高教学刊，2020(13).

[32]李宝敏.面向学习者有意义学习的网络学习环境研究[J].现代远距离教育，2011(2).

[33]李春艳，戴志锋."物联网+云平台"驱动的新文科智慧实验室构建[J].数字技术与应用，2022，40(9).

[34]李海峰，王炜.人工智能支持下的智适应学习模式[J].中国电化教育，2018(12).

[35]李建军，厉晓华.基于四大交互场景的智慧教室建设实践[J].冶金管理，2021(6).

[36]李姝，彭雷.基于循证设计的当代创新学习空间设计原则分析：以澳大利亚创新学习环境公共研究项目为例[J].当代建筑，2021(5).

[37]李艳红，徐敏."移动学习+智慧教室"生态学习空间的增强交互理念和设计：以《文学批评》课程为例[J].中国电化教育，2018(10).

[38]李志河，李鹏媛，周娜娜，等.具身认知学习环境设计：特征、要素、应

用及发展趋势[J].远程教育杂志,2018(5).

[39]李志河,师芳.非正式学习环境下的场馆学习环境设计与构建[J].远程教育杂志,2016(6).

[40]李志河,王元臣,陈长玉等.深度学习的困境与转向:从离身学习到具身学习——兼论一种深度具身学习环境的构建[J].电化教育研究,2023(10).

[41]廖菲菲,王成元.基于智适应学习系统的个性化学习环境构建[J].中国信息技术教育,2022(15).

[42]廖诗艳.学习环境研究的历史、现状与未来[J].肇庆学院学报,2007,28(1).

[43]刘景福,钟志贤.基于项目的学习(PBL)模式研究[J].外国教育研究,2002,29(11).

[44]刘黎明.论西方自然主义教育思想的形成、演变及历史贡献[J].河北师范大学学报(教育科学版),2004,6(5).

[45]刘璐,曾素林.国外中小学研学旅行课程实施的模式、特点及启示[J].课程·教材·教法,2018(4).

[46]刘强,张旭.地方高校智慧校园可视化建设探讨:以凯里学院为例[J].凯里学院学报,2022(6).

[47]刘三女牙,李卿,孙建文,等.量化学习:数字化学习发展前瞻[J].教育研究,2016(7).

[48]刘晓平,牛晓林.学习环境的未来发展趋向[J].教育与教学研究,2012(3).

[49]刘嫄嫄,李小红.学校团体场馆参观:国外教师的观念和行为[J].外国教育研究,2012(11).

[50]刘悦来,许俊丽,陈静.身边的自然 都市的田园:基于自然教育的上海社区花园实践[J].景观设计, 2019(5).

[51]罗闻泉,史晓强.基于Web资源整合的网上协作学习环境研究[J].中国职业技术教育,2008(4).

[52]雒亮,祝智庭.创客空间2.0:基于O2O架构的设计研究[J].开放教育研究,2015,21(4).

[53]吕林海,人类学习的研究历史、本质特征与改进努力:脑科学视角下的解析与启示[J].全球教育展望,2013,42(1).

[54]吕晓峰.环境心理学学科新主张及其哲学意义[J].自然辩证法通讯,2015(4).

[55]马秀麟,赵国庆,邬彤.大学信息技术公共课翻转课堂教学的实证研究[J].远程教育杂志,2013(1).

[56]秦虹,张武升.创新精神的本质特点与结构构成[J].教育科学,2006,22(2).

[57]邱涛.地方性地理研学旅行基地建设研究[J].中学地理教学参考,2017(4).

[58]邱艺,谢幼如,李世杰,等.走向智慧时代的课堂变革[J].电化教育研究,2018(7).

[59]石乃月,马迪倩,穆祥望."双一流"视角下国内高校图书馆创客空间建设发展探析[J].图书馆工作与研究,2018(3).

[60]孙国章.基于移动终端的个性化学习环境建构[J].吕梁教育学院学报,2019(1).

[61]塔卫刚.学习科学视野下学习环境设计研究[J].现代教育技术,2018(6).

[62]陶蕾.图书馆创客空间建设研究[J].图书情报工作,2013,57(14).

[63]王德宇,杨建新,李双寿.国内创客空间运行模式浅析[J].现代教育技术,2015,25(5).

[64]王佳玉,钟柏昌.中小学创客教育研究综述[J].现代远距离教育,2018(2).

[65]王乐,涂艳国.场馆教育引论[J].教育研究,2015(4).

[66]王琳琳,杨明全.非正式环境下的学习与学校课程的有效整合[J].教育科学研究,2018,47(10).

[67]王牧华,付积.论基于馆校合作的场馆课程资源开发策略[J].全球教育展望,2018,47(4).

[68]王牧华,刘恩康.基于创客空间的本科拔尖创新人才培养:为何与何

为[J].高等工程教育研究,2021(4).

[69]王牧华,商润泽.创客教育促进初中生核心素养形成路径的实证研究[J].中国电化教育,2019(3).

[70]王牧华,宋莉.当代学习环境研究的转向及启示[J].课程·教材·教法,2018,38(1).

[71]王伟东,金义富.一对一数字化互动反馈智能课堂学习环境研究[J].中国电化教育,2015(7).

[72]王曦."互联网+智慧校园"的立体架构及应用研究[J].中国电化教育,2016(10).

[73]魏静.未来课堂营造积极情绪研究:基于环境心理学视角[J].电化教育研究,2014(11).

[74]吴镝.美国博物馆教育与学校教育的对接融合[J].当代教育论坛(综合研究), 2011(5).

[75]吴南中,王觅.基于情境感知的智慧学习环境探究[J].现代教育技术,2016,26(5).

[76]吴炜生,邓惠,余可君.远程在线非正式学习环境下的社区教育资源建设[J].中国成人教育,2017(23).

[77]吴宇璐.论个人学习环境(PLE)要素分析[J].江西广播电视大学学报,2011(4).

[78]伍新春,曾筝,谢娟,等.场馆科学学习:本质特征与影响因素[J].北京师范大学学报(社会科学版),2009(5).

[79]习海旭,廖宏建,黄纯国.智慧学习环境的架构设计与实施策略[J].电化教育研究,2017(4).

[80]肖君,王腊梅,蒋竹君,等.教育数字化转型下的智慧学习环境构建:特征、框架与实践[J].中国教育政策评论, 2022(1).

[81]谢丽芳,杨志社.远程教育学生自适应学习系统的个性化学习环境设计研究[J].课程教育研究,2018(49).

[82]谢幼如,杨阳,柏晶,等.面向生成的智慧学习环境构建与应用:以电子书包为例[J].华南师范大学学报(自然科学版),2016(1).

[83]熊频,胡小勇.面向智慧校园的学习环境建设研究:案例与策略[J].电化教育研究,2015(3).

[84]徐瑾劼,杨雨欣.学生社会情感能力的国际比较:现状、影响及培养路径——基于OECD的调查[J].开放教育研究,2021,27(5).

[85]徐晶晶,黄荣怀,杨澜,等.智慧学习环境下学校、家庭、场馆协同教育联动机制研究[J].电化教育研究,2018(8).

[86]徐蓝.关于历史学科核心素养的几个问题[J].课程·教材·教法,2017,37(10).

[87]徐晓东,杨刚.学习的新科学研究进展与展望[J].全球教育展望,2010(7).

[88]杨刚.创客教育:我国创新教育发展的新路径[J].中国电化教育,2016(3).

[89]杨刚.普适技术支持下的泛在学习交互研究[J].电化教育研究,2012(3).

[90]杨俊锋,龚朝花,余慧菊,等.智慧学习环境的研究热点和发展趋势:对话E T&S主编Kinshuk(金沙克)教授[J].电化教育研究,2015(5).

[91]杨开城.建构主义学习环境的设计原则[J].中国电化教育,2000(4).

[92]杨乐.基于MOOC的自主个性化学习环境设计策略研究[J].实验技术与管理,2016,33(4).

[93]杨禄蓉.美国公立中学"个性化学习环境"理念的实践个案研究[J].海外英语,2017(17).

[94]杨现民,余胜泉.论我国数字化教育的转型升级[J].教育研究,2014(5).

[95]杨现民.信息时代智慧教育的内涵与特征[J].中国电化教育,2014(1).

[96]杨小银,曾建明,朱俊鹏,等.美国体育场馆智慧化建设经验与启示[J].体育文化导刊,2022(7).

[97]杨晓.研学旅行的内涵、类型与实施策略[J].课程·教材·教法,2018(4).

[98]杨重阳,武法提.基于深度学习的智慧课堂设计框架[J].开放教育研究,2022,28(6).

[99]叶新东,陈卫东,许亚锋,未来课堂研究的转变:社会性回归和人的回归[J].远程教育杂志,2012(3).

[100]殷世东,程静.中小学研学旅行课程化的价值意蕴与实践路径[J].课程·教材·教法,2018(4).

[101]尹睿,李丹飒.国外个人学习环境研究的进展与趋势[J].中国远程教育,2012(7).

[102]尹睿.文化取向的技术哲学:当代学习环境研究方法论的新路向[J].现代教育技术,2010,20(11).

[103]于翠波.基于QQ群的个性化学习支持环境的研究[J].北京邮电大学学报(社会科学版),2017,19(1).

[104]余鹏,沈振兴.分布式智慧高校实验室机房系统方案实践与探索[J].中国教育信息化,2020(9).

[105]岳婷燕,郑旭东,杨成.智慧学习环境下的实景学习活动研究[J].现代教育技术,2016(3).

[106]拉菲,蔡宜君,阿梅龙,等.在线学习中活动感知对社会性技能、社群归属感和学习满意度的影响[J].开放教育研究,2010(3).

[107]张斌贤,钱晓菲.学校空间史:场所位移与教育演变[J].教育研究,2022(7).

[108]张春兰,李子运.创客空间支持的深度学习设计[J].现代教育技术,2015,25(1).

[109]张丹,崔光佐."互联网+教育"背景下高校智慧实验室的构建[J].现代教育技术,2019(6).

[110]张剑,郭德俊.创造性与环境因素关系的社会心理学理论[J].心理科学,2003(2).

[111]张剑平,许玮,杨进中,等.虚实融合学习环境:概念、特征与应用[J].远程教育杂志,2013(3).

[112]张乐,张云霞."翻转课堂"教学模式在高校思政课中的应用研究[J].

中国高等教育,2018(1).

[113]张琼,胡炳仙.知识的情境性与情境化课程设计[J].课程·教材·教法,2016,36(6).

[114]张蓉菲,田良臣.智慧课堂场域下教师设计思维:结构要素与培育路径[J].电化教育研究,2022(9).

[115]张永和,肖广德,胡永斌,等.智慧学习环境中的学习情景识别:让学习环境有效服务学习者[J].开放教育研究,2012,18(1).

[116]张越,熊才平,葛军,等.分布式学习环境中的社会存在感差异分析:以“视频同步互动”分布式学习教室为例[J].现代远程教育研究,2017(5).

[117]赵思邈,李哲,前迫孝宪,等.日本个性化学习环境实证项目“ICT梦想学校”概述及启示[J].中国信息技术教育,2015(18).

[118]赵学孔,龙世荣.网络环境下基于Web的个性化学习环境设计研究[J].广西教育学院学报,2018(3).

[119]郑旭东,吴秀圆,王美倩.多媒体学习研究的未来:基础、挑战与趋势[J].现代远程教育研究,2013(6).

[120]钟启泉.学习环境设计:框架与课题[J].教育研究,2015(1).

[121]钟志贤.论学习环境设计[J].电化教育研究,2005(7).

[122]钟志贤.学习环境设计的理论基础:心理学视角[J].中国电化教育,2011(6).

[123]钟志勇,何文滢.智慧课堂真的提升学习成效了吗:基于国内外48项实证研究的元分析[J].教育学报,2023,19(2).

[124]周晓清,汪晓东,刘鲜,等.从“技术导向”到“学习导向”:信息技术支持的学与教变革国际发展新动向[J].远程教育杂志,2014(3).

[125]朱敏,高志敏.终身教育、终身学习与学习型社会的全球发展回溯与未来思考[J].开放教育研究,2014,20(1).

[126]竺建伟.学习环境重构:中小学创新实验室探索与实践[J].上海教育科研,2018(7).

[127]祝智庭,管珏琪,丁振月.未来学校已来:国际基础教育创新变革透视[J].中国教育学刊,2018(9).

[128]祝智庭，雒亮，朱思奇.创客教育：驶向创新教育彼岸的破冰船[J].创新人才教育，2016(1).

[129]庄榕霞，周伟，王欢欢.人工智能正在重塑学习环境[J].教育家，2021(23).

三、学位论文

[1]艾兴.建构主义课程研究[D].重庆：西南大学，2007.

[2]毕晓梅.基于智慧学习环境的学校改进研究[D].重庆：西南大学，2015.

[3]常睿.新时代大学生意志品质培育研究[D].长春：东北师范大学，2021.

[4]段俊杰.基于MOOCs模式的个人学习环境(PLE)的设计与实现[D].西安：陕西师范大学，2015.

[5]胡旺."互联网+"教育背景下智慧学习生态环境构建研究[D].徐州：江苏师范大学，2017.

[6]李海艳.个性化学习环境和先前学习经验对翻转课堂学习者满意度的影响[D].武汉：华中师范大学，2020.

[7]陆蓉蓉.校园非正式学习空间研究[D].上海：华东师范大学，2013.

[8]庞敬文.个人学习空间构建的模型及应用研究[D].长春：东北师范大学，2016.

[9]宋莉.场馆课程资源开发的馆校合作研究[D].重庆：西南大学，2018.

[10]汤雪平.非正式环境中的科学学习研究：以场馆学习为例[D].上海：华东师范大学，2012.

[11]王和鸾.PBL网络课程的教学交互平台的设计研究[D].金华：浙江师范大学，2013.

[12]王乐.馆校合作研究：基于中英比较的视角[D].武汉：华中师范大学，2015.

[13]杨莹莹.设计学校创新学习环境的欧洲经验：经合组织创新学习环境项目探究[D].福州：福建师范大学，2021.

四、英文文献

[1] PAPERT S. Afterword: after how comes what [M]//SAWYER R K. The Cambridge handbook of the learning science. New York: Cambridge University Press, 2006

[2] PLAKITSI K. Teaching science in science museums and science centers [C]//Activity theory in formal and informal science education, Rotterdam: Sense Publishers, 2013.

[3] BAUMGARTNER E, BELL P, BROPHY S et al. Design-based research: an emerging paradigm for educational inquiry [J]. Educational researcher, 2003, 32(1).

[4] RAMEY-GASSERT L, WALBERG H J I I I, WALBERG H J. Reexamining connections: museums as science learning environments [J]. Science education, 1994, 78 (4).

[5] TAYLOR E W, NEILL A C. Museum education: a nonformal education perspective [J]. The journal of museum education, 2008, 33(1).

[6] ROWLANDS M. Extended cognition and the mark of the cognitive [J]. Philosophical psychology, 2009, 22(1).

[7] WANG F, HANNAFIN M J. Design-based research and technology-enhanced learning environments [J]. Educational technology research & development, 2005, 53(4).